夏来源　杨易　冯涛◎主编

多维视野下的产品质量检测技术研究

吉林科学技术出版社

图书在版编目（ＣＩＰ）数据

多维视野下的产品质量检测技术研究 / 夏来源，杨
易，冯涛主编. -- 长春：吉林科学技术出版社,2021.5
ISBN 978-7-5578-8182-5

Ⅰ. ①多… Ⅱ. ①夏… ②杨… ③冯… Ⅲ. ①产品质
量－质量检验－研究 Ⅳ. ①F273.2

中国版本图书馆 CIP 数据核字(2021)第 106645 号

多维视野下的产品质量检测技术研究

主　　编	夏来源　杨　易　冯　涛
出 版 人	宛　霞
责任编辑	程　程
助理编辑	米庆红
封面设计	华　睿
幅面尺寸	185mm×260mm　1/16
字　　数	256 千字
页　　数	176
印　　张	11
版　　次	2021 年 5 月第 1 版
印　　次	2022 年 1 月第 2 次印刷

出　　版　吉林科学技术出版社
发　　行　吉林科学技术出版社
地　　址　长春市净月区福祉大路 5788 号
邮　　编　130118
发行部电话/传真　0431-81629529　81629530　81629531
　　　　　　　　　　81629532　81629533　81629534
储运部电话　0431-86059116
编辑部电话　0431-81629518
印　　刷　保定市铭泰达印刷有限公司

书　　号　ISBN 978-7-5578-8182-5
定　　价　48.00 元

编 委 会

目 录

第一章　机械检测技术基础

一、检测技术基本概念

机械制造业的发展以检测技术发展为基础，测量技术的发展促进了现代制造技术的进步。测量在机械制造业占有极其重要的地位。

关于检测的方面的国家标准，有：GB/T6093-2001《几何量技术规范(GPS)长度标准块》，GB/T1957-2006《光滑极限量规技术条件》，GB/T3177-1997《光滑工件尺寸的检验》，GB/T10920-2008《螺纹量规和光滑极限量规形式与尺寸》等。

为了满足机械产品的功能要求，在正确合理地完成了强度、运动、寿命和精度等方面的设计以后，还必须进行加工、装配和检测过程的设计，即确定加工方法、加工设备、工艺参数、生产流程和检测方法。其中，非常重要的环节就是保证机械零件的几何精度及互换性，而质量保证的首要就是检测。

检测过程可对其进行定量或定性的分析，从而判断其是否符合设计要求。定性检测的方法只能得到被检验对象合格与否的结论，而不能得到其具体的量值。如用光滑极限量规检验工件的尺寸；定量检验就是将被测的量和一个作为计量单位的标准量进行比较，以获得被测量值的实验过程。通常有以下几种检测方式。

1. 测量

测量是指以确定被测对象的几何量量值为目的进行的实验过程，在这过程中，实质是将被测几何量L与计量单位的标准量E进行比较，从而获得两者比值q的过程，为

$$q=L/E$$

被测几何量的量值L为测量所得的量值q与计量单位E的乘积，即

$$L=q \times E$$

显然，进行任何测量，首先要明确被测对象和确定计量单位，其次要有与被测对象相适应的测量方法，并且测量结果还要达到所要求的测量精度。

2. 测试

测试是指具有试验研究性质的测量，也就是试验和测量结合。

3. 检验

检验是判断被测对象是否合格的过程。通常不需要测出被测对象的具体数值，常使用量规、样板等专用定值无刻度量具来判断被检对象的合格性。

几何量测量主要是指各种机械零部件表面几何尺寸、形状的参数测量，其几何量参数包括零部件具有的长度尺寸、角度参数、坐标尺寸、表面几何形状与位置参数、表面粗糙度等。几何量测量是确保机械产品质量和实现互换性生产的重要措施。

测量是各种公差与配合标准贯彻实施的重要手段。为了实现测量的目的，必须使

用统一的标准量，有明确的测量对象和确定的计量单位，还要采用一定的测量办法和运用适当的测量工具，而且测量结果要达到一定的测量精度。

因此，一个完整的测量过程应包括被测对象、计量单位、测量方法和测量精度四个要素：

（1）测量对象

测量对象是指被测定物理量的实体，如测量量块长度时的量块、测量表面粗糙度时的各种工件、测量平面度时的平板灯。而被测量则是指某一被测的物理量或被测对象的某一被测参数。课程中涉及的测量对象主要指几何量测量，包括长度、角度、形状、相对位置、表面粗糙度、形状和位置误差等。

（2）测量单位

测量单位是在定量评定物理量时，作为标准并用以与被测的量进行比较的同类物理量的量值。我国采用的法定计量单位，长度的计量单位为米(m)，角度单位为弧度(rad)和度(°)、分(′)、秒(″)。

机械制造中，常用的长度单位为毫米(mm)，$1mm=10^{-3}m$。

（3）测量方法

测量时所采用的测量原理、计量器具以及测量条件的总和。

（4）测量精确度

测量结果与被测量真值的一致程度，即测量结果的正确与可靠程度。由于任何测量过程总不可避免地会出现测量误差，误差大，说明测量结果离真值远，准确度低，因此准确度和误差是两个相对的概念。而测量时的精度要求并不是越高越好，而是根据被测量的精度要求按最经济的方式完成测量任务。

测量是机械生产过程中的重要组成部分，测量技术的基本要求是：在测量过程中，应保证计量单位的统一和量值准确；应将测量误差控制在允许范围内，以保证测量结果的精度；应正确地、经济合理地选择计量器具和测量方法，以保证一定的测量条件。

二、测量基准与量值传递

测量工作过程需要标准量作为依靠，而标准量所体现的量值需要由基准提供，因此，为了保证测量的准确性，就必须建立起统一、可靠的计量单位基准。

计量基准是为了定义、实现、保存和复现计量单位的一个或多个量值，用作参考的实物量具、测量仪器、参考物质和测量系统。在几何量计量中，测量标准可分为长度基准和角度基准两类。

（一）长度基准与量值传递系统

为了进行长度计量，必须规定一个统一的标准，即长度计量单位。目前国际上使用的长度单位有米制和英制两种，统一使用的公制长度基准是在1983年第17届国际计量大会上通过的，以米作为长度基准。1984年我国国务院发布了《关于在我国统一实行法定计量单位的命令》，决定在采用先进的国际单位制的基础上，进一步统一我国的计量单位，并发布了《中华人民共和国法定计量单位》，其中规定长度的基本单位为米(m)。

机械制造中常用的长度单位为毫米(mm)，

$$1 \text{ mm}=10^{-3} \text{ m}$$

精密测量时，多采用微米(μm)为单位，

$$1 \mu \text{m}=10^{-3} \text{ mm}$$

超精密测量时，则用纳米(nm)，

$$1\text{nm}=10^{-3} \mu \text{m}$$

国际长度单位"米"的最初定义始于1791年法国。随着科学技术的发展，对米的定义不断进行完善。1983年10月第十七届国际计量大会通过了米的新定义："米是光在真空中1/299792458秒时间间隔内所经路程的长度"。新定义的米，可以通过时间法、频率法和辐射法来复现把长度单位统一到时间上，就可以利用高度精确的时间计量，大大提高长度计量的精确度。

在实际生产和科研中，不便于用光波作为长度基准进行测量，而是采用各种计量器具进行测量。为了保证量值统一，必须把长度基准的量值准确地传递到生产中应用的计量器具和工件上去。因此，必须建立一套从长度的国家基准谱线到被测工件的严密而完整的长度量值传递系统。

量值传递就是将国家的计量基准所复现的计量单位值，通过检定，传递到下一级的计量标准，并依次逐级传递到工作用计量器具，以保证被检计量对象的量值能准确一致。各种量值的传递一般都是阶梯式的，即由国家基准或比对后公认的最高标准逐级传递下去，直到工作用计量器具。长度量值分两个平行的系统向下传递，其中一个是刻线量具（线纹尺）系统，另一个是端面量具系统。

（二）角度基准与量值传递系统

角度也是机械制造中重要的几何参数之一，常用角度单位（度）是由圆周角360°来定义的，而弧度与度、分、秒又有确定的换算关系。

我国法定计量单位规定平面角的角度单位为弧度(rad)和度(°)、分(′)、秒(″)。

1 rad是指在一个圆的圆周上截取弧长与该圆的半径相等时所对应的中心平面角。

$$1° = （2\pi/360）= （\pi/180）\text{ rad}$$

度、分、秒的关系采用60进位制，即：

$$1° =60′ ;\ 1′ =60″$$

由于任何一个圆周均可形成封闭的360°中心平面角，因此，角度不需要和长度一样再建立一个自然基准。但在计量部门，为了工作方便，在高精度的分度中，仍常以多面棱体作为角度基准来建立角度传递系统。

多面棱体是用特殊合金或石英玻璃精细加工而成。它分为偶数面和奇数面两种，前者的工作角为整度数，用于检定圆分度器具轴系的大周期误差，还可以进行对径测量，而后者的工作角为非整度数，它可综合检定圆分度器具轴系的大周期误差和测微器的小周期误差，能较正确地确定圆分度器具的不确定度。

三、测量方法与计量器具

（一）测量方法的分类

测量方法是指在进行测量时所用的，按类别叙述的一组操作逻辑次序。从不同观

点出发，可以将测量方法进行不同的分类，常见的方法有：

1. 直接测量和间接测量

按实测几何量是否为欲测几何量，可分为直接测量和间接测量。

（1）直接测量

直接测量是指直接从计量器具获得被测量的量值的测量方法。如用游标卡尺、千分尺。

（2）间接测量

间接测量是测得与被测量有一定函数关系的量，然后通过函数关系求得被测量值。如测量大尺寸圆柱形零件直径D时，先测出其周长L，然后再按公式D=L/π求得零件的直径D，如图1-1所示。

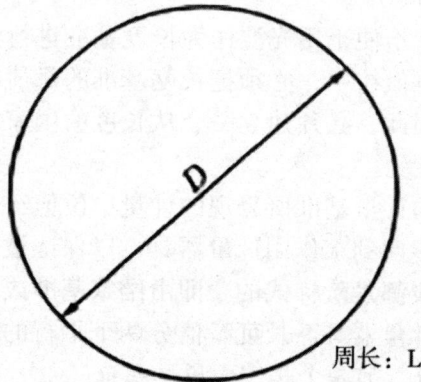

周长：L

图1-1 用公式测直径

直接测量过程简单，其测量精度只与测量过程有关，而间接测量的精度不仅取决于几个实测几何量的测量精度，还与所依据的计算公式和计算的精度有关。因此为减少测量误差，一般都采用直接测量，必要时才用间接测量。

2. 绝对测量和相对测量

按示值是否为被测量的量值，可分为绝对测量和相对测量。

（1）绝对测量

绝对测量是指被计量器具显示或指示的示值即是被测几何量的量值。如用测长仪测量零件，其尺寸由刻度尺直接读出。

（2）相对测量

相对测量也称比较测量，是指计量器具显示或指示出被测几何量相对于已知标准量的偏差，测量结果为已知标准量与该偏差值的代数和。

一般来说，相对测量的测量精度比绝对测量的要高。

3. 接触测量和非接触测量

按测量时被测表面与计量器具的测头是否接触，可分为接触测量和非接触测量。

（1）接触测量

接触测量是指计量器具在测量时，其测头与被测表面直接接触的测量。如用卡尺、千分尺测量工件。

（2）非接触测量

非接触测量是指计量器具在测量时，其测头与被测表面不接触的测量。如用气动量仪测量孔径和用显微镜测量工件的表面粗糙度。

在接触测量中，由于接触时有机械作用的测量力，会引起被测表面和计量器具有关部分的弹性变形，因而影响测量精度；非接触测量则无此影响，故适宜于软质表面或薄壁易变形工件的测量，但不适合测量表面有油污和切削液的零件。

4. 单项测量与综合测量

按零件上同时被测集几何量的多少，可分为单项测量和综合测量。

（1）单项测量

单项测量是指分别测量工件各个参数的测量。如分别测量螺纹的中径、螺纹和牙型半角。

（2）综合测量

综合测量是指同时测量工件上某些相关的几何量的综合结果，以判断综合结果是否合格。如用螺纹通规检验螺纹的单一中径、螺距和牙型半角实际值的综合结果，即为作用中径。

单项测量的效率比综合测量低，但单项测量结果便于工艺分析，综合测量适用于大批量生产，且只要求判断合格与否，而不需要得到具体的误差值。

5. 被动测量和主动测量

按测量结果对工艺过程所起的作用，可分为被动测量和主动测量。

（1）被动测量

被动测量是指在零件加工后进行测量。测量结果只能判断零件是否合格。

（2）主动测量

主动测量是指在零件加工过程中进行测量。其测量结果可及时显示加工是否正常，并可以随时控制加工过程，及时防止废品的产生，缩短零件生产周期。

主动测量常用于生产线上，因此，也称在线测量。它使检测与加工过程紧密结合，充分发挥检测的作用，是检测技术发展的方向。

6. 自动测量和非自动测量

按测量过程自动化程度，可分为自动测量和非自动测量。

自动测量是指测量过程按测量者所规定的程序自动或半自动地完成。非自动测量又叫手工测量，是在测量者直接操作下完成的。

此外，按被测零件在测量过程所处的状态，可分为动态测量和静态测量；按测量过程中决定测量精度的因素或条件是否相对稳定可分为等精度测量和不等精度测量。

（二）计量器具的分类

测量器具（也称计量器具）是指测量仪器和测量工具的总称，包括量具和量仪。通常把没有传动放大系统的测量工具称为量具，如游标卡尺、直角尺和量规等；把具有传动放大系统的测量器具称为量仪，如机械比较仪、长度仪和投影仪等。测量器具按其原理、结构特点及用途可分为：

1. 基准量具和量仪

用来校对或调整计量器具或作为标准尺寸进行相对测量的量具称为基准量具。如量块、角度量块、激光比长仪等。

2. 通用量具和量仪

可以用来测量一定范围内的任意尺寸的零件。它有刻度，可测出具体尺寸值，根据所测信号的转换原理和量仪本身的结构特点，可分为：

固定刻线量具：米尺、钢板尺、卷尺等。

游标类量具：游标卡尺、游标深度尺、游标高度尺、齿厚游标卡尺、游标量角器等。

螺旋类量具：千分尺、公法线千分尺、内径千分尺等。

机械式量仪：机械式量仪是指用机械方法实现原始信号转换的量仪，如百分表、千分表、杠杆齿轮比较仪等。

光学式量仪：利用光学方法实现原始信号转换的量仪，如光学计、工具显微镜、光学测角仪、光栅测长仪、激光干涉仪等。

电学式量仪：将零件尺寸的变化量通过一种装置转变成电流（电感、电容等）的变化，然后将此变化测量出来，即可得到零件的被测尺寸。如电感比较仪、电动轮廓仪、容栅测位仪等。这种量仪精度高、测量信号易与计算机连接，实现测量和数据处理的自动化。

气动式量仪：将零件尺寸的变化量通过一种装置转变成气体流量（压力等）的变化，然后将此变化测量出来，即可得到零件的被测尺寸。如压力式气动量仪、浮标式气动量仪等。

综合类量仪：微机控制的数显万能测长仪，三坐标测量机等。

3. 极限量规类

一种没有刻度的专用检验工具，用来检验工件实际尺寸和形位误差的综合结果。量规只能判断工件是否合格，而不能获得被测几何量的具体数值，如塞规、卡规、螺纹量规等。

4. 测量装置

指为确定被测量所必需的测量装置和辅助设备的总体。能够测量较多的几何参数和较复杂的工件，与相应的计量器具配套使用，可方便地检验出被测件的各项参数，如检验滚动轴承用的各种检验夹具，可同时测出轴承套圈的尺寸及径向或轴向跳动等。

（三）计量器具的度量指标

度量指标是选择、使用和研究计量器具的依据，也是表征计量器具的性能和功用的指标。计量器具的基本度量指标如下：

（1）分度值(i)。分度值是计量器具的刻度尺或度盘上相邻两刻线所代表的量值之差。例如，千分尺的分度值i=0.01mm。分度值是量仪能指示出被测件量值的最小单位。对于数字显示仪器的分度值称为分辨率，它表示最末一位数字间隔所代表的量值之差。

（2）刻度间距（a）。量仪刻度尺或度盘上两相邻刻线的中心距离，一般为1～1.25mm。

（3）示值范围(b)。计量器具所指示或显示的最低值到最高值的范围。

（4）测量范围(B)。在允许误差限内，计量器具所能测量零件的最低值到最高值的范围。

（5）灵敏度(K)。计量器具对被测量变化的反应能力。若用△L表示计量器具的变化量，用△X表示被测量的增量，则K=△L/△X。

（6）灵敏限（灵敏阈）。灵敏限（灵敏阈）是指能引起计量器具示值可察觉变化的被测量的最小变化值，它表示计量器具对被测量微小变化的敏感能力。例如，1级百分表灵敏阈为3μm，即被测量只要有3μm的变化，百分表示值就会有能观察到的变化。

（7）测量力。测量过程中，计量器具与被测表面之间的接触压力。在接触测量中，希望测量力是一定量的恒定值。测量力太大会使零件产生变形，测量力不恒定会使示值不稳定。

（8）示值误差。计量器具上的示值与被测量真值之间的差值。示值误差可从说明书或检定规程中查得，也可通过实验统计确定。

（9）示值变动性。在测量条件不变的情况下，对同一被测量进行多次（一般5～10次）重复测量时，其读数的最大变动量。

（10）回程误差。在相同测量条件下，计量器具按正反行程对同一被测量值进行测量时，计量器具示值之差的绝对值。

（11）修正值。为消除系统误差，用代数法加到未修正的测量结果上的值。修正值与示值误差绝对值相等而符号相反。

（12）不确定度。在规定条件下测量时，由于测量误差的存在，对测量值不能肯定的程度。计量器具的不确定度是一项综合精度指标，它包括测量仪的示值误差、示值变动性、回程误差、灵敏限以及调整标准件误差等综合影响，放映了计量器具精度的高低，一般用误差限来表示被测量所处的量值范围。如分度值为0.01mm的外径千分尺，在车间条件下测量一个尺寸小于50mm的零件时，其不确定度为±0.004mm。

四、量误差及其处理

（一）测量误差的概念

由于计量器具本身的误差和测量方法和条件的限制，任何测量过程都是不可避免地存在误差，测量所得的值不可能是被测量的真值，测得值与被测量的真值之间的差异在数值上表现为测量误差。

测量误差可以表示为绝对误差和相对误差。

1. 绝对误差δ

绝对误差是指被测量的测得值与其真值之差。由于测得值可能大于或小于真值，所以测量误差δ可能是正值也可能是负值。

用绝对误差表示测量精度，只能用于评比大小相同的被测值的测量精度。而对于大小不相同的被测值，则需要用相对误差来评价其测量精度。

2．相对误差 ε

相对误差是测量误差（取绝对值）除以被测量的真值。由于被测量的真值不能确定，因此在实际应用中常以被测量的约定真值或实际测得值代替真值进行估算。

相对误差比绝对误差能更好地说明测量的精确程度。

（二）测量误差的来源

实际测量中，产生测量误差的因素很多，主要原因有以下几个方面：

1．测量方法误差

测量方法误差是指由于测量方法不完善所引起的误差，包括：工件安装、定位不合理或测头偏离、测量基准面本身的误差和计算不准确等所造成的误差。

2．计量器具误差

计量器具误差是指计量器具本身在设计、制造和使用过程中造成的各项误差，包括原理误差、制造和调整误差、测量力引起的测量误差等。这些误差的综合反映可用计量器具的示值精度或不确定度来表示。

3．基准件误差

基准件误差是指作为标准量的基准件本身存在的制造误差和检定误差。例如，用量块作为基准件调整计量器具的零位时，量块的误差会直接影响测得值。因此，为保证一定的测量精度，必须选择一定精度的量块。

4．测量环境误差

测量环境误差是指测量时的环境条件不符合标准条件所引起的误差，包括温度、湿度、气压、振动、照明等不符合标准以及计量器具或工件上有灰尘等引起的误差。

其中，温度对测量结果的影响最大。图样上标注的各种尺寸、公差和极限偏差都是以标准温度20℃为依据的。

测量时应根据测量精度的要求，合理控制环境温度，以减小温度对测量精度的影响。

5．人为误差

人为误差是指由于测量人员的主观因素所引起的人为差错。如测量人员技术不熟练、使用计量器具不正确、视觉偏差、估读判断错误等引起的误差。

（三）测量误差的分类及处理

任何测量过程，由于受到计量器具和测量条件的影响，不可避免地会产生测量误差。测量误差按其性质分为随机误差、系统误差和粗大误差。

1．随机误差

随机误差是指在相同测量条件下，多次测量同一量值时，其数值大小和符号以不可预见的方式变化的误差。

随机误差是由于测量中的不稳定因素综合形成的，是不可避免的。产生偶然误差的原因很多，如温度、磁场、电源频率等的偶然变化等都可能引起这种误差；另一方面观测者本身感官分辨能力的限制，也是偶然误差的一个来源。

消除随机误差可采用在同一条件下，对被测量进行足够多次的重复测量，取其平均值作为测量结果的方法。

2．系统误差

系统误差是指在相同测量条件下，多次重复测量同一量值时，误差的大小和符号均保持不变或按一定规律变化的误差。前者称为定值系统误差，可以用校正值从测量结果中消除。如千分尺的零位不正确而引起的测量误差；后者称为变值系统误差，可用残余误差法发现并消除。

计量器具本身性能不完善、测量方法不完善、测量者对仪器使用不当、环境条件的变化等原因都可能产生系统误差。系统误差和随机误差是两类性质完全不同的误差。系统误差反映在一定条件下误差出现的必然性；而随机误差则反映在一定条件下误差出现的可能性。

系统误差的大小表明测量结果的准确度，它说明测量结果相对值有一定的误差。系统误差越小，则测量结果的准确度越高。系统误差对测量结果影响较大，要尽量减少或消除系统误差，提高测量精度。

3．粗大误差

粗大误差是指由于主观疏忽大意或客观条件发生突然变化而产生的误差。在正常情况下，一般不会产生这类误差。例如，由于操作者的粗心大意，在测量过程中看错、读错、记错以及突然的冲击振动而引起的测量误差。显然，凡是含有粗大误差的测量结果都是应该舍弃的。

（四）测量精度

测量精度是指被测量的测得值与其真值的接近程度。测量精度和测量误差从两个不同的角度说明了同一个概念。因此，可用测量误差的大小来表示精度的高低。测量精度越高，则测量误差就越小，反之，测量误差就越大。

由于在测量过程中存在系统误差和随机误差，从而引出以下的概念：

1．准确度

准确度是指在规定的条件下，被测量中所有系统误差的综合，它表示测量结果中系统误差影响的程度。系统误差小，则准确度高。

2．精密度

精密度是指在规定的测量条件下连续多次测量时，所得测量结果彼此之间符合的程度，它表示测量结果中随机误差的大小。随机误差小，则精密度高。

3．精确度

精确度是指连续多次测量所得的测得值与真值的接近程度，它表示测量结果中系统误差与随机误差综合影响的程度。系统误差和随机误差都小，则精确度高。

通常，精密度高的，准确度不一定高，反之亦然；但精确度高时，准确度和精密度必定都高。

（夏来源）

第二章 通用测量器具及使用方法

一、测量器具简介

测量器具是用于测量的量具、测量仪器和测量装置的总称。按测量原理、结构特点及用途等分为：基准量具和量仪、极限量规类、通用量具与量仪、测量装置。

基准类量具、量仪是指测量中体现标准量的量具，以固定形式复现量的测量器具，如量块、角度量块等。

极限量规类是用以检验零件尺寸、形状或相互位置的无刻度专业检验工具，专门为检测工件某一技术参数而设计制造，如光滑极限塞规等。

通用量具与量仪是指那些测量范围和测量对象较广的器具，一般可直接得出精确的实际测量值，其制造技术和要求较复杂，由量具厂统一制造的通用性量具。如游标卡尺、千分尺、百分表、万能角度尺等。

测量装置是指测量时起辅助测量作用的器具，如方箱、平板等。

1. 基准量具和量仪

基准量具、量仪又称标准量具用作测量或检定标准的器具。如量块、多面棱体、表面粗糙度比较样块、直角尺等。

量块体现了检测中的长度、角度标准量，有不同规格，通过拼接可得到所需长度或角度，常用于机械加工中的检测。

正多面棱体作为计量基准、角度传递基准，被广泛应用。

粗糙度比较样块用于工件表面比较，通过视觉触觉对工件表面粗糙度进行评定，也可作为选用粗糙度数值的参考依据。

2. 极限量规

极限量规是测量特定技术参数的专业检验工具，测量时，工具不能得到被检验工具的具体数值，但能确定被检验工件是否合格。如光滑极限量规、螺纹量规等。

3. 通用量具和量仪

通用量具和量仪，该类器具一般都有刻度，能对不同工件、多种尺寸进行测量。在测量范围内可测量出工件或产品的形状、尺寸的具体数据值，如游标卡尺、千分尺、百分表、万能角度尺等。

（1）游标类量具

①游标卡尺

游标卡尺器具是利用游标读数原理制成的量具，游标（副尺）的1个刻度间距比主尺的1或2个刻度间距小，其微小差别即游标卡尺的读数值，利用此微小差别及其累计值可精确估读主尺刻度小数部分数值。

②万能量角器

万能量角器又称游标量角器，也是利用游标原理，对两测量面相对移动所分隔的角度进行读数的同样角度测量工具，用来测量精密工件的内、外角度或进行角度画线的量具。

（2）螺旋类量具

螺旋量具是利用螺旋变换制成各种千分尺，将直线位移转换为角位移，或将角位移转换为直线位移，如外径千分尺、内径千分尺、深度千分尺、高度千分尺、数显千分尺等。

（3）机械类量仪

机械类量仪是通过机械方法实现原始信号转换，常用的有指示表类。

百分表是长度测量工具，广泛应用于测量工件几何形状误差及位置误差。百分表具有防震机构，精度可靠等优点，能精确到0.01mm。

千分表是高精度的长度测量工具，用于测量工件几何形状误差及位置误差，比百分表更精确，精确到0.001mm。

杠杆千分表体积小、方便携带，精度高，适用于一般百分表、千分表难以测量的场所。

深度百分表适用于工件深度、台阶等尺寸的测量。

（4）光学类量仪

光学类量仪利用光学原理进行检查，如光学计、光学测角仪、光栅测长仪、激光干涉仪、投影仪、工具显微镜等。

（5）电学类量仪

电学类量仪利用电感等原理进行检查，其示值范围小，灵敏度高，如表面粗糙度测量仪、电感比较仪、电动轮廓仪、容栅测位仪等。

（6）气动类量仪

气动类量仪利用气压驱动，其精度与灵敏度比较高，抗干扰性强，可用于动态在线测量，主要应用于大批量生产线中，如水柱式气动量仪、浮标式气动量仪等。

（7）综合类量仪

综合类量仪结构复杂，精度高，对形状复杂的工件进行二维、三维高精度测量，主要用于计量室进行高精度测量。包括数显式工具显微镜、微机控制的数显万能测长仪，三坐标测量机。

以上介绍仪器为通用公差测量仪器，其他还有许多专项参数检查仪器，如直线度测量仪器、圆柱度检查仪、球头铣刀测量装置等。

二、通用测量仪器的使用及维护

各种测量仪器种类繁多，篇幅有限，本书主要介绍生产中，常用测量量具的使用方法及其维护。

（一）基准量具

1. 量块

量块又称块规，是用优质耐磨材料如铬锰钢等精细制作的高精度标准量具，用途非常广泛。

量块是技术测量中长度计量的基准。常用于精密工件、量规等的正确尺寸测定，精密机床夹具在加工中定位尺寸的调定，对测量仪器、工具的调整、校正等。

普通量块一般为正六面体，标称尺寸≤10mm的量块，其截面尺寸为30mm×9mm；>10~1000mm的量块，截面尺寸为35mm×9mm。量块组合使用时，一般是以尺寸较小的量块的下测量面与尺寸较大的量块的上测量面相研合。

量块通常是成套生产的。一套量块包括许多不同尺寸的量块，以供按需要组合成不同的尺寸使用。具体量块的尺寸系列可参见国家的相关标准(GB/T 6093-2001)。

【量块的组合】

要求：块数尽量少，最多4块。

方法：每一块量块消除一位数字，从最末位数字开始。

【操作要点】

a. 使用前，应先看有无检定合格证及时间是否在检定周期之内，其等级是否符合使用要求。

b. 使用前，先将表面的防锈油用脱脂棉或软净纸擦去，再用清洗剂清洗一至两遍，擦干后放在专用的盘内或其他专放位置。不要对着量块呼吸或用口吹工作面上的杂物。

c. 使用的环境和条件是否符合使用的温度规范要求，包括等温要求。

d. 使用时，应避免跌落和碰伤，量块离桌面的距离应尽量小。

e. 尽量避免用手直接接触量块的工作面，接触后应仔细清洗以免生锈。

f. 手持量块的时间不应过长，以减小手温的影响。

g. 用完后及时清洗涂油，放入盒中。涂油时用竹夹子夹住量块，用毛刷或毛笔涂抹，涂抹要稀薄均匀全面。若经常需要使用，可在洗净后不涂防锈油，放在干燥缸内保存。绝对不允许将量块长时间的粘合在一起，以免由于金属粘结而引起不必要损伤。

2. 钢直尺

钢直尺是最简单的长度量具，它的长度有150、300、500和1000mm四种规格。

钢直尺用于测量零件的长度尺寸，它的测量结果不太准确。这是由于钢直尺的刻线间距为1mm，而刻线本身的宽度就有0.1~0.2mm，所以测量时读数误差比较大，只能读出毫米数，即它的最小读数值为1mm，比1mm小的数值，只能估计而得。

如果用钢直尺直接去测量零件的直径尺寸（轴径或孔径），则测量精度更差。其原因是：除了钢直尺本身的读数误差比较大以外，还由于钢直尺无法正好放在零件直径的正确位置。所以，零件直径尺寸的测量，也可以利用钢直尺和内外卡钳配合起来进行。

（二）游标类量具

应用游标读数原理制成的量具有：游标卡尺、高度游标卡尺、深度游标卡尺、游标量角尺（如万能量角尺）和齿厚游标卡尺等，用以测量零件的外径、内径、长度、宽度、厚度、高度、深度、角度以及齿轮的齿厚等，应用范围非常广泛。

1. 游标卡尺结构及读数原理

游标卡尺是比较精密的量具，主要用于测量工件的外径、内径尺寸，利用游标和尺身相互配合进行测量和读数。游标卡尺结构简单，使用简单，测量范围大，应用广泛，保养方便，带深度尺还可用于测量工件的深度尺寸。

常用游标卡尺按功能、结构主要分为：

三面量爪游标卡尺（I型、Ⅱ型）：卡尺结构包括外测量爪、刀口内测量爪、深度尺，是否带台阶测量面分为I型、Ⅱ型，本形式可分带深度尺和不带深度尺两种。

双面量爪游标卡尺（Ⅲ型）：卡尺结构包括刀口外测量爪、圆弧内测量爪、外测量爪，不带深度测量尺。

单面量爪游标卡尺（Ⅳ型、Ⅴ型）：卡尺结构包括外测量爪、圆弧内测量爪，根据是否带台阶测量面分为Ⅳ型、Ⅴ型。

卡尺不同游标卡尺的测量范围见表2-1。

表2-1　游标卡尺规格

型式	游标卡尺			大量程游标卡尺
	I型，Ⅱ型	Ⅲ型	Ⅳ型，Ⅴ型	
测量范围/mm	0～70， 0～150	0～200， 0～300	0～500， 0～1000	0～1500,0～2000， 0～2500,0～3000,0～3500,0～4000
游标分度值/mm	0.01,0.02,0.05,0.10			

【刻线原理】

精度为0.05mm游标卡尺刻线原理：主尺上每一格的长度为1mm，副尺总长度为39mm，并等分为20格，每格长度为39/20 =1.95mm，则主尺2格和副尺1格长度之差为0.05mm，所以其精度为0.05mm。

精度为0.02 mm游标卡尺刻线原理：主尺上每一格的长度为1mm，副尺总长度为49mm，并等分为50格每格长度为49/50=0.98mm，则主尺1格和副尺1格长度之差为0.02mm，所以其精度为0.02mm。

【读数方法】

普通游标卡尺，首先读出游标副尺零刻线以左主尺上的整毫米数，再看副尺上从零刻线开始第几条刻线与主尺上某一刻线对齐，其游标刻线数与精度的乘积就是不足1mm的小数部分，最后将整毫米数与小数相加就是测得的实际尺寸。

带表游标卡尺是用表式机构代替游标读数，测量准确。使用带表游标卡尺的方法与使用普通游标卡尺的方法相同，从指示表上读取尺寸的小数值，与主尺整数相加即为测量结果。

数显游标卡尺只是使用液晶显示屏显示数值，可直接读取测量结果。使用方便、准确、迅速。

【操作要点】

①测量前应将游标卡尺擦拭干净，检查量爪贴合后主尺与副尺的零刻线是否对齐。

②测量时，应先拧松紧固螺钉，移动游标不能用力过猛。两量爪与待测物的接触不宜过紧。不能使被夹紧的物体在量爪内挪动。

③测量时，应拿正游标卡尺，避免歪斜，保证主尺与所测尺寸线平行。

④测量深度时，游标卡尺主尺的端部应与工件的表面接触平齐。

⑤读数时，视线应与尺面垂直，避免视线误差的产生。如需固定读数，可用紧固螺钉将游标固定在尺身上，防止滑动。

⑥实际测量时，对同一长度应多测几次，取其平均值来消除偶然误差。

⑦用完后，应平放入盒内。如较长时间不使用，应用汽油擦洗干净，并涂一层薄的防锈油。卡尺不能放在磁场附近，以免磁化，影响正常使用。

2. 游标万能角度尺结构及读数原理

游标万能角度尺是适用于机械加工中内、外角度测量或进行角度画线的量具，可测0°～320°的外角和40°～130°的内角。

游标万能角度尺分I型和II型，其中精度为2′的I型游标万能角度尺应用较广。

游标万能角度尺不同型号测量范围及精度见表2-2。

表2-2 游标万能角度尺规格(GB/T 6315-2008)

型号	测量范围/°	游标分度值/′
I型	0～320	2
II型	0～360	5

【刻线原理】

游标2′万能角度尺的刻线原理，角度尺尺身刻线每格为1°，游标共有30个格，等分29°/30=58′，尺身1格和游标1格之差为2′，因此其测量精度为2′。

【读数方法】

游标万能角度尺读数方法与游标卡尺的方法相似，先从尺身上读出游标零刻线前的整度数，再从游标上读出角度数，两者相加就是被测工件的度数值。

数显万能角度尺的读数，在显示屏可直接读取测量数值，操作简单、准确、快速。

【操作要点】

①使用前检查角度尺的零位是否对齐。

②测量时，应使角度尺的两个测量面与被测件表面在全长上保持良好接触，然后拧紧制动器上螺母进行读数。

③测量角度在0°～50°范围内，应装上角尺和直尺。

④测量角度在50°～140°范围内，应装上直尺。

⑤测量角度在140°～230°范围内，应装上角尺。

⑥测量角度在230°～320°范围内，不装角尺和直尺。

3. 游标卡尺的测量精度

测量或检验零件尺寸时，要按照零件尺寸的精度要求，选用相适应的量具。游标卡尺是一种中等精度的量具，它只适用于中等精度尺寸的测量和检验。用游标卡尺去测量锻铸件毛坯或精度要求很高的尺寸，都是不合理的。前者容易损坏量具，后者测量精度达不到要求，因为量具都有一定的示值误差，游标卡尺的示值误差见表2-3。

表2-3　游标卡尺的示值误差　　　　　　　　　　　　　　（单位：mm）

游标读数值	示值总误差
0.02	± 0.02
0.05	± 0.05
0.10	± 0.10

游标卡尺的示值误差，就是游标卡尺本身的制造精度，不论你使用得怎样正确，卡尺本身就可能产生这些误差。例如，用游标读数值为0.02mm的0～125mm的游标卡尺(示值误差为±0.02mm)，测量的轴时，若游标卡尺上的读数为50.00mm，实际直径可能是小于50mm，也可能是大于50mm。这不是游标尺的使用方法上有什么问题，而是它本身制造精度所允许产生的误差。因此，若该轴的直径尺寸是IT5级精度的基准轴，则轴的制造公差为0.025mm，而游标卡尺本身就有着±0.02mm的示值误差，选用这样的量具去测量，显然是无法保证轴径的精度要求的。

如果受条件限制（如受测量位置限制），其他精密量具用不上，必须用游标卡尺测量较精密的零件尺寸时，又该怎么办呢？此时，可以用游标卡尺先测量与被测尺寸相当的块规，消除游标卡尺的示值误差（称为用块规校对游标卡尺）。例如，要测量上述的轴时，先测量50mm的块规，看游标卡尺上的读数是不是正好50mm。如果不是正好50mm，则比50mm大的或小的数值，就是游标卡尺的实际示值误差，测量零件时，应把此误差作为修正值考虑进去。例如，测量50mm块规时，游标卡尺上的读数为49.98mm，即游标卡尺的读数比实际尺寸小0.02mm，则测量轴时，应在游标卡尺的读数上加上0.02mm，才是轴的实际直径尺寸，若测量50mm块规时的读数是50.01mm，则在测量轴时，应在读数上减去0.01mm，才是轴的实际直径尺寸。另外，游标卡尺测量时的松紧程度（即测量压力的大小）和读数误差（即看准是那一根刻线对准），对测量精度影响亦很大。所以，当必须用游标卡尺测量精度要求较高的尺寸时，最好采用和测量相等尺寸的块规相比较的办法。

4. 游标卡尺的使用方法

量具使用得是否合理，不但影响量具本身的精度，且直接影响零件尺寸的测量精度，甚至发生质量事故，对国家造成不必要的损失。所以，我们必须重视量具的正确使用，对测量技术精益求精，务使获得正确的测量结果，确保产品质量。

使用游标卡尺测量零件尺寸时，必须注意下列几点：

（1）测量前应把卡尺揩干净，检查卡尺的两个测量面和测量刃口是否平直无损，把两个量爪紧密贴合时，应无明显的间隙，同时游标和主尺的零位刻线要相互对准。这个过程称为校对游标卡尺的零位。

（2）移动尺框时，活动要自如，不应有过松或过紧，更不能有晃动现象。用固定螺钉固定尺框时，卡尺的读数不应有所改变。在移动尺框时，不要忘记松开固定螺钉，亦不宜过松以免掉落。

（3）当测量零件的外尺寸时：卡尺两测量面的连线应垂直于被测量表面，不能歪斜。测量时，可以轻轻摇动卡尺，放正垂直位置。否则，量爪若在错误位置上，将使测量结果a比实际尺寸b要大；先把卡尺的活动量爪张开，使量爪能自由地卡进工件，把零件贴靠在固定量爪上，然后移动尺框，用轻微的压力使活动量爪接触零件。如卡尺带有微动装置，此时可拧紧微动装置上的固定螺钉，再转动调节螺母，使量爪接触零件并读取尺寸。决不可把卡尺的两个量爪调节到接近甚至小于所测尺寸，把卡尺强制的卡到零件上去。这样做会使量爪变形，或使测量面过早磨损，使卡尺失去应有的精度。

测量沟槽时，应当用量爪的平面测量刃进行测量，尽量避免用端部测量刃和刀口形量爪去测量外尺寸。而对于圆弧形沟槽尺寸，则应当用刃口形量爪进行测量，不应当用平面形测量刃进行测量。

测量沟槽宽度时，也要放正游标卡尺的位置，应使卡尺两测量刃的连线垂直于沟槽，不能歪斜，否则，量爪若在错误的位置上，也将使测量结果不准确（可能大也可能小）。

（4）当测量零件的内尺寸时：要使量爪分开的距离小于所测内尺寸，进入零件内孔后，再慢慢张开并轻轻接触零件内表面，用固定螺钉固定尺框后，轻轻取出卡尺来读数。取出量爪时，用力要均匀，并使卡尺沿着孔的中心线方向滑出，不可歪斜，免使量爪扭伤；变形和受到不必要的磨损，同时会使尺框走动，影响测量精度。

卡尺两测量刃应在孔的直径上，不能偏歪。带有刀口形量爪和带有圆柱面形量爪的游标卡尺，在测量内孔时正确的和错误的位置。当量爪在错误位置时，其测量结果，将比实际孔径D要小。

（5）用下量爪的外测量面测量内尺寸时，在读取测量结果时，一定要把量爪的厚度加上去。即游标卡尺上的读数，加上量爪的厚度，才是被测零件的内尺寸。测量范围在500mm以下的游标卡尺，量爪厚度一般为10mm。但当量爪磨损和修理后，量爪厚度就要小于10mm，读数时这个修正值也要考虑进去。

（6）用游标卡尺测量零件时，不允许过分地施加压力，所用压力应使两个量爪刚好接触零件表面。如果测量压力过大，不但会使量爪弯曲或磨损，且量爪在压力作用下产生弹性变形，使测量得的尺寸不准确（外尺寸小于实际尺寸，内尺寸大于实际尺寸）。

在游标卡尺上读数时，应把卡尺水平的拿着，朝着亮光的方向，使人的视线尽可能和卡尺的刻线表面垂直，以免由于视线的歪斜造成读数误差。

（7）为了获得正确的测量结果，可以多测量几次。即在零件的同一截面上的不同方向进行测量。对于较长零件，则应当在全长的各个部位进行测量，务使获得一个比较正确的测量结果。

5．常用游标类量具的维护保养

（1）不准把游标卡尺的两个量爪当扳手或刻线工具使用，不准用卡尺代替卡钳、卡板等在被测工件上推拉，以免磨损卡尺，影响测量精度。

（2）带深度尺的游标卡尺用完后应将量爪合拢，否则较细的深度尺露在外边，容易变形，折断。

（3）数显卡尺应避开高温、油脂和水，也应避开强磁场使用和存放，这些物质不仅影响使用和测量精度，也会影响卡尺的使用寿命。

（4）测量完成后，要把游标卡尺平放，特别是大尺寸游标卡尺，否则容易引起尺身弯曲变形。

（5）留意数值显示情况，是否有跳数，或在使用过程中是否自动归零等现象，及时更换电池，以免影响测量结果，严禁强光照射显示器，以防液晶显示器老化。

（6）不要用电刻笔在数显卡尺上刻字，以防把电子线路击穿。

（7）游标卡尺使用完毕，要擦净并上油，放置在专用盒内，防止弄脏或生锈，并存放在干燥的包装盒内，保持清洁。

（8）不可用砂布或普通磨料来擦除刻度尺表面及量爪测量面上的锈迹和污物。

（9）游标卡尺受损后，不允许用锤子、锉刀等工具自行修理，应交专门修理部门修理，并经检定合格后才能使用。

（三）螺旋类器具

千分尺是应用广泛的精密长度量具，测量精确度比游标卡尺高。千分尺的形式和规格繁多，有外径千分尺、内径千分尺、深度千分尺等。

1. 外径千分尺结构及读数原理

外径千分尺利用螺旋传动原理，将角位移变成直线位移来进行长度测量，精度可达0.001mm，主要用于测量工件的外径、长度、厚度等外尺寸。

外径千分尺的量程为25mm，测微螺杆螺距为0.5mm和1mm，不同外径千分尺的测量范围，精度见表2-4。

表2-4 外径千分尺规格(GB/T 1216－2004)

品种	测量范围 / mm	分度值/mm
外径千分尺	0～25,20～25,50～ 75 ,75～100 ,100～12 5 ,12 5～15 0, 150～17 5 ,17 5～200,200～225 ,225～250,250～275, 275～300,300～400,400～500,500～600,600～700, 700～800,800～900,900～1000	0. 01,0. 001, 0. 002, 0.005
大外径千分尺 (JB/T1007–1999)	1000～1500 ,1500～2000 ,2000～2500 ,2500～3000	

【刻线原理】

千分尺测微螺杆上的螺距为0.5mm，当微分管转一圈时，测微螺杆就沿轴向移动0.05mm，固定套管上刻有间隔为0.5mm的刻线，微分管圆锥面上共刻有50个格，因此微分筒每转一周，螺杆就移动0.5mm/50=0.01mm，因此千分尺的精度值为0.01mm。

【读数方法】

首先读出微分筒边缘在固定套管主尺的毫米数和半毫米数，然后看微分管上哪一格与固定套管上基准线对齐，并读出相应的不足半毫米数，最后把两个读数相加就是测得的实际尺寸。

【操作要点】

①测量前，应清除千分尺两侧砧及被测表面上的油污和尘埃，并转动千分尺的测力装置，使两侧砧面贴和，检查是否密合；同时检查微分管与固定套管的零刻线是否对齐。若零位不对，应进行校准。如急需测量，可记下零位不准的偏差值，从测得值中修正。

②测量时，一定要用手握持隔热板，否则将使千分尺和被测件温度不一致而产生测量误差，应尽可能使千分尺和被测件的温度相同或相近。

③测量时，当千分尺两测砧接近被测件而将要接触时，只能转动测力装置的滚花外轮，当测力装置发出咯咯的响声时，表示两测砧已与被测件接触好，此时即可读数。千万不要在两测砧与被测件接触后再转动微分筒，这样将使测力过大，并使精密螺纹受到磨损。

④测量时，千分尺测杆的轴线应与被测尺寸的长度方向一致，不能歪斜。与两测砧接触的两被测表面，如定位精度不同，应以易保证定位精度的表面与固定测砧接触，以保证测量时的正确定位。

⑤读数时，千分尺最好不要离开被测件，读数后要先松开两测砧，以免拉离时磨损测砧，更不能测量运动中的工件。如确需取下，应首先锁紧测微螺杆，防止尺寸变动。

⑥不得握住微分筒挥动或摇转尺架，这样会使精密测量螺杆受损。

⑦使用后擦净上油，放入专用盒内，并将置于干燥处。

2. 千分尺的精度及其调整

千分尺是一种应用很广的精密量具，按它的制造精度，可分0级和1级的两种，0级精度较高，1级次之。千分尺的制造精度，主要由它的示值误差和测砧面的平面平行度公差的大小来决定，小尺寸千分尺的精度要求，见表2-5。从百分尺的精度要求可知，用千分尺测量IT6～IT10级精度的零件尺寸较为合适。

表2-5　千分尺的精度要求　　　　　　　　（单位：mm）

测量上限	示值误差		两测量面平行度	
	0级	1级	0级	1级
15；25	± 0.002	± 0.004	0.001	0.002
50	± 0.002	± 0.004	0.0012	0.0025
75；100	± 0.002	± 0.004	0.0015	0.003

千分尺在使用过程中，由于磨损，特别是使用不妥当时，会使千分尺的示值误差超差，所以应定期进行检查，进行必要的拆洗或调整，以便保持千分尺的测量精度。

（1）校正千分尺的零位千分尺如果使用不妥，零位就会走动，使测量结果不正确，容易造成产品质量事故。所以，在使用于分尺的过程中，应当校对千分尺的零位。所谓"校对千分尺的零位"，就是把千分尺的两个测砧面揩干净，转动测微螺杆使它们贴合在一起（这是指0~25mm的千分尺而言，若测量范围大于0～25mm时，应该在两测砧面间放上校对样棒），检查微分筒圆周上的"0"刻线，是否对准固定套筒的中线，微分筒的端面是否正好使固定套筒上的"0"刻线露出来。如果两者位置都是正确的，就认为千分尺的零位是对的，否则就要进行校正，使之对准零位。

如果零位是由于微分筒的轴向位置不对，如微分筒的端部盖住固定套筒上的"0"刻线，或"0"刻线露出太多，0.5的刻线搞错，必须进行校正。此时，可用制动器把测微螺杆锁住，再用千分尺的专用扳手，插入测力装置轮轴的小孔内，把测力装置松开（逆时针旋转），微分筒就能进行调整，即轴向移动一点。使固定套筒上的"0"线正好露出来，同时使微分筒的零线对准固定套筒的中线，然后把测力装置旋紧。

如果零位是由手微分筒的零线没有对准固定套筒的中线，也必须进行校正。此时，可用千分尺的专用扳手，插入固定套筒的小孔内，把固定套筒转过一点，使之对准零线。

但当微分筒的零线相差较大时，不应当采用此法调整，而应该采用松开测力装置转动微分筒的方法来校正。

（2）调整千分尺的间隙千分尺在使用过程中，由于磨损等原因，会使精密螺纹的配合间隙增大，从而使示值误差超差，必须及时进行调整，以便保持千分尺的精度。

要调整精密螺纹的配合间隙，应先用制动器把测微螺杆锁住，再用专用扳手把测力装置松开，拉出微分筒后再进行调整。在螺纹轴套上，接近精密螺纹一段的壁厚比较薄，且连同螺纹部分一起开有轴向直槽，使螺纹部分具有一定的胀缩弹性。同时，螺纹轴套的圆锥外螺纹上，旋着调节螺母。当调节螺母往里旋入时，因螺母直径保持不变，就迫使外圆锥螺纹的直径缩小，于是精密螺纹的配合间隙就减小了。然后，松开制动器进行试转，看螺纹间隙是否合适。间隙过小会使测微螺杆活动不灵活，可把调节螺母松出一点，间隙过大则使测微螺杆有松动，可把调节螺母再旋进一点。直至间隙调整好后，再把微分筒装上，对准零位后把测力装置旋紧。

经过上述调整的千分尺，除必须校对零位外，还应当用检定量块，检验千分尺的五个尺寸的测量精度，确定千分尺的精度等级后，才能移交使用。例如，用5.12;10.24;15.36;21.5;25等五个块规尺寸检定0～25mm的千分尺，它的示值误差应符合表2-5的要求，否则应继续修理。

3. 千分尺的使用方法

千分尺使用得是否正确，对保持精密量具的精度和保证产品质量的影响很大，指导人员和实习的学生必须重视量具的正确使用，使测量技术精益求精，务使获得正确的测量结果，确保产品质量。

使用千分尺测量零件尺寸时，必须注意下列几点：

（1）使用前，应把千分尺的两个测砧面擦干净，转动测力装置，使两测砧面接触（若测量上限大于25mm时，在两测砧面之间放入校对量杆或相应尺寸的量块），接触面上应没有间隙和漏光现象，同时微分筒和固定套筒要对准零位。

（2）转动测力装置时，微分筒应能自由灵活地沿着固定套筒活动，没有任何轧卡和不灵活的现象。如有活动不灵活的现象，应送计量站及时检修。

（3）测量前，应把零件的被测量表面擦干净，以免脏物存在时影响测量精度。绝对不允许用千分尺测量带有研磨剂的表面，以免损伤测量面的精度。用千分尺测量表面粗糙的零件亦是错误的，这样易使测砧面过早磨损。

（4）用千分尺测量零件时，应当手握测力装置的转帽来转动测微螺杆，使测砧表面保持标准的测量压力，即听到嘎嘎的声音，表示压力合适，并可开始读数。要避免因测量压力不等而产生测量误差。

绝对不允许用力旋转微分筒来增加测量压力，使测微螺杆过分压紧零件表面，致使精密螺纹因受力过大而发生变形，损坏千分尺的精度。有时用力旋转微分筒后，虽因微分筒与测微螺杆间的连接不牢固，对精密螺纹的损坏不严重，但是微分筒打滑后，千分尺的零位走动了，就会造成质量事故。

（5）使用千分尺测量零件时，要使测微螺杆与零件被测量的尺寸方向一致。如测量外径时，测微螺杆要与零件的轴线垂直，不要歪斜。测量时，可在旋转测力装置的同时，轻轻地晃动尺架，使测砧面与零件表面接触良好。

（6）用千分尺测量零件时，最好在零件上进行读数，放松后取出千分尺，这样可减少测砧面的磨损。如果必须取下读数时，应用制动器锁紧测微螺杆后，再轻轻滑出零件，把千分尺当卡规使用是错误的，因这样做不但易使测量面过早磨损，甚至会使测微螺杆或尺架发生变形而失去精度。

（7）在读取千分尺上的测量数值时，要特别留心不要读错0.5mm。

（8）为了获得正确的测量结果，可在同一位置上再测量一次。尤其是测量圆柱形零件时，应在同一圆周的不同方向测量几次，检查零件外圆有没有圆度误差，再在全长的各个部位测量几次，检查零件外圆有没有圆柱度误差等。

（9）对于超常温的工件，不要进行测量，以免产生读数误差。

（10）用单手使用外径千分尺时，可用大拇指和食指或中指捏住活动套筒，小指勾住尺架并压向手掌上，大拇指和食指转动测力装置就可测量。

值得提出的是几种使用外径千分尺的错误方法，比如用千分尺测量旋转运动中的工件，很容易使千分尺磨损，而且测量也不准确；又如贪图快一点得出读数，握着微分筒来挥转等，这同碰撞那样，也会破坏千分尺的内部结构。

4．常用螺旋类器具的维护保养

（1）不能用千分尺测量零件的粗糙表面，也不能用千分尺测量正在旋转的零件。

（2）千分尺要轻拿轻放，不要摔碰，若受撞击，应立即进行检查，必要时送计量部门检修。

（3）千分尺应保持清洁。测量完毕，用软布或棉纱等擦拭干净，放入盒中。长期不用应涂防锈油。要注意勿使两个测量砧贴合，以免锈蚀。

（4）大型千分尺应平放在盒中，以免变形。

（5）不允许用砂布或普通磨料擦拭测微螺杆上的污锈。

（6）不能在千分尺的微分筒和固定套筒之间加酒精、煤油、凡士林、柴油、普通机油等；不允许把千分尺浸泡在上述油类及酒精中。如发现上述物质浸入，需用汽油洗净，再涂以特种轻质轮滑油。

（四）指示表

1．百分表和千分表

百分表和千分表是将测量杆的直线位移通过齿条和齿轮传动系统转变为指针的角位移进行读数的一种长度测量工具。广泛用于测量精密件的形位误差，也可用比较法测量工件的长度，具有防震机构，精度可靠。百分表的结构如图的分度值为0.01mm，千分表的分度值为0.001mm。百分表和千分表的测量范围及精度见表2-6。

表2-6 百分表和千分表规格

品种	测量范围/mm	分度值/mm
百分表(GB 1219–85)	0～3,0～5,0～10	
大量程百分表(GB 6311– 86)	0～30,0～50,0～100	0.01
千分表(GB 6309–86)	0～1,0～2,0～3,0～5	0.001

【刻线原理】

当测量杆上升1mm时，百分表的长针正好转动一周，由于百分表的表盘上共刻有100个等分格，所以长针每转一格，则测量杆移动0.01mm。

【读数方法】

长指针每转一格为0.01mm，短指针每转一格为1mm，测量时把长短指针读数相加即为测量读数。

【操作要点】

①使用前检查表盘和指针有无松动。

②测量工件时，将指示表（百分表和千分表）装夹在合适的表座上，装夹指示表时，夹紧力不能过大，以免套筒变形，使测杆卡死或运动不灵活。用手指向上轻抬测头，然后让其自由落下，重复几次，此时长指针不应产生位移。

③测平面时，测量杆要与被测平面垂直。测圆柱体时，测量杆中心必须通过工件中心，即触头在圆柱最高点。注意测量杆应有0.3～1mm的压缩量，保持一定的初始力，以免由于存在负偏差而测不出值来。测量圆柱件最好用刀口形测头，测量球面件可用平面测头，测量凹面或形状复杂的表面可用尖形测头。

④测量时先将测量杆轻轻提起，把表架或工件移到测量位置后，缓慢放下测量杆，使之与被侧面接触，不可强制把测量头推上被测面。然后转动刻度盘使其零位对正长指针，此时要多次重复提起测量杆，观察长指针是否都在零位上，在不产生位移情况下才能读数。

⑤测量读数时，测量者的视线要垂直于表盘，以减小视差。

⑥测量完毕后，测头应洗净擦干并涂防锈油。测杆上不要涂油。如有油污，应擦干净。

2．百分表和千分表的使用方法

由于千分表的读数精度比百分表高，所以百分表适用于尺寸精度为IT6～IT8级零件的校正和检验；千分表则适用于尺寸精度为IT5～IT7级零件的校正和检验。百分表和千分表按其制造精度，可分为0、1和2级三种，0级精度较高。使用时，应按照零件的形状和精度要求，选用合适的百分表或千分表的精度等级和测量范围。

使用百分表和千分表时，必须注意以下几点：

（1）使用前，应检查测量杆活动的灵活性。即轻轻推动测量杆时，测量杆在套筒内的移动要灵活，没有任何轧卡现象，且每次放松后，指针能回复到原来的刻度位置。

（2）使用百分表或千分表时，必须把它固定在可靠的夹持架上（如固定在万能表架或磁性表座上），夹持架要安放平稳，免使测量结果不准确或摔坏百分表。

用夹持百分表的套筒来固定百分表时，夹紧力不要过大，以免因套筒变形而使测量杆活动不灵活。

（3）用百分表或千分表测量零件时，测量杆必须垂直于被测量表面。即使测量杆的轴线与被测量尺寸的方向一致，否则将使测量杆活动不灵活或使测量结果不准确。

（4）测量时，不要使测量杆的行程超过它的测量范围；不要使测量头突然撞在零件上；不要使百分表和千分表受到剧烈的振动和撞击，亦不要把零件强迫推入测量头下，免得损坏百分表和千分表的机件而失去精度。因此，用百分表测量表面粗糙或有显著凹凸不平的零件是错误的。

（5）用百分表校正或测量零件时。应当使测量杆有一定的初始测力。即在测量头与零件表面接触时，测量杆应有0.3~1mm的压缩量（千分表可小一点，有0.1mm即可），使指针转过半圈左右，然后转动表圈，使表盘的零位刻线对准指针。轻轻地拉动手提测量杆的圆头，拉起和放松几次，检查指针所指的零位有无改变。当指针的零位稳定后，再开始测量或校正零件的工作。如果是校正零件，此时开始改变零件的相对位置，读出指针的偏摆值，就是零件安装的偏差数值。

（6）检查工件平整度或平行度时。将工件放在平台上，使测量头与工件表面接触，调整指针使摆动转，然后把刻度盘零位对准指针，跟着慢慢地移动表座或工件，当指针顺时针摆动时，说明了工件偏高，反时针摆动，则说明工件偏低了。

当进行轴测的时候，就是以指针摆动最大数字为读数（最高点），测量孔的时候，就是以指针摆动最小数字（最低点）为读数。

检验工件的偏心度时，如果偏心距较小，可测量偏心距，把被测轴装在两顶尖之间，使百分表的测量头接触在偏心部位上（最高点），用手转动轴，百分表上指示出的最大数字和最小数字（最低点）之差的就等于偏心距的实际尺寸。偏心套的偏心距也可用上述方法来测量，但必须将偏心套装在心轴上进行测量。

偏心距较大的工件，因受到百分表测量范围的限制，就不能用上述方法测量。这时可用间接测量偏心距的方法。

测量时，必须把基准轴直径和偏心轴直径用百分尺测量出正确的实际尺寸，否则计算时会产生误差。

（7）检验车床主轴轴线对刀架移动平行度时，在主轴锥孔中插入一检验棒，把百分表固定在刀架上，使百分表测头触及检验棒表面。移动刀架，分别对侧母线A和上母线B进行检验，记录百分表读数的最大差值。为消除检验棒轴线与旋转轴线不重合对测量的影响，必须旋转主轴180°，再同样检验一次A、B的误差分别计算，两次测量结果的代数和之半就是主轴轴线对刀架移动的平行度误差。要求水平面内的平行度允差只许向前偏，即检验棒前端偏向操作者；垂直平面内的平行度允差只许向上偏。

（8）检验刀架移动在水平面内直线度时，将百分表固定在刀架上，使其测头顶在主轴和尾座顶尖间的检验棒侧母线上，调整尾座，使百分表在检验棒两端的读数相等。然后移动刀架，在全行程上检验。百分表在全行程上读数的最大代数差值，就是水平面内的直线度误差。

（9）在使用百分表和千分表的过程中，要严格防止水、油和灰尘渗入表内，测量杆上也不要加油，免得粘有灰尘的油污进入表内，影响表的灵活性。

（10）百分表和千分表不使用时，应使测量杆处于自由状态，免使表内的弹簧失效。如内径百分表上的百分表，不使用时，应拆下来保存。

3. 杠杆百分表和千分表的使用方法

（1）使用注意事项

①千分表应固定在可靠的表架上，测量前必须检查千分表是否夹牢，并多次提拉千分表测量杆与工件接触，观察其重复指示值是否相同。

②测量时，不准用工件撞击测头，以免影响测量精度或撞坏千分表。为保持一定的起始测量力，测头与工件接触时，测量杆应有0.3~0.5mm的压缩量。

③测量杆上不要加油，以免油污进入表内，影响千分表的灵敏度。

④千分表测量杆与被测工件表面必须垂直，否则会产生误差。

⑤杠杆千分表的测量杆轴线与被测工件表面的夹角愈小，误差就愈小。

（2）杠杆百分表体积较小，适合于零件上孔的轴心线与底平面的平行度的检查。将工件底平面放在平台上，使测量头与A端孔表面接触，左右慢慢移动表座，找出工件孔径最低点，调整指针至零位，将表座慢慢向B端推进。也可以工件转换方向，再使测量头与B端孔表面接触，A、B两端指针最低点和最高点在全程上读数的最大差值，就是全部长度上的平行度误差。

（3）用杠杆百分表检验键槽的直线度时。在键槽上插入检验块，将工件放在V形铁上，百分表的测头触及检验块表面进行调整，使检验块表面与轴心线平行。调整好平行度后，将测头接触A端平面，调整指针至零位，将表座慢慢向B端移动，在全程上检验。百分表在全程上读数的最大代数差值，就是水平面内的直线度误差。

（4）检验车床主轴轴向窜动量时，在主轴锥孔内插入一根短锥检验棒，在检验棒中心孔放一颗钢珠，将千分表固定在车床上，使千分表平测头顶在钢珠上，沿主轴轴线加一力F，旋转主轴进行检验，千分表读数的最大差值，就是主轴轴向窜动的误差。

（5）车床主轴轴肩支承面跳动的检验时，将千分表固定在车床上使其测头顶在主轴轴肩支承面靠近边缘处，沿主轴轴线加一力F，旋转主轴检验。千分表的最大读数差值，就是主轴轴肩支承面的跳动误差。检验主轴的轴向窜动和轴肩支承面跳动时外加一轴向力F，是为了消除主轴轴承轴向间隙对测量结果的影响。其大小一般等于

1/2～1倍主轴重量。

（6）内外圆同轴度的检验，在排除内外圆本身的形状误差时，可用圆跳动量的1/2来计算。以内孔为基准时，可把工件装在两顶尖的芯轴上，用百分表或杠杆表检验。百分表（杠杆表）在工件转一周的读数，就是工件的圆跳动。以外圆为基准时，把工件放在V型铁上，用杠杆表检验。这种方法可测量不能安装在芯轴上的工件。

（7）齿向准确度检验。将锥齿轮套入测量芯轴，芯轴装夹于分度头上，校正分度头主轴使其处于准确的水平位置，然后在游标高度尺上装一杠杆百分表，用百分表找出测量芯轴上母线的最高点，并调整零位，将游标高度尺连同百分表降下一个芯轴半径尺寸，此时百分表的测头零位正好处在锥齿轮的中心位置上。再用调好零位的百分表去测量齿轮处于水平方向的某一个齿面，使该齿大小端的齿面最高点都处在百分表的零位上。此时，该齿面的延伸线与齿轮轴线重合。以后，只需摇动分度盘依次进行分齿，并测量大小端读数是否一致，若读数一致，说明该齿侧方向齿向精度是合格的，否则，该项精度有误差。一侧齿测量完毕后，将百分表测头改成反方向，用同样的方法测量轮齿另一侧的齿向精度。

4. 常用表类量具的维护保养

（1）使用时要仔细，提压测量杆的次数不要过多，距离不要过大，以免损坏机件，加剧测量头端部以及齿轮系统等的磨损。

（2）不允许测量表面粗糙或有明显凹凸的工作表面，会使精密量具的测量杆发生歪扭和受到旁侧压力，从而损坏测量杆和机件。

（3）应避免剧烈震动和碰撞，不要使测量头突然撞击在被测表面上，以防测量杆弯曲变形，更不能敲打表的任何部位。

（4）在遇到测量杆移动不灵活或发生阻滞时，不允许用强力推压测量头，应送交维修人员进行检查修理。

（5）不应把精密量具放置在机床的滑动部位，以免使量具轧伤和摔坏。

（6）不要把精密量具放在磁场附近，以免造成机件受磁性，失去精度。

（7）防止水或油液渗入百分表内部，不应使量具与切削液或冷却剂接触，以免机件腐蚀。

（8）不要随便拆卸精密量表或表体的后盖，以免尘埃及油污渗入机件，造成传动系统的障碍或弄坏机件。

（9）在精密量表上不准涂有任何油脂，否则会使测量杆和套筒黏结，造成动作不灵活，而且油脂易黏结尘土，从而损坏量表内部的精密机件。

（10）不使用时，应使测量杆处于自由状态，不应有任何压力附加。

（11）若发现百分表有锈蚀现象，应立即检修，不允许用砂纸擦拭测量杆上的污锈。

（12）精密量表不能与锉刀、凿子等工具堆放在一起，以免擦伤、碰毛精密测量杆或打碎玻璃表盖等。

（五）角度器具

1. 正弦规

正弦规是用于准确检验零件及量规角度和锥度的量具，辅助测量圆锥锥度和角度偏差。

【测量原理】

正弦规测量原理是根据正弦函数，利用量块垫起一端使之形成一定角度来检验圆锥量规和角度等工具的锥度和角度偏差。

测量前，根据被测工件的结构不同，选择不同结构的正弦规，然后按公式计算量块组的高度。

测量时，将正弦规放在平板上，一圆柱与平板接触，另一圆柱下垫量块，装好工件。

【操作要点】

①正弦规工作面不得有严重影响外观和使用性能的裂痕、划痕、夹渣等缺陷。

②正弦规各零件均应去磁，主体和圆柱必须进行稳定性处理。

③正弦规应能装置成0°～80°范围内的任意角度，其结构刚性和各零件强度应能适应磨削工作条件，各零件应易于拆卸和修理。

④正弦规的圆柱应采用螺钉可靠地固定在主体上，且不得引起圆柱和主体变形；紧固后的螺钉不得露出圆柱表面。主体上固定圆柱的螺孔不得露出工作面。

2．水平仪

水平仪是用以测量工件表面相对水平位置的微小倾斜角度的量具。可测量各种导轨和平面的直线度、平面度、平行度和垂直度，还能用于调整安装各种设备的水平和垂直位置。一般被作为量具使用的水平仪主要有框式（方形水平仪）和条式（钳工水平仪）两种。

【测量原理】

水平仪是利用水准器（水泡）进行测量的。水准器是一个密封的玻璃管，内壁研磨成具有一定曲率半径尺的圆弧面。管内装有流动性很好的液体（如乙醚、酒精），管内还留有一个小的空间，即为气泡，玻璃管外表面上刻有刻度。

当水准器处于水平位置时，气泡位于正中，即处于零位。

当水准器偏离水平位置而有倾斜时，气泡即移向高的一端，倾斜角度的大小，由气泡所对的刻度读出。

水平仪不同品种测量范围及精度见表2-7。

表2-7　水平仪规格

品种	分度值/mm	工作面长度/ mm	工作面宽度/mm	V形工作面夹角
框式、条式 (GB/T 16455-2008)	0.02,0.05, 0.10	100	≥30	120°，140°
		150,200	≥35	
		250,300	≥40	
电子式 (JB/T 10038-1999)	0.005,0.01, 0.02,0.05	100	25～35	120°，150°
		150,200,250,300	35～50	

【操作要点】

①使用前，应将水平仪的工作面和工件的被检面清洗干净，测量时此两面之间如

有极微小的尘粒或杂物，都将引起显著的测量误差。

②零值的调整方法，将水平仪的工作底面与检验平板或被测表面接触，读取第一次读数；然后在原地旋转180°，读取第二次读数；两次读数的代数差除以2即为水平仪的零值误差。

③普通水平仪的零值正确与否是相对的，只要水平仪的气泡在中间位置，就表明零值正确。

④水准器中的液体，易受温度变化的影响而使气泡长度改变。对此，测量时可在气泡的两端读数，再取平均值作为结果。

⑤测量时，一定要等到气泡稳定不动后再读数。

⑥读取水平仪示值时，应垂直正对水准器的方向，以避免因视差造成读数误差。

3. 角尺

角尺是一种专业量具，角尺测量为比较测量法，公称角度为90°，故称为直角尺，可用于检测工件的垂直度及工件相对位置的垂直度，有时也用于画线。适用于机床、机械设备及零部件的垂直度检验，安装加工定位，画线等是机械行业中的重要测量工具，特点是精度高、稳定性好、便于维修，结构不同可分为平样板角尺、宽底座样板角尺、圆柱角尺。

【测量原理】

使用角尺检验工件时，当角尺的测量面与被检验面接触后，即松手，让角尺靠自身的重量保持其基面与平板接触，用手轻按压角尺的下基面，使上基面与被检验的一个面接触。

①确定被检验角数值：测量时，如果角尺的测量面与被检验面完全接触，根据光隙的大小判定被检验角的数值。若无光隙，说明被检验角度为90°；若有光隙，说明被检验角度不90°。

②角尺做检验工具：用比较测量法检验，先用作为标准的角尺调整指示器，当标准角尺压向测量架的固定支点时，调整指示器归零；然后将指示器和测量架移向被测工件进行测量。

【操作要点】

①00级和0级90°角尺一般用于检验精密量具；1级90°角尺用于检验精密工件；2级90度角尺用于检验一般工件。

②使用前，应先检查各工作面和边缘是否被碰伤。将直角尺工作面和被检工作面擦净。

③使用时，将90°角尺放在被测工件的工作面上，用光隙法来鉴别被测工件的角度是否正确，检验工件外角时，须使直角尺的内边与被测工件接触，检验内角时，则使直角尺的外边与被测工件接触。

④测量时，应注意角尺的安放位置，不能歪斜。

⑤在使用和安放工作边较大的90°角尺时，尤应注意防止弯曲变形。

⑥为求得精确的测量结果，可将90°角尺翻转180°再测量一次，取两次度数的算术平均值作为其测量结果，可降低角尺本身的偏差。

（六）量规

光滑极限量规

光滑极限量规是用以检验没有台阶的光滑圆柱形孔、轴直径尺寸的量规，在生产中使用最广泛。按国家标准规定，量规的检验范围是基本尺寸(1～500) mm，公差等级为IT6–IT16的光滑圆柱形孔和轴。

检验孔径的量规叫做塞规，检验轴径的量规叫做卡规。轴径也可用环规即用高精度的完整孔来检验，但操作不便，又不能检验加工中的轴件（两端都已顶持），故很少应用。

【测量原理】

塞规和卡规都是成对使用的，其中一个为"通规"，用以控制孔的最小极限尺寸Dmin和轴的最大极限尺寸dmax，另一个为"止规"，用以控制孔的最大极限尺寸Dmax和轴的最小极限尺寸dmin。检验时，若通规能通过被检孔、轴，而止规不能通过，则表示被检孔、轴的尺寸合格。

【操作要点】

①使用前，要先核对量规上标注的基本尺吱，公差等级及基本偏差代号等是否与被检件相符。了解量规是否经过定期检定及检定期限是否过期（过期不应使用）。

②使用前，必须检查并清除量规工作面和被检孔、轴表面（特别是内孔孔口）上的毛刺、锈迹和铁屑末及其他污物。否则不仅检验不准确，还会磨伤量规和工件。

③检验工件时，一定要等工件冷却后再检验，并在量规上应尽可能安装隔热板，以供使用时用手握持，否则将产生很大的热膨胀误差而造成误检。

④检验孔件时，用手将塞规轻轻地送入被检孔，不得偏斜。量规进入被检孔中之后，不要在孔中回转，以免加剧磨损。

⑤检验轴件时，用手扶正卡规（不要偏斜），最好让其在自重作用下滑向轴件直径位置。

⑥量规属精密量具，使用时要轻拿轻放。用完后工作面上涂一层薄防锈油，放在木盒内或专门的位置，不要将量规与其他工具杂放在一起，要注意避免磁损、锈蚀和磁化。

（七）辅助量具

常用的辅助量具主要有V型块、检验平板、方箱、弯板等。

1. V型块

V型块是用于轴类零件加工和或检验时作紧固或定位的辅助工作。V型块可以单只使用，也可以成对使用，成对使用时必须保证是同型号和同一精度等级的V型块才可使用。材质可分铸铁材质或大理石材质。

在测量中V型块主要起支承轴类工件的作用，将工件的基准圆柱面定位和支承在V型块上，可检测工件形位误差。

2. 检验平台

检验平台在测量中起基座作用，其工作表面作为测量的基准平面。检验平板要求具有足够的精度和刚度稳定性。常用材质有铸铁和大理石。

检验使用时应注意，平板安放平稳，一般用三个支承点调整水平面。大平板增加的支承点须垫平垫稳，但不可破坏水平，且受力须均匀，以减少自重受形；平板应避免因局部使用过频繁而磨损过多，使用中避免热源的影响和酸碱的腐蚀；平板不宜承受冲击、重压、或长时间堆放物品等。

3．方箱

方箱用于检验工件的辅助量具，也可在平台测量中作为标准直角使用，其性能稳定，精度可靠。有六个工作面，其中一个工作面上有V型槽。

方箱一般是在检验平板上使用，起支承被检测工作的作用，可以单独使用，也可以成对使用。

4．弯板

弯板在检验平台测量中作为标准直角使用，用于零部件的检测和机械加工中的装夹、画线。能在检验平板上检查工件的垂直度，适用于高精度机械和仪器检验和机床之间不垂直度的检查。

弯板使用时不能在潮湿、有腐蚀、过高和过低的温度环境下使用和存放。在使用时要先进行弯板的安装调试，然后，把弯板的工作面擦拭干净，在确认没有问题的情况下使用弯板。

5．内外卡钳

内外卡钳是最简单的比较量具。外卡钳是用来测量外径和平面的，内卡钳是用来测量内径和凹槽的。它们本身都不能直接读出测量结果，而是把测量得的长度尺寸（直径也属于长度尺寸），在钢直尺上进行读数，或在钢直尺上先取下所需尺寸，再去检验零件的直径是否符合。

6．塞尺

塞尺又称厚薄规或间隙片。主要用来检验机床特别紧固面和紧固面、活塞与气缸、活塞环槽和活塞环、十字头滑板和导板、进排气阀顶端和摇臂、齿轮啮合间隙等两个结合面之间的间隙大小。塞尺是由许多层厚薄不一的薄钢片组成按照塞尺的组别制成一把一把的塞尺，每把塞尺中的每片具有两个平行的测量平面，且都有厚度标记，以供组合使用。

测量时，根据结合面间隙的大小，用一片或数片重叠在一起塞进间隙内。例如用0.03mm的一片能插入间隙，而0.04mm的一片不能插入间隙，这说明间隙在0.03～0.04mm之间，所以塞尺也是一种界限量规。

三、测量工具的日常维护和保养

正确地使用量具是保证产品质量的重要条件之一。要保持量具的精度和它工作的可靠性，以及延长量具的使用期限，除了在使用中要按照合理的使用方法进行操作以外，还必须做好量具的维护和保养工作。

测量器具维护保养的一般注意事项有以下几点。

①测量器具应经常保持清洁，使用后，松开紧固装置，不要使两个测量面接触，及时擦拭干净，涂上防锈油，放在专用的盒子里，存放在干燥的地方。

②测量器具在使用过程中，不能与刀具堆放在一起，以免碰伤；测量器具应与磨

料严格地分开存放。

③测量器具要放在清洁、干燥、温度适宜、无振动、无腐蚀性气体的地方。不能把测量器具放在有冷却液、切屑的地方，这不仅因温度变化影响测量的准确度，也会引起测量器具的锈蚀、堵塞而影响正常使用；不要把测量器具随意放在机床上，以免由于振动使它摔坏，不要把测量器具放在磁场（磨床的磁性工作台、车床的磁性卡盘）附近，以免测量器具被磁化，在测量面上吸附切屑而加大测量误差或磨损测量面。

④在机床上进行测量时，工件必须停止后再进行测量，否则，工件在运转时测量，不但会使测量器具的测量头过早磨损而失去精度，还会损坏测量器具，甚至造成人身事故。

⑤不能用精密计量器具测量粗糙的铸、锻毛坯或带有研磨剂的表面。

⑥测量器具是用来测量的，不能当成其他工具的代用品，如用作划针、锤子、一字螺钉旋以及用来清理切屑等都是不允许的。

⑦不要用手摸测量器具的测量面，因为手上有汗、污物等，会污染测量面而产生锈蚀。

⑧不要在测量器具的刻线或其他有关部位附近打钢印、记号等，以免使测量器具受到捶打撞击而变形，影响它的精度。

⑨测量器具应定期送计量室检定，以免其示值误差超差而影响测量结果。非计量检修人员严禁自行拆卸、修理或改装测量器具。发现测量器具有问题，应及时送有关部门检修，并经检定后才能用。

（杨易）

第三章　机械用测头的选择和校验

一、测头配置的选择

（一）测头组件和典型配置

首先我们来认识测头组件：一套常见的、完整的测头系统（探测系统）包括：测座、转接(英文：CONVERT)、测头(又称传感器，英文：PROBE)、测针(又称探针，英文：TIP或STY–LUS或STYLI)、加长杆(英文：EXTEN或EXTENSION)。

通常触发测头通过M8螺纹连接，而扫描测头或激光测头通过卡口连接，一套完整的测头系统配置包括：TESASTAR-M自动旋转测座，可配置TESASTAR-R自动更换架，测座下面可以接多种加长杆或转接，或者直接连接传感器，传感器有多种选择：触发测头、扫描测头、影像测头、激光测头，测头下面可以连接各种加长杆和测针。实际使用中，用户大都是购买了一种或两种传感器，一种测座，多种加长杆和测针。

（二）测座的选择

1. 旋转式测座：使用灵活，分为自动的和手动的，手测座一般分度为15°，自动测座分度有7.5°，5°，2.5°以及无极的，使用前注意仔细阅读用户手册了解加长杆承载能力。

认识测座的A角和B角。测座俯仰抬高方向为A角，围绕主轴自转方向为B角。

2. 固定式测座：需要高精度、长测针时，选择固定式测座（测头），使用时需要配置复杂的测针组合来实现复杂角度的测量，灵活性不如旋转测座，但测量精度高，而且通常是与扫描测头一体，可用于连续扫描。

（三）测头的选择

测头是负责采集测量信息的组件。测量方式分为接触式触发测量、接触式连续扫描测量以及非接触式光学测量。实际应用中，需要根据加工精度、工件材料、待检特征等因素，来选取适合的测头，完成检测任务。

1. 触发测头：经济，一般应用；关注传感器的测力；扫描测头测力可调，触发测头的测力由硬件决定，根据不同的需要应选择不同测力的测头或吸盘，一般有磁力吸盘的测头，测力由吸盘决定，少数触发测头通过调节螺钉调整测力。

2. 扫描测头：接触式连续扫描测头，精度更好，接加长杆能力更强。

3. 光学测头：影像测头扩展了影像测量功能，激光测头能够进行非接触测量，激光扫描逆向。

（四）加长杆的选择

1. 测座和传感器之间的加长杆(50-300)：配合盘型、星型、五方向使用。

2. 传感器和测针间的加长杆：注意螺纹，M5/M4/M3/M2，转接，不能超长超重。

（五）测针的选择

坐标检测过程中，测针与被测工件发生直接接触，需要能够快速反馈接触情况。通过合适的测针选择及配置可以最大限度地发挥测量机的测量性能，大大降低测量的不确定度。同一台测量机测量同一个工件，测量结果会因测针配置的不同而差异较大。

选择测针需要注意以下几点：

1．不能超长超重，减少连接个数，尽量一体的，每增加一个连接就会降低刚性。

2．注意选择合适的螺纹大小，不同形状的测针常用于不同的用途，球形测针最为常用，星型、五方向、盘型一般用于大孔或槽等球形测针不容易直接测量的情况，柱形测针一般用于薄壁件测量，同时尽可能避免过多的螺纹连接，能使用一根测针避免使用测针组合的方式。

3．测针的刚性：减少连接，除了星型、五方向测针，尽量最多一个连接；选择尽量粗，尽量短，尽量轻，尽量大的测针。

4．测针的材料的选择

测杆的材料：碳化钨刚性最强，但是重，碳纤维、陶瓷刚性强重量轻，常用于长测针或加长杆。

测尖的材料，人造红宝石最为常见，常用于触发测量或低强度连续扫描测量。

例如：扫描测量铝件时尽量使用氮化硅球头的测针，扫描测量铸铁件是尽量使用氧化锆球头的测针。满足测量要求的前提下尽量选择球头半径较大的测针，使表面粗糙度对测量精度的影响降至最低。测针角度的调整应尽可能地与被测特征匹配，特别是固定式模拟测头使用立方体和关节时。

5．尽可能使用短而稳定的测针；使用长测针时务必确保其有足够的稳定性、刚性，当测头校验结果较差时，需要考虑使用的测针刚性是否合适。

6．确保使用的测针长度和重量没有超出测头传感器的使用限制要求。

7．当使用的测针较细时需要考虑使用低测力吸盘或触测力更低的测头，以降低测针测量时的变形对测量精度的影响。

8．检查使用的测针有没有缺陷，特别是螺纹连接处，确保测针的安装是可靠的。如果测量数据重复性差，存在波动，检查测头、测针部件是否连接牢靠。检查测针是否磨损，如果测量精度要求高，需要更换磨损的测针。

原则上，可以这么认为，测针就是坐标测量机的"刀具"，就像车刀与车床、铣刀和镗刀与铣床的关系一样，属于易损件，应根据使用需求，每年制定补充计划。

9．当测量机使用在环境温度不好的情况下，要确认使用的测针部件热稳定性。

10．确保使用的测力及运动速度加速度等参数适合所选测针组合。

当使用较细的测针时应根据需要降低这些参数，降低测针测量时变形对测量精度的影响，测针越长，刚性越差，精度就越低，一般机器的精度是在特定配置下的精度，对于更长、更复杂的测头配置，由于不是固定了，没有标准，所以更多是经验值；比如：机器精度探测误差是1.5u，那么使用标准测杆10mm，20mm，校验结果标准偏差通常小于探测误差，但是如果测针是40mm，60mm，或非常细，则校验结果会更大，大到多少就看，不同的传感器、不同粗细，不同材质的杆都有差异。

具体到如何挑选测针，可以参考测针的主要参数，选择测针时根据需要进行选择，注意不要忽略有效长度。

（六）测头组件的安装和拆卸

测头配置的安装和拆卸需要使用专用工具包括一字形扳手、C形扳手、GF锁紧扳手、锥形扳手等。

二、测头校验

（一）测头校验的目的

测头是三坐标测量机数据采集的重要部件。其与工件接触主要通过装配在测头上的测针来完成。

对于不同的工件，测针所使用的Dm和L的大小都有不同规格。并且对于复杂的工件可能使用多个测头的角度来完成测量。

测头只起到数据采集的作用，其本身不具有数据分析和计算的功能，需要将采集的数据传输到测量软件中进行分析计算。

如果我们不事先定义和校准测头，软件本身是无法获知所使用的测针类型和测量的角度。测量得到的数据结果自然是不正确的。我们必须要校验测头之后，才知道我们使用的测针的真实直径以及不同测头角度之间的位置关系，这也是校验测头的目的。

坐标测量机在测量零件时，是用测针的宝石球与被测零件表面接触，接触点与系统传输的宝石球中心点的坐标相差一个宝石球的半径，需要通过校验得到的测针的半径值，对测量结果修正。

在测量过程中，往往要通过不同测头角度、长度和直径不同的测针组合测量元素。不同位置的测量点必须要经过转化才能在同一坐标下计算，需要测头校验得出不同测头角度之间的位置关系才能进行准确换算。

所以，测量前，测头的校验工作是极其必要的。

（二）测头校验的原理

测头校验基本原理为通过在一个被认可的标准器上测点来得到测头的真实直径和位置关系。一般采用的标准器都是一个标准圆球(球度小于$0.1\mu m$)。

在经校准的标准球上校验测头时，测量软件首先根据测量系统传送的测点坐标（宝石球中心点坐标）拟和计算一个球，计算出拟合球的直径和标准球球心点坐标。这个拟合球的直径减去标准球的直径，就是被校正的测头（测针）的等效直径。

由于测点触发有一定的延迟，以及测针会有一定的弯曲变形，通常校验出的测头（测针）直径小于该测针宝石球的名义直径，所以校验出的直径常称为"等效直径"或"作用直径"。该等效直径正好抵消在测量零件时的测点延迟和变形误差，校验过程与测量过程一致，保证了测量的精度。

不同测头位置所测量的拟合球心点的坐标，反映了这些测头位置之间的关系，通过校验测头保证了所有测头位置互相关联。

校验测头位置时，第一个校验的测头位置是所有测头位置的参照基准。校验测头位置，实际上就是校验与第一个测针位置之间的关系。需要注意的是：

增加校验测头的测点数，有效测针的直径越准确。

校验测头和检测工件的速度保持一致。

也可以用量环和块规进行测头检验，但是标准球是首选，因为它考虑了所有的方向。

（三）测头校验的操作

校验测针的一般步骤。配置测头操作，包括定义测头文件名、定义测座、定义测座与测头的转换、定义加长杆和测头、定义测针。

如需要添加测头角度，在测头工具框中点击添加角度的按键，即出现添加新角度的窗口。PC-DMIS提供有三种添加角度的方法：

单个测头位置角度，可在A区中"各个角的数据"框中直接输入A、B角度。

多个分布均匀的测头角度，在B区的"均匀间隔角的数据"框中分别输入A、B方向的起始角、终止角、角度增量的数值，软件会生成均匀角度。

在C区的矩阵表中，纵坐标是A角，横坐标是B角，其间隔是当前定义测座可以旋转的最小角度。使用者可以按需要选择。

完成角度定义后，点击确定即可。完成软件定义设置开始校验测针。

（1）测头点数：校验时测量标准球的采点数。触发式测头，推荐点数9点；扫描测头，例如X3、X5，推荐点数16点。

（2）逼近／回退距离：测头触测或回退时速度转换点的位置，可以根据情况设置，一般为2～5mm。

（3）移动速度：测量时位置间运动速度。

（4）触测速度：测头接触标准球时速度。

（5）控制方式：一般采用DCC方式。

（6）操作类型：选择校验测尖。

（7）校验模式：一般应采用用户定义，层数应选择3层。起始角和终止角可以根据情况选择，一般球形和柱形测针采用0～90度。对特殊测针（如：盘形测针）校验时起始角、终止角要进行必要调整。

（8）柱测尖校验：对柱测针校验时设置的参数，偏置是指在测量时使用的柱测针的位置。

（9）参数组：用户可以把校验测头窗口的设置，用文件的方式保存，需要时直接选择调用。

（10）可用工具列表：是校验测头时使用的校验工具的定义。点击添加工具，弹出添加工具窗口。在工具标识窗口添加"标识"，在支撑矢量窗口输入标准球的支撑矢量（指向标准球方向，如：0，0，1），在直径／长度窗口输入标准球检定证书上标注的实际直径值，按下确定键。

（四）测头校验的结果查看

校验测针结束之后我们会查看下校验结果。不同的软件查看的方式可能不同，但是查看的方式都很简单。在校验结果窗口中，理论值是在测头定义时输入的值，测定值是校验后得出的校验结果。其中"X、Y、Z"是测针的实际位置，由于这些位置与测座的旋转中心有关，所以它们与理论值的差别不影响测量精度。"D"是测针校验后的等效直径，由于测点延迟等原因，这个值要比理论值小，由于它与测量速度、测针的长度、测杆的弯曲变形等有关，在不同情况下会有区别，但在同等条件下，相对稳定。"StdDev"是校验的形状误差，从某种意义上反映了校验的精度，这个误差应越小越好。

当校验结果偏大时，检查以下几个方面：

1. 测针配置是否超长或超重或刚性太差（测力太大或测杆太细或连接太多）。

2. 测头组件或标准球是否连接或固定紧固。

3. 测尖或标准球是否清洁干净，是否有磨损或破损。

（五）测头调用

校验测针结束之后，在程序中加载测头，调用测尖。

（六）标定检查

校验结果主要是反映了校验过程中的重复性，能看出一些问题：松了、脏了、刚性不好、超长、超重。

但是有一些问题：比如用一段时间后松了，发生碰撞没有及时校验，测座出现定位故障，这些问题，可通过及时周期性校验避免，通过标定检查进行检查。

检查半径是否准确，多测针之间的关联性，多测针一般有三种情况：旋转测座不同角度，星型或五方向多个方向之间，更换架更换的不同吸盘之间。

当测量有误差时，首先通过标定检查检查当前测头的状态，直径不准，反映出直径、长度等尺寸不准，如果同一个测针测量的元素是准的，多个测针测量的元素误差大，则很可能是关联性出了问题，比如发生过严重碰撞，螺纹连接松了等原因。

（七）其他设置

针对不同的测量环境，根据用户的测量需要，还可以对测头进行简单的参数设置。

三、特殊测针校验

特殊测针是用于测量多元素复杂工件诸如：螺纹体、薄截面材料，工具箱体以及其他专业应用。常用的特殊测针包括关节、星型和五方向测针。

（一）关节转接测针校验

通过使用关节，可以调节出测座分度没有的特殊角度，用于测量一些特殊角度的斜孔。

（二）星型转接测针校验

星型转接测针，主要是通过一个星型转接器联接多个测针。

配置星型测头组件，操作与普通测针配置类似，只需在配置菜单中添加相应的星型转接器，并在转接器接口分别配置所需的测针。

配置星型转接时，需要注意事项有：

1．使用时，通常使用20mm加长杆。

2．每添加一个角度，5个测尖同时添加此角度，若不采用某测尖的此角度，可删除。

3．安装时，尽量保证2、3、4、5号测针中两相对两测针连线与"X"轴或"Y"轴平行。

4．配置测头文件时，首先选择星型测杆1号位置的测针（当角度为AOBO时，竖直向下的杆），然后按照顺序选择2、3、4、5号针。

（三）五方向转接测针校验

五方向转接测针，与星型测针类似，区别是可以在五个方向上配置一个或多个测针，使用上星形测针更灵活。

（冯涛）

第四章　机械零件坐标系的建立

一、零件坐标系的原理

从前面角尺测量工件的案例，我们理解了为什么要进行零件找正，了解了使用坐标系功能进行软件找正，找正后的坐标系被称为零件坐标系，零件坐标系是后续测量的基础，建立一个正确的零件坐标系是非常关键和重要的。

另一个简单的例子：假如你用卷尺来测墙的长度，你会不加思索地把卷尺大概平行于地面，然后从墙的一端量到另一端，你不会设想从墙的上角量到相对的墙的下角。虽然可能是不自觉的，实际你已经把平行于地面来作了一个简单找正建坐标系的过程。

建立零件坐标系有以下三个功能：

1. 准确测量二维和一维元素。
2. 方便进行尺寸评价。
3. 实现批量自动测量。

在测量机过程中，我们往往需要利用零件的基准建立坐标系来评价公差、进行辅助测量、指定零件位置等，这个坐标系称"零件坐标系"。建立零件坐标系要根据零件图纸指定的 A、B、C基准的顺序指定第一轴、第二轴和坐标零点。顺序不能颠倒。零件坐标系的使用非常灵活、方便，可以为我们提供很多方便。甚至可以利用零件坐标系生成我们测不到的元素。

建立零件坐标系，实际上就是建立被测零件和测量机之间的坐标系矩阵关系；在导入了 CAD模型进行测量的时候，同时也建立了被测零件、CAD模型、测量机三者之间的坐标系矩阵关系。

按照坐标系执行的方式又分为：手动坐标系和自动坐标系。

手动坐标系的目的是确定零件的位置，为后面程序自动运行做准备，所以通常会测量最少的测量点数，又称粗建坐标系。

自动坐标系的目的是准确测量相关基准元素，作为后续尺寸评价的基准，所以通常会测量更多的点数，又称精建坐标系，由于自动坐标系在执行时是自动运行的，所以测量元素间需要加上安全移动点。

建立零件坐标系后，测量机可以相对于零件作出精密的位置和方向测量，根据图纸或CAD模型获取被测特征的参数后，测量机就可以对该特征进行自动测量，从而提高测量特征的精度，这是保证测量结果高精度的重要环节。尤其对于大批量的零件检测，通过在装夹零件的夹具上建立夹具的坐标系可以实现大批量零件的全自动测量。

在建立零件坐标系时，必须使用零件的基准特征来建立零件坐标系。

零件的设计、加工、检测都是以满足零件装配要求为前提。基准特征可以依据装配要求按顺序选择，同时基准特征应该能确定零件在机器坐标系下的六个自由度。例如，在零件上选择三个互相垂直的平面是可以建立一个坐标系的，如果选择三个互相平行的平面，则不能够建立坐标系，因为三个平行的平面只能确定该零件三个自由度。

通常选择能代表整个零件方向的主装配面或主装配轴线作为第一基准，因为在装配时是用以上特征首先确定零件的方向；然后选择装配时的辅助定位面或定位孔作为第二基准方向，有的零件有两个定位孔，此时就应该以两个定位孔的连线作为第二基准方向；坐标系原点也应该由以上特征确定。

基准特征的选取直接影响零件坐标系的精度。零件在设计的时候，会指定某几个特征作为该零件的基准特征，我们在建立零件坐标系的时候，必须使用图纸指定的基准特征来建立坐标系。如果设计图纸基准标注不合理或是没有标注基准，这种情况下测量人员不能擅自指定基准特征，而应该将此情况反馈给设计人员或是负责该产品技术开发的技术人员，由他们确定好基准特征后才能开始测量。如果被测零件正在开发过程中或是进行试制的新产品，还不能完全确定基准特征，可以选择加工精度最高、方向和位置具有代表性的几个特征作为基准特征。

在实际应用中，根据零件在设计、加工时的基准特征情况，有以下三种方法建立零件坐标系：3-2-1法；迭代法；最佳拟合法。

二、3-2-1法建立坐标系

（一）3-2-1法的应用及原理

所谓3-2-1法基本原理是测取3点确定平面，取其法向矢量作为第一轴向；测取2点确定直线，通过直线方向（起始点指向终止点）作为第二轴向；测取1点或点元素作为坐标系零点。

在空间直角坐标系中，任意零件均有六个自由度，即分别绕X、Y、Z轴旋转和分别沿X、Y、Z轴平移。

建立零件坐标系就是要确定零件在机器坐标系下的六个自由度。3-2-1法建立空间直角坐标系分为三个步骤：

（1）找正

确定零件在空间直角坐标系下的3个自由度：2个旋转自由度和1个平移自由度。

使用一个平面的矢量方向找正到坐标系的Z正方向，这时就确定了该零件围绕X轴和Y轴的旋转自由度，同时也确定了零件在坐标系Z轴方向的平移自由度。零件还有围绕Z轴旋转的自由度和沿X轴和Y轴平移的自由度。

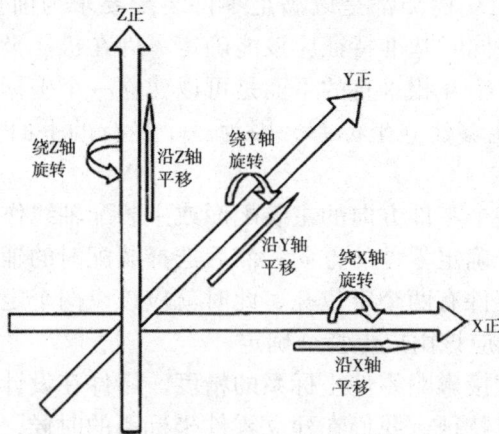

图4-1 空间直角坐标系下的六个自由度

（2）旋转

确定零件在空间直角坐标系下的2个自由度：1个旋转自由度和1个平移自由度。

使用与Z正方向垂直或近似垂直的一条直线旋转到X正，这时就确定了零件围绕Z轴旋转的自由度，同时也确定了零件沿Y轴平移的自由度。此时，零件还有沿X轴平移的自由度。需要注意的是，在确定旋转方向时需要进行一次投影计算，将第二基准的矢量方向投影到第一基准找正方向的坐标平面上，计算与找正方向垂直的矢量方向，用该计算的矢量方向作为坐标系的第二个坐标系轴向。这个过程应该由测量软件在执行旋转命令时自动完成计算。

（3）原点

确定零件在空间直角坐标系下的1个自由度：1个平移自由度。使用矢量方向为X正或X负的一个点就能确定零件沿坐标系X轴平移的自由度。

经过以上三个步骤，我们就能建立一个完整的零件坐标系。除了以上三个功能外，测量软件还应该具备坐标系的转换功能。我们可以指定坐标系的一个轴作为旋转中心，让坐标系的另外二个轴围绕该轴旋转指定的角度，或是坐标系原点沿某个坐标轴平移指定的距离。

如何确定零件坐标系的建立是否正确，可以观察软件中的坐标值来判断。方法是：将软件显示坐标置于"零件坐标系"方式，查看当前探针所处的位置是否正确。或用操纵杆控制测量机运动，使宝石球尽量接近零件坐标系零点，观察坐标显示，然后按照设想的方向运动测量机的某个轴，观察坐标值是否有相应的变化，如果偏离比较大或方向相反，那就要找出原因，重新建立坐标系。

现在已经发展为多种方式来建立坐标系，如：可以用轴线或线元素建立第一轴和其垂直的平面，用其他方式和方法建立第二轴等。需要注意的是：不一定非要3-2-1的固定步骤来建立坐标系，可以单步进行，也可以省略其中的步骤。比如：回转体的零件（圆柱形）就可以不用进行第二步，用圆柱轴线确定第一轴并定义圆心为零点就可以了，第二轴使用机器坐标。用点元素来设置坐标系零点，即平移坐标系，也就是建立新坐标系。

（二）典型案例

根据零件的不同类型，采用典型的面—线—点、一面两圆定位及轴类零件来阐述3-2-1法建立坐标系的方法。帮助初学者更好地观察和理解零件坐标系，在此使用三维模型显示零件。

1.三个面基准建立坐标系

根据平面—直线—点建坐标系的原理，可以用同样的步骤使用平面—平面—平面、平面—直线—直线、平面—直线—圆等组合建立坐标系，当基准特征都为平面—平面—平面时，建议使用构造点功能的，隔角点方法构造三个平面的交点作为坐标系原点，当基准特征为平面—直线—直线时，建议使用构造点功能的相交方法的构造两条直线的交点作为坐标系二个轴向的原点。

2.轴类零件建立坐标系

常见的回转体轴类零件如图4-2所示，只需确定轴线的方向和原点的位置，不需要锁定旋转的方向，因为在轴类零件中沿圆周360°范围内任意一个方向都可以作为锁定旋转的方向。由于端面与轴线垂直度的影响，坐标系的原点通常使用轴线与端面的交点，不直接使用端面的质心点。

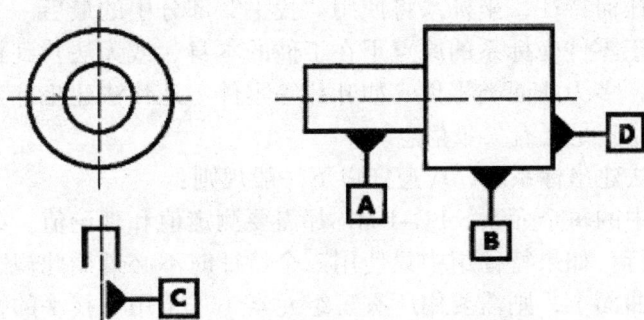

图4-2　轴类零件坐标系

轴类零件在图纸上通常会标注两段轴线为两个基准，比如A基准和B基准，在标注形位公差时又会以两段轴线的公共轴线A-B作为形位公差评价的基准。我们在建坐标系时通常也是用A基准轴线和B基准轴线构造的公共轴线作为第一基准。由于测量公共轴线步骤较多，为方便描述，此处我们直接使用轴线AB表示公共轴线；用原点0表示轴线AB与端面C的交点。为便于初学者理解，我们也假设该零件在测量机工作台上装夹后零件坐标系方向与机器坐标系方向近似一致。

三、迭代法建立坐标系

（一）迭代法建坐标系的原理

迭代法建立坐标系常用于汽车钣金件及其模具、检具、工装夹具的RPS基准点系统，这种情况下通常使用两种方法建立坐标系，一是构造出偏置平面、偏置直线，用

3-2-1法建立坐标系，另一种就是迭代法建立坐标系。

迭代法是一种不断用变量的旧值递推新值的过程，跟迭代法相对应的是直接法（或者称为一次解法），即一次性解决问题。迭代法又分为精确迭代和近似迭代。"二分法"和"牛顿迭代法"属于近似迭代法。迭代算法是用计算机解决问题的一种基本方法。它利用计算机运算速度快、适合做重复性操作的特点，让计算机对一组指令（或一定步骤）进行重复执行，在每次执行这组指令（或这些步骤）时，都从变量的原值推出它的一个新值。

通过迭代法，三坐标测量软件可以将测定数据从三维上"最佳拟合"到理论点（或可用的曲面），此方法需要至少测量三个特征。某些特征类型（如点和直线）的三维位置较差，如果选择这些类型的特征之一，则需要添加其他类型特征才能建立精确的坐标系。

第一组特征将使平面拟合特征的质心，以建立当前工作平面法线轴的方位。此部分（找平-3+）必须至少使用三个特征。

第二组特征将使直线拟合特征，从而将工作平面的定义轴旋转到特征上。此部分（旋转-2+）必须至少使用两个特征。如果未标记任何特征，坐标系将使用"找平"部分中的特征。从"找平"部分中利用的两个特征将成为倒数第二个和第三个特征。

最后一组特征用于将零件原点平移到指定位置(设置原点-1)。

如果未标记任何特征，坐标系将使用"找平"部分中的最后一个特征。迭代法建坐标系主要应用于零件坐标系的原点不在工件的本身、或无法找到相应的基准元素来确定轴向或原点，多为曲面类零件，如叶片等零件。迭代法建坐标系特征元素必须有数模或理论值，尤其是要有矢量信息。

当执行迭代法建坐标系时，应遵守以下一般规则：

对于特征组中的每个元素，PC-DMIS都需要测定值和理论值。第一组元素的法线矢量必须大致平行。如果特征组中只使用三个特征时不必遵循此规则。如果使用点特征（矢量、棱或曲面），则需要用所有三组元素（三个用于找平的特征、两个用于旋转的特征和一个用于设置原点的特征）来定义坐标系。您可以使用任何特征类型，但三维元素是定义更完善的元素，因此可以提高精确度。3D特征包括薄壁件圆、槽、柱体、球体或隅角点。

注意：对于薄壁件圆、槽和柱体至少需要三个样例测点。

使用测定点的困难在于只有在建坐标系后，才能知道在何处进行测量，这样导致第一次测量的数据不准确，而3D特征则第一次即可精确测量。此外，如果使用点特征（矢量、棱或曲面），旋转特征组中各特征的法线矢量必须具有近似垂直于找平特征组中各特征矢量的法线矢量。原点特征组中的特征必须具有近似垂直于找平特征组矢量及旋转特征组矢量的法线矢量。如果将点特征（矢量、棱或曲面）用作特征组的一部分，当采点位置距离标称位置太远时，PC-DMIS可能会询问是否重新测量这些点。首先，PC-DMIS将测定数据最佳拟合到标称数据，然后，PC-DMIS检查每个测定点与标称位置的距离。如果距离大于在点目标半径框中指定的量，PC-DMIS将要求重新测量该点。实际上，PC-DMIS会在每个矢量点、曲面点或棱点的理论位置周围设置一个柱形公差区，此公差区的半径就是在对话框中指定的点公差。PC-DMIS将重新测量点特征，直至所有测定点都处于"公差"范围内。公差区只影响测定点。PC-DMIS的一项特殊功能是允许槽的中心点根据需要在轴上上下滑动，因此槽不能用作原点特征组的一部分。如果要将槽用作原点特征组的一部分，需要先用槽构造一个点，然后将原点特征组中使用该构造点。建议不要将槽用作迭代法建坐标系的原点特征组的一部分。

迭代法建立坐标系的步骤与过程如下，但是前提都在手动模式下。

a．用理论值创建程序，但不选择测量。

b．手动执行程序，取得实测值。

c．迭代法建坐标系：配置参数后，自动迭代。

【典型案例】

1．六个点迭代

根据六个矢量点建坐标系的方法，分别在钣金工件的基准处生成六个矢量点的测量程序，进行迭代法坐标系的建立。

3：三个矢量点——确定平面——曲面矢量——找正一个轴向

要求三个点矢量方向近似一致。

2：两个矢量点——确定直线——方向——旋转确定第二轴

要求两个点矢量方向近似一致，并且此两点的连线与前三个点方向垂直。

1:一个矢量点——原点。

要求方向与前五个点矢量方向垂直。

2．三个点两个圆迭代

三个点两个圆是基准点体系中常见的一种基准布局，其中第二个圆也常用圆槽。

根据三个矢量点两个圆建坐标系的方法，分别在钣金工件的基准处生成三个矢量点、两个自动圆的测量程序，进行迭代法坐标系的建立。

3：三个矢量点——确定平面——曲面矢量——找正一个轴向

要求三个点矢量方向近似一致。

2：两个圆——确定直线——方向——旋转确定第二轴

有圆参与迭代法建立零件坐标系时，测量时"样例点"参数必须为3，即必须在圆所在表面采集三个样例点

1:一个圆——原点。

3．三个圆迭代

根据3个圆建坐标系的方法，分别在钣金工件的基准处生成3个圆的测量程序，进行迭代法坐标系的建立。

a．三个圆——找正

b．二个圆——旋转

c．一个圆——原点

注意1：有圆参与迭代法建立零件坐标系时，测量时"样例点"参数必须为3，即必须在圆所在表面采集三个样例点。

注意2：三个圆进行迭代时，有如下两种情况不符合条件：

A．圆心成一条直线分布的三个圆。

B．同心圆。

四、最佳拟合法建立坐标系

（一）最佳拟合建立坐标系原理

所谓最佳拟合，是指实际测量结果与理论值整体尽量接近。尽量接近的目的，就是观察零件与数模的差异。如果只是在数模上取点后，再用手动测量（类似迭代法初次采点），根本就测不到这些理论点的位置，所谓最佳拟合也达不到目的。这与最佳拟合法建坐标系取点原则不同，最佳拟合法取点原则最好是三轴封闭的点、球心点、圆柱与平面的交点、圆柱交点、隅角点等。

如果确实想用多点（散点）进行最佳拟合，也应在采用适当方式拟合坐标系后，在数模上取得点的理论数据，在让测量机自动执行程序测点后，再进行拟合。这样就把因坐标系建立过程中出现的误差减少了些。

最佳拟合法建立坐标系比较方便，但是存在的问题是：把零件的制造误差也分布在坐标系中。好在最佳拟合法中有各点在拟合坐标系时的权重分配，可以使我们在建坐标系时偏向重要基准。取拟合元素时，要尽量分布开，距离远比近好。

假如您检测的模具有三个球，可以首先在数模上测量这三个球，生成了测量这三个球的程序语句。然后执行这段程序，用手动的方法测量这三个球（测量的顺序要与测量数模时一致），在程序语句中生成实测值。进入最佳拟合建立坐标系，选择这三个球，设置权重和3D等，即可创建。这次最佳拟合建坐标系就完成了。如果要精确再拟合一次，可以在此坐标系下按如上步骤，再自动测量和拟合一次。

最佳拟合的另一个用法，是把建立坐标系时产生的误差消除或不考虑基准，以实际测量元素或点的结果与数模进行最佳拟合。这些都是在使用数模或有理论数据的情况下使用。

此方法可提高坐标系精度，特别是对于曲线曲面类零件，通过理论曲线和实际曲线的匹配得到更精确的坐标系。常用于有CAD模型的情况，通过编辑所选拟和特征理论值和测定值的加权，并选定不同拟和方法，取得不同的拟和效果。

（二）典型案例

在某些情况下，当坐标系根据基准建立完成之后，某些重要的尺寸要求（例如与装配相关的尺寸或者其他要求较高的加工尺寸）与理论值差别较大，此时将需要根据这些重要尺寸的测定值和理论值的偏差将坐标系进行平移或者旋转，使坐标系在满足当前基准的条件下，尽量减小这些重要尺寸的偏差。

在满足基准装配的同时要求配合精度较高的曲面轮廓，在坐标系建立完成之后，可以通过对两扫描轮廓坐标系最佳拟和，减小其理论值与测定值的偏差，保证其装配精度。

（胡树强）

第五章　机械几何特征的测量

一、常规几何特征

几何特征又称几何元素或几何要素，简称特征、元素或要素，常规几何特征包括：点、直线、平面、圆、圆柱、圆锥、球。三坐标测量的主要工作是测量各种几何特征，然后进行相关尺寸、形状、位置的评价。几何特征的测量主要有以下几种方法：

1．手动特征：通过手动测量获取的几何特征。

2．自动特征：通过输入理论值生成的几何特征。

3．构造特征：通过已有的几何特征构造出的几何特征，比如：中点、交点等。

（一）几何特征的属性

每种类型的几何特征都包含位置、方向及其他特有属性，通常用特征的质心坐标代表特征的位置，用特征的矢量表示特征的方向。

（二）几何特征测量策略

实际测量时，由于工件表面存在着形状、位置等几何误差，以及波纹度、粗糙度、缺陷等结构误差，仅仅测量最少测点数是不够的。理论上说，测量几何特征时测点越多越好，但受限于实际测量条件、测量时间及经济性等因素，很难对所有的被测几何特征做全面的测量，

实际上也没有必要。因此在实际测量中会根据尺寸要求和被测特征的精度，选择合适的测点分布方法和测量点数，表5-1是推荐的测量点数。

表5-1　几何特征的坐标测量点数推荐表

几何特征类型	推荐测点数 （尺寸位置）	推荐测点数 （形状）	说明
点（一维或三维）	1点	1点	手动点为一维点，矢量点为三维点
直线（二维）	3点	5点	最大范围分布测量点（布点法）
平面（三维）	4点	9点	最大范围分布测量点（布点法）
圆（二维）	4点	7点	最大范围分布测量点（布点法）
圆柱（三维）	8点／2层	12点／4层	为了得到直线度信息，至少测量4层
		15点／3层	为了得到圆柱度信息，每层至少测量5点
圆锥（三维）	8点／2层	12点／4层	为了得到直线度信息，至少测量4层
		15点／3层	为了得到圆度信息，每层至少测量5点
球（三维）	9点／3层	14点／4层	为了得到圆度信息，测点分布为5+5+3+1

二、手动特征

通过手动使用操纵盒在工件表面进行触测，得到不同类型的几何特征，叫做手动

特征，又称测量特征或测定特征。通过手动特征来获取几何特征的编程方式常称为自学习编程。PC-DMIS软件包括以下手动特征类型。

测量手动特征的方法有以下两种，其中第二种方法为最常用的方法。

1. 指定元素测量：先指定元素类型，然后进行触测，确定后得到指定类型的测量特征。

2. 自动推测测量：不需要指定元素类型，直接触测，确定后软件根据测点位置和方向，自动推测出测量特征的类型，有时如果特征类型不太明确可能出现误判。如：一个比较窄的平面可能会被判断为直线，这时可以通过替代推测功能来更改特征类型。

（一）手动特征测量步骤

下面以圆为例介绍手动测量的步骤：

1. 确认工作平面为Z+。

2. 移动测头到"圆1"第1个测点上方合适高度，按PRINT键加一个移动点。

3. 然后往下运动到第1个测点回退方向5mm左右，按下S10W键切换到慢速触测，触测后回退5mm左右，取消S10W键，快速移动到第2个测点回退方向5mm左右。

4. 用同样的方法完成第2、3、4点的触测。

5. 检查状态栏测点数为4，检查状态窗口显示误差正常，按下DONE键生成"圆1"。

6. 快速抬起到合适高度，加入一个移动点。

如果状态窗口显示形状误差偏大，说明有测点误差偏大，在按下DONE键前，可以通过DEL PNT键删除，每按一次删除一个，可以从状态栏观察测点数的变化，按下DONE键之后，只能删除该特征重新测量。

坐标测量软件显示的元素特征都是由采集的点拟合获得，因此，在手动元素采集操作时尤其需要注意数据点采集的位置。

（二）手动特征测量原则

使用手动方式测量零件时为了保证手动测量所得数据的精确性，要注意以下几方面的问题：

要尽量测量零件的最大范围，合理分布测点位置和测量适当的点数。

触测时的方向要尽量沿着测量点的法向矢量，避免测头"打滑"。

触测时应按下慢速键，控制好触测速度，测量各点时的速度要一致。

测量二维元素时，须确认选择了正确的工作（投影）平面。

测量点时，必须要找正，保证被测表面与某个坐标轴垂直。

三、自动特征

生成自动特征的过程，是操作者在软件界面中输入几何特征的属性参数，或在CAD上选取几何特征软件自动读取特征属性，由程序自动生成测点和运动轨迹。

没有CAD时，一般根据图纸，将相关理论数据按照自动特征的需要填写到自动特征界面中。程序自动生成移动和测量点，驱动测量机进行测量。

（一）自动特征测量步骤

下面以圆为例介绍自动测量的步骤：

从"自动特征"工具栏选择"自动圆"图标。

a．根据图纸在特征属性框中输入圆的理论中心位置X：124、Y：50、Z：0。

b．曲面矢量I:0、J:0、K：1。

c．角度矢量1、0、0。

d．内／外类型：内。

e．直径：60.5。

f．设置"测点"为4，"深度"为2。

g．"样例点"输入"0"，"间隙"输入"0"。

h．"避让距离"选"两者"，"距离"设为"30"。

i．检查各参数正确与否，勾选"测量现在目标"选项，点击"创建"按钮，此时机器将会自动测量圆1。

（二）自动特征输入界面

1．自动矢量点

矢量点为三维特征，根据给定的矢量方向进行半径补偿。而手动特征点缺省为一维特征，被测表面必须垂直于坐标系的一个轴向，否则将产生余弦误差，所以手动测量点前必须对工件进行找正，而自动矢量点则不需要。

测量参数：

XYZ框：显示点特征位置的X、Y和Z标称值，坐标信息可以通过直角坐标系或极坐标系，两种方式输入。

曲面矢量IJK:自动测点时的逼近矢量，用以确定机器的进针路径。

创建：选择测量后，点击创建，测量机开始进行工件特征元素的测量。

2．自动测量圆柱

自动测量特征圆、圆柱、圆锥的界面操作类似，测量时，需要增加设置圆测量时起始角和终止角，以及测量深度等参数。

对于圆柱、圆锥的测量，则通过多层圆面采集特征数据。

测量参数：

长度：用于定义圆柱的总长度。

使用理论值：检测时使用理论数据。

角度IJK：定义绕曲面矢量的0度位置。起始角和终止角将用该矢量来进行计算。

起始角／终止角：测量圆的起始角度与终止角度。

内／外：用于设定测量的圆是内圆还是外圆。

直径：用于输入测量圆的直径。

方向：控制测点的顺序——逆时针、顺时针。

深度：相对于圆柱顶部的距离，即测量机在柱体上测量的最后一层的位置，其数值是相对于圆柱的理论值沿着圆柱的法向矢量的相反方向偏置。

结束偏置：相对于圆柱底部的距离，即测量机在柱体上测量的第一层的位置，其数值是相对于圆柱的理论值沿着圆柱的法向矢量的方向偏置。

第一层的测量位置：圆柱的深度位置。

最后一层的测量位置：圆柱的长度和结束偏置。

层：在圆柱的深度位置和结束偏置位置之间测量的层数，每层之间的距离是等分的。

每层测点：在每一层上测量的点数。

3．自动测量球

与其他圆类特征测量不同，球体的特征测量则需要设置两对圆测量参数：球体上经线方向的起始角、终止角；球体上纬线方向的起始角2、终止角2。

测量参数：

起始角：球体上经度方向的起始角为0°

终止角：球体上经度方向的终止角为360°

起始角2：球体上纬线方向的起始角度0°

终止角2：球体上纬线方向的终止角度90°

如果工件测量提供CAD数模，测量机可以通过数模确定测量特征的参数信息，可以直接用鼠标点击选取测量对象，从而填写特征测量界面中的位置坐标和矢量参数。相比提供图纸的测量情况，利用CAD数模测量过程更加方便、快速、准确。数据的接受格式，根据使用的软件有所不同，一般都支持IGES、DXF、DES、STEP等。

PC-DMIS软件系统下，有CAD数模的测量，特征设置界面与前述测量方法相同。为自动测量圆柱，可以在CAD数模上选取测量对象，在操作界面上自动生成特征的位置和矢量参数。其他特征的测量也都可以通过软件自动判断生成测量指令。

四、构造特征

在日常的检测过程中有些特征无法直接测量得到，必须使用构造功能构造相应的特征，才能完成特征的评价。下面介绍几种常用的构造方法：最佳拟合、最佳拟合重新补偿、相交、中分、坐标系、偏置等。

构造特征具体步骤：

1．构造一选择需要得到特征。

2. 2D/3D(对于直线、圆等二维的特征，2D是计算时投影到工作平面，3D是空间特征)。

3．选择用于构造的特征。

4．选择相应构造方法，或默认自动，创建。

五、CAD辅助测量

（一）CAD的导入和操作

PC-DMIS对于导入CAD模型的数据文件提供了多种数据类型：lgs、dxf/xwg、step、UG转换器、Pro-e转换器、CAD等。对于本例采用的为igs格式。

步骤：

1．"导入"菜单的路径：选"文件-导入"。

首先，选择所要导入CAD模型的数据类型一"IGES"。

其次，在"查找范围"下拉菜单中选择要导入文件所在的盘符——如："f："，并在当前盘符下制定的目录中查找文件存放的位置。

再次，选择所要导入模型的名称(如：HEXAGON_WIREFRAME_SURFACE. IGS)最后，点击"导入"。CAD数据已经导入程序中，可以到图形窗口中看到导入的CAD模型。

点击图形视图按钮显示不同的视图，以及切换实体模式和线框模式。

更改CAD的颜色，选择菜单编辑—图形显示窗口—CAD元素

（二）CAD坐标系的拟合

方法1是用3-2-1法建立坐标系，然后：CAD=PART(操作—图形显示窗口—CAD拟合零件)，这种拟合实际上是平移拟合，必须保证零件上的坐标系方向和原点与CAD坐标系一致，才能使用CAD=PART。方法2是用迭代法或最佳拟合建立坐标系，可以实现旋转和平移的拟合，迭代法可以看做是一种特殊的最佳拟合，并且其中集成了迭代逼近等功能，主要用于RPS参考点系统的坐标系建立。

单击测头形状的"程序模式"图标切换到程序模式，此时可以在CAD上使用鼠标采点，相当于是用操纵盒在工件上采点。通过这种方法，可以脱机在CAD上自学习编程。实际使用中，经常是把程序模式和自动特征结合起来用于CAD辅助测量。

（三）有CAD的自动特征

如果工件测量提供CAD数模，可以直接用鼠标点击选取测量对象，从而填写特征测量界面中的位置坐标和矢量参数。相比提供图纸的测量情况，利用CAD数模测量过程更加方便、快速、准确。数据的接受格式，根据使用的软件有所不同，一般都支持IGES、DXF、DES、STEP等。

PC-DMIS软件系统下，有CAD数模的测量，特征设置界面与前述测量方法相同。为自动测量圆柱，可以在CAD数模上选取测量对象，在操作界面上自动生成特征的位置和矢量参数。其他特征的测量也都可以通过软件自动判断生成测量指令。

六、曲线曲面扫描

（一）扫描的原理和应用

零件扫描是指用测头在零件上通过不同的触测方式，采集零件表面数据信息，用于分析或CAD建模。

扫描技术主要依赖于三维扫描测头技术，因为三维测头可以通过三维传感器受测量过程中的瞬时受力方向，调整对测量机X、Y、Z三轴马达的速度的分配，使得测头的综合变形量始终保持在某一恒定值附近，从而自动跟踪零件轮廓度形状的变化。

三坐标测量机的扫描操作是应用测量软件在被测物体表面的特定区域内进行数据点采集，该区域可以是一条线、一个面片、零件的一个截面、零件的曲线或距边缘一定距离的周线等。

扫描主要应用于以下两种情况：

a. 对于未知零件数据：只有工件、无图纸、无CAD模型，应用于测绘。

b. 对于已知零件数据：有工件、有图纸或CAD模型，用于检测轮廓度。

在测量软件中，扫描类型与测量模式、测头类型以及是否有CAD文件等有关，控制屏幕上的"扫描"(Scan)选项由状态按钮（手动／自动）决定。

若采用自动方式测量，又有CAD文件，则可供选用的扫描方式有"开线"(Open Line- ar)、"闭线"(C10sed Linear)、"片区"(Patch)、"截面"(Section)和"周线"(Perimeter)扫描"UV扫描"；若采用自动方式测量，而只有线框型CAD文件，则可选用"开线"(Open Line- ar)、"闭线"(C10sed Linear)和"面片"(Patch)扫描方式。

若采用手动测量模式，则只能使用基本的"手动触发扫描"(Manul TTP Scan)方式。

根据扫描测头的不同，扫描可分为接触式触发扫描、接触式连续式扫描和非接触式激光扫描。

1. 接触式触发扫描

接触式触发扫描是指测头接触零件并以单点的形式进行获取数据的测量模式。

一般的接触式触发扫描使用的测头包括TESASTAR-P、TP20、TP200等。

2. 接触式连续扫描

接触式连续式扫描是指测头接触零件并沿着被测零件获取测量数据的测量模式。

连续式扫描特点：测头连续在工件上滑过软件以一定的频率读取球心点。

一般的接触式连续扫描使用的测头包括SP600、SP25、LSP-X3、LSP-X5等。

3. 非接触式激光扫描

非接触式激光扫描是指使用激光测头沿着零件表面获取数据的测量模式。

连续扫描比触发式扫描速率要高，可以在短时间内可以获取大量的数据点，真实反映零件的实际形状，特别适合对复杂零件的测量。激光测头的扫描取样率高，在50次／秒到23000次／秒之间，适用于表面形状复杂，精度要求不特别高的未知曲面。

（二）扫描的操作方法

扫描过程如下：

a. 定义扫描起始点、方向点和终止点。

b. 测头从起始点开始测量，按照扫描方向向终止点扫描。

c. 计算机实时读取传感器T信号和光栅尺数据，并进行分析。

d. 控制系统根据传感器信号控制测头的运动方向随着零件表面变化而变化。

1. 开曲线扫描

根据实际应用需求，有时需要对零件上的某一截面中的某一段曲线进行测量，然后分析它的曲线轮廓误差，有时需要对零件进行测绘和CAD造型。在这种情况下，可以通过开曲线扫描方式来完成对零件表面数据的采集。

开曲线扫描是最基本的扫描方式。测头从起始点开始，沿一定方向并按预定步长进行扫描，直至终止点。开曲线扫描根据有、无CAD模型可分两种情况，分别设置扫描参数。

2. 闭曲线扫描

根据需要，有时需要对零件上的某一闭合截面曲线进行扫描测量，它只需要定一个起始点和方向点，因为PC-DMIS将应用起点同时作为终止点。

3. 曲面扫描

　　根据需要，有时需要对零件上的某一曲面块进行扫描测量，从而分析它的曲面轮廓误差，或进行零件测绘来获取测量数据，进而实现CAD的造型。在这种情况下，要通过曲面块扫描来完成。

　　曲面扫描允许用户扫描一个区域而不再是扫描线，应用此扫描方式，至少需要四个边界点信息：一个开始点、一个方向点、扫描长度和扫描宽度。按此基本的或缺省的信息，PC-DMIS将根据给出的边界点1、2、3来定出三角形面片，而方向由D的坐标来定；若增加了第四个边界点，面片可以为四方形。

（刘纪凤）

第六章 煤炭检验

第一节 煤灰熔融性的测定方法

煤灰熔融性是指在规定条件下随加热温度而变化的煤灰变形、软化、半球和流动的特征物理状态。

煤灰熔融性是动力用煤和气化用煤的重要指标。

煤灰熔融性的测定方法根据试验结果表示方法的不同，可分为熔融曲线法和熔点法；根据所用试料形状的不同，分为角锥法和柱体法。由于柱体法（试料为立方体或圆柱体）的试料尺寸较小，往往要使用专门的仪器——热显微镜，所以通常称为显微镜法。目前，各国标准多采用熔点法（包括角锥法和柱体法）。

煤灰熔融性主要取决于其化学组成。但是，由于煤灰中总含有一定量的铁，它在不同的气体介质（氧化性或还原性）中将以不同的价态出现：在氧化性气氛介质中，它将转化成三价铁(Fe_2O_3)；在弱还原性气体介质中，它将转化成二价铁(FeO)；而在强还原性气体介质中，它将转化变成金属铁(Fe)。三者的熔点以FeO为最低(1420℃)，(Fe_2O_3为最高(1560℃)，Fe居中(1535℃)，加上FeO能与煤灰中的SiO_2生成熔点更低的硅酸盐，所以煤灰在弱还原性气氛介质中熔融温度更低。因此煤灰的熔融性除了取决于它的化学组成以外，试验气氛的氧化一还原性也是一个极其重要的影响因素，煤灰中含铁量越高，其影响越显著。

在工业锅炉和气化炉中，成渣部位的气体介质大都呈弱还原性，因此，煤灰熔融性的例常测定就在模拟工业条件的弱还原性气氛中进行。如果需要，也可在强还原性气氛或氧化性气氛中进行。

一、相关术语和定义

1. 变形温度(DT)

灰锥尖端或棱开始变圆或弯曲时的温度。

2. 软化温度(ST)

灰锥弯曲至锥尖触及托板或灰锥变成球形时的温度。

3. 半球温度(HT)

灰锥形变至近似半球形，即高约等于底长的一半时的温度。

4. 流动温度(FT)

灰锥熔化展开成高度在1.5mm以下的薄层时的温度。

二、方法提要

将煤灰制成一定尺寸的三角锥，在一定的气体介质中，以一定的速度升温加热，观察灰锥在受热过程中的形态变化，观测并记录它的四个特征熔融温度：变形温度、软化温度、半球温度和流动温度。

三、试验准备

1. 试样形状和尺寸

试样为三角锥体，高20mm，底为边长7mm的正三角形，锥体的一侧面垂直于底面。

2. 试验气氛及其控制

（1）弱还原性气氛。可用下述两种方法之一控制：

①炉内通入50%±10%（体积分数，余同）的氢气和50%±10%的二氧化碳混合气体，或40%±5%的一氧化碳和60%±5%的二氧化碳混合气体。

②炉内封入含碳物质。

（2）氧化性气氛。炉内不放任何含碳物质，并使空气自由流通。

四、分析步骤

1. 灰的制备

取粒度小于0.2mm的空气干燥煤样，按有关规定将其完全灰化，然后用玛瑙研钵研细至0.1mm以下。

2. 灰锥的制作

取1～2g煤灰放在瓷板或玻璃板上，用数滴糊精溶液润湿并调成可塑状，然后用小尖刀铲入灰锥模中挤压成型。用小尖刀将模内灰锥小心地推至瓷板或玻璃板上，于空气中风干或于60℃下干燥备用。

五、测定步骤

1. 在弱还原性气氛中测定

①用糊精水溶液将少量氧化镁调成糊状，用它将灰锥固定在灰锥托板的三角坑内，并使灰锥垂直于底面的侧面与托板表面垂直。

②将带灰锥的托板置于刚玉舟上。如用封碳法来产生弱还原性气氛，则预先在舟内放置足够量的含碳物质。

③打开高温炉炉盖，将刚玉舟徐徐推入炉内，至灰锥位于高温带并紧邻电偶热端（相距2mm左右）。

④关上炉盖，开始加热并控制升温速度为：900℃以下，15～20℃/min；900℃以上，(5±1)℃/min。

如用通气法产生弱还原性气氛，则从600℃开始通入氢气或一氧化碳和二氧化碳的混合气体，通气速度以能避免空气渗入为准。

⑤随时观察灰锥的形态变化（高温下观察时，需戴上墨镜），记录灰锥的四个熔融特征温度——变形温度、软化温度、半球温度和流动温度。

⑥待全部灰锥都达到流动温度或炉温升至1500℃时断电，结束试验。

⑦待炉子冷却后，取出刚玉舟，拿下托板，仔细检查其表面，如发现试样与托板

作用，则另换一种托板重新试验。

2．在氧化性气氛下测定

测定手续与还原性气氛相同，但刚玉舟内不放任何含碳物质，并使空气在炉内自由流通。

六、试验气氛性质的检查

定期或不定期地用下述方法之一检查炉内气氛性质。

1．参比灰锥法

用参比灰制成灰锥并测定其熔融特征温度（DT、ST、HT和FT），如其实际测定值与弱还原性气氛下的参比值相差不超过50℃，则证明炉内气氛为弱还原性气氛；如超过50℃，则根据它们与强还原性或氧化性气氛下的参比值的接近程度以及刚玉舟中碳物质的氧化情况来判断炉内气氛。

2．取气分析法

用一根气密刚玉管从炉子高温带以一定的速度(以不改变炉内气体组成为准，一般为6~7mL/min)取出气体并进行成分分析。如在1000~1300℃范围内，还原性气体（一氧化碳、氢气和甲烷等）的体积分数为10%~70%，同时1100℃以下它们的总体积和二氧化碳的体积比不大于1：1，氧含量低于0.5%，则炉内气氛为弱还原性。

七、精密度

煤灰熔融性测定的重复性和再现性要求见表6-1规定。

表6-1　煤灰熔融性测定的重复性和再现性要求

熔融特征温度	重复性／℃	再现性／℃	熔融特征温度	重复性／℃	再现性／℃
DT	≤60		HT	≤40	≤80
ST	≤40	≤80	FT	≤40	≤80

第二节　煤的热稳定性测定方法

煤的热稳定性是指煤在高温燃烧或气化过程中对热的稳定性程度，也就是煤块在高温作用下保持原来粒度的性质。热稳定性好的煤在燃烧或气化过程中不破碎或破碎较少；热稳定性差的煤在燃烧或气化过程中迅速裂成小块或爆裂成煤粉。由于细粒度煤的增多，轻则增加炉内的阻力和带出物，降低气化和燃烧效率；重则破坏整个气化过程，甚至造成停炉事故。因此使用块煤作为气化原料时，应预先测定其热稳定性，以便选择合适的煤种或改变操作条件，来尽量减小因热稳定性差而对气化过程的影响，使运转正常。因此煤的热稳定性是生产、科研及设计单位确定气化工艺、技术、经济指标的重要依据之一。

煤的热稳定性测定方法的测定条件是依据煤加入煤气发生炉内首先进入干燥层表面，煤突然受热而发生不同程度的破裂；干燥层以下是干馏层，其表面温度一般在

800~900℃，煤主要在干馏层受热破裂。经过反复试验后，确定试验温度为850℃，受热时间为30min。

一、方法提要

量取6~13mm粒度的煤样，在(850±15)℃的马弗炉中隔绝空气加热30min，称量，筛分，以粒度大于6mm的残焦质量占各级残焦质量之和的百分数作为热稳定性指标TS+6；以3~6mm和小于3mm的残焦质量分别占各级残焦质量之和的百分数作为热稳定性辅助指标TS3~6、TS-3。

二、测定步骤

①按煤样制备方法的规定制备6~13mm粒度的空气干燥煤样约1.5kg，仔细筛去小于6mm的粉煤，然后混合均匀，分成两份。

②用坩埚从两份煤样中各取500cm³煤样，称量（称准到0.01g）并使两份质量一致（±1g）。将每份煤样分别装入5个坩埚，盖好坩埚盖并将坩埚放入坩埚架上。

③迅速将装有坩埚的架子送入已升温到900℃的马弗炉恒温区内，关好炉门，将炉温调到(850±15)℃，使煤样在此温度下加热30min。煤样刚送入马弗炉时，炉温可能下降，此时要求在8min内炉温恢复到(850±15)℃，否则测定作废。

④从马弗炉中取出坩埚，冷却到室温，称量每份残焦的总质量(称准到0.01g)。

⑤将孔径6mm和3mm的筛子和筛底盘叠放在振筛机上，把称量后的一份残焦倒入6mm筛子内，盖好盖并将其固定。

⑥开动振筛机，筛分10min。

⑦分别称量筛分后粒度大于6mm、3~6mm及粒度小于3mm的各级残焦的质量(称准到0.01g)。

⑧将各级残焦的质量相加，与筛分前的总残焦质量相比，二者之差不应超过±1g，否则测定作废。

三、精密度

各项指标的两次重复测定的差值都不超过3.0%。

第三节 煤对二氧化碳化学反应性的测定方法

煤的化学反应性又称活性，是指在一定温度条件下，煤与不同气体介质如二氧化碳、氧或水蒸气相互作用的能力而言。因此煤的化学反应性直接反映煤在气化炉中还原层的化学反应能力。特别对于一些高效能的新型气化工艺（如沸腾床、悬浮床气化），要求用反应性强的煤以保证在气化和燃烧过程中反应速率快、效率高。反应性强弱还直接影响炉子的耗煤量、耗氧量及煤气中的有效成分等。

在流化燃烧新技术中，煤的化学反应性与其反应速率也有密切关系。因此煤的化学反应性是一项重要的气化和燃烧特性指标。随着气化、燃烧技术的发展，这项指标在生产中的应用日益广泛。

煤的化学反应性表示方式很多，总的来说有以下五种：

①直接以反应速率表示（包括比速率及反应速率常数）。

②以反应物分解率或还原率表示。

③以活化能表示。

④以同一温度下产物的最大浓度或浓度与时间关系作图表示。

⑤以着火点或平均燃烧速率表示。

本方法是以CO_2作为气体介质，在一定温度下CO_2气体与煤中的碳进行反应，其中一部分被还原成CO的CO_2量占通入CO_2总量的百分数也就是二氧化碳还原率a(%)作为煤对二氧化碳化学反应性的指标。

一、方法提要

先将煤样干馏，除去挥发物（如试样为焦炭，则不需要干馏处理）。然后将其筛分并选取一定粒度的焦渣装入反应管中加热。加热到一定温度后，以一定的流量通入二氧化碳与试样反应。测定反应后气体中二氧化碳的含量，以被还原成一氧化碳的二氧化碳量占通入的二氧化碳量的百分数，即二氧化碳还原率a(%)，作为煤或焦炭对二氧化碳化学反应性的指标。

二、测定准备

1. 试样的制备与处理

①按煤样制备方法的规定制备3~6mm粒度的试样约300g。

②用橡皮塞把热电偶套管固定在干馏管中，并使其顶端位于干馏管的中心。将干馏管直立，加入粒度为6~8mm的碎瓷片或碎刚玉片至热电偶套管露出瓷片约100mm，然后加入试样至试样层的厚度达200mm，再用碎瓷片或碎刚玉片充填干馏管的其余部分。

③将装好试样的干馏管放入管式干馏炉中，使试样部分位于恒温区内，将镍铬–镍硅热电偶插入热电偶套管中。

④接通管式干馏炉电源，以15~20℃/mln的速度升温到900℃时，在此温度下保持1h，切断电源，放置冷却到室温，取出试样，用6mm和3mm的圆孔筛叠加在一起筛分试样，留取3~6mm粒度的试样作测定用。黏结性煤处理后，其中大于6mm的焦块必须破碎使之全部通过6mm筛。

2. 反应性测定仪的安装

①按图6–1连接各部件并使各连接处不漏气。

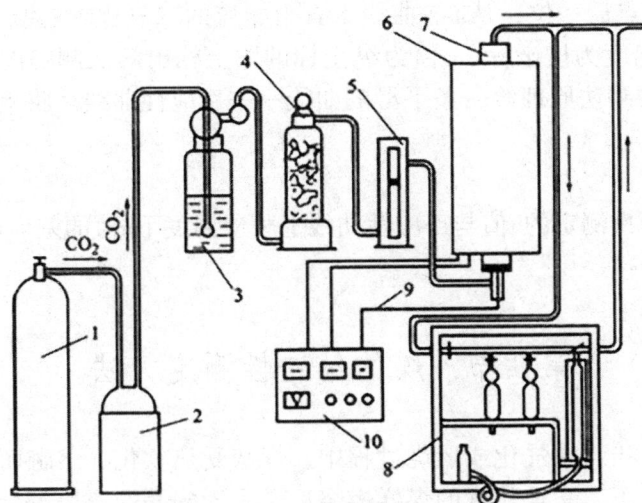

图6-1 反应性测定装置图

1.二氧化碳瓶；2.贮气筒；3.洗气瓶；4.气体干燥塔；5.气体流量计；
6.反应炉；7.反应管；8.奥氏气体分析器；9.热电偶；10.温度控制器

②用橡皮塞将热电偶套管固定在反应管中，使套管顶端位于反应管恒温区中心。将反应管直立，加入粒度为6~8mm的碎刚玉片或碎瓷片至热电偶套管露出碎刚玉片或碎瓷片约50mm。

二、测定步骤

①将热处理后3~6mm粒度的试样加入反应管，使料层高度达100mm，并使热电偶套管顶端位于料层的中央，再用碎刚玉片或碎瓷片充填其余部分。

②将装好试样的反应管插入反应炉内，用带有导出管的橡皮塞塞紧反应管上端，把铂铑10-铂热电偶插入热电偶套管。

③通入二氧化碳气体检查系统有无漏气现象，确认不漏气后继续通二氧化碳2~3min赶净系统内的空气。

④接通电源，以20~25℃/mln速度升温，并在30min左右将炉温升到750℃（褐煤）或800℃（烟煤、无烟煤），在此温度下保持5min。当气压在(101.33±1.33)kPa(760mmHg±10mmHg)、室温在12~28℃时，以500mL/min的流量通入二氧化碳，通气2.5min时用奥氏气体分析器在1min内抽气清洗系统并取样。停止通入二氧化碳，分析气样中二氧化碳的浓度（若用仪器分析，应在通二氧化碳3min时记录仪器所显示的二氧化碳浓度）。

⑤在分析气体的同时，继续以20~25℃/mln的速度升高炉温。每升高50℃按上述规定保温、通二氧化碳并取气样分析反应后气体中二氧化碳的浓度，直至温度达到1100℃时为止。特殊需要时，可测定到1300℃。

四、数据处理及结果报告

每个试样做两次重复测定，按数据修约规则，将测得的反应后气体中二氧化碳的含量V修约到小数点后一位，从a-V曲线上查得相应的二氧化碳还原率a，将测定结果填入表中。在以温度为横坐标、a值为纵坐标的图上标出两次测定的各试验结果点，通过各点按最小二乘法原理绘一条平滑的曲线——反应性曲线。将测定结果表和反应性曲线一并报出。

五、精密度

任一温度下两次测定的a值与反应性曲线上相应温度下a值的差值应不超过±3%。

第四节　煤的结渣性测定方法

煤的结渣性是指煤在气化或燃烧过程中，煤灰受热软化、熔融而结渣的性能的量度。以在规定条件下，一定粒度的煤样燃烧后，大于6mm的渣块占全部残渣的质量百分数表示。煤的结渣性是反应煤灰在气化和燃烧过程中成渣的特性。

在气化、燃烧过程中，煤中的碳与氧反应，放出热量产生高温使煤中的灰分熔融成渣。渣的形成一方面使气流分布不均匀，易产生风洞，造成局部过热，给操作带来一定的困难，结渣严重时还会导致停产；另一方面由于结渣后煤块被熔渣包裹，煤中碳未完全燃烧就排出炉外，增加了碳的损失。为了使生产正常运行，避免结渣，往往通入适量的水蒸气，但这样又会降低反应层的温度，使煤气质量和气化效率下降。因此，煤的结渣性对于用煤单位和设计部门都是不可忽视的重要指标。煤的结渣性测定方法是模拟工业发生炉的氧化层反应条件。

此时煤中的灰在反应所产生的高温作用下发生软化和局部熔融而结渣。实验室以大于6mm的渣块占总灰渣质量的百分数来评价煤的结渣性的强弱。

一、方法提要

将3~6mm粒度的试样装入特制的气化装置中，用木炭引燃，在规定鼓风强度下使其气化（燃烧）。待试样燃尽后停止鼓风，冷却，将残渣称量和筛分，以大于6mm的渣块质量百分数表示煤的结渣性。

二、试样的制备

①按煤样制备方法的规定，制备粒度为3~6mm的空气干燥试样4kg左右。

②挥发分焦渣特征小于或等于3的煤样以及焦炭不需要经过破黏处理。

③挥发分焦渣特征大于3的煤，按下列方法进行破黏处理。

将马弗炉预先升温到300℃。

量取煤样800cm³（同一鼓风强度重复测定用样量）放入铁盘内，摊平，使其厚度不超过铁盘高的2/3。

打开炉门，迅速将铁盘放入炉内，立即关闭炉门。

待炉温回升到300℃以后，恒温30min。然后将温度调到350℃，并在此温度下加热到挥发物逸完为止。

打开炉门，取出铁盘，趁热用铁丝搅动煤样，使之松动，并倒在振筛机上过筛。

遇有大于6mm的焦块时，轻轻压碎，使其全部通过6mm筛子。取3～6mm粒度煤样备用。

三、测定步骤

①取试样400 cm³，并称量(称准到0.01g)。

②将试样倒入气化套内，摊平，将垫圈装在空气室和烟气室之间，用锁紧螺筒固紧。

③称取约15g木炭，放在带孔铁铲内，在电炉上加热至灼红。

④开动鼓风机，调节空气针形阀，使空气流量不超过2m³/h。再将铁漏斗放在仪器顶盖位置处，把灼红的木炭从顶部倒在试样表面上，取下铁漏斗，摊平，拧紧顶盖，再仔细调节空气流量，使其达到规定值，开始计时。

⑤在测定过程中，随时观察空气流量是否偏离规定值，并及时调节，从与测压孔相接的压力计读出料层最大阻力，并记录。

⑥从观测孔观察到试样燃尽后，关闭鼓风机。记录反应时间。

⑦气化套冷却后取出全部灰渣，称其质量。

⑧将6mm筛子和筛底叠放在振筛机上，然后把称量后的灰渣全部转移到6mm筛子上，盖好筛盖。

⑨开动振筛机，振动30s，然后称出粒度大于6mm渣块的质量。

⑩每个试样在0.1m/s、0.2m/s和0.3m/s(相应于空气流量分别为2m³/h、4 m³/h、6 m³/h)三种鼓风强度下分别进行重复测定。

以鼓风强度为0.2m/s和0.3m/s进行测定时，应先使风量在2 m³/h下保持3min，然后再调节到规定值。

四、结果计算

结渣率按式计算：

$$Clin = m1/m \times 100$$

式中　Clin——结渣率，%。

m1——粒度大于6mm渣块的质量，g。

m——总灰渣质量，g。

五、精密度

每一试样按0.1m/s、0.2m/s、0.3m/s三种鼓风强度进行重复测定，两次重复测定结果的差值不得超过±5.0%。

第五节　烟煤黏结指数测定方法

黏结指数是由我国提出的煤的黏结力的度量，以在规定条件下，煤与专用无烟煤完全混合并炭化后，所得焦炭的机械强度来表征。

黏结指数是评价煤的塑性（黏结性、结焦性）的一个指标，以G或GR.I.表示。黏结指数是我国煤炭分类标准中确定烟煤工艺类别的主要指标之一。根据煤的黏结指数，可以大致确定该煤的主要用途；利用煤的挥发分和黏结指数图，可以理解各种煤在炼焦配煤中的作用，这对于指导配煤、确定经济合理的配煤比具有一定意义。

一、测定原理

以一定质量的试验煤样和专用无烟煤混合均匀，在规定条件下加热成焦，所得焦炭在一定规格的转鼓内进行强度检验，以焦块的耐磨强度表示试验煤样的黏结能力。因此，烟煤黏结指数实质上是试验烟煤样在受热后，煤颗粒之间或煤粒与惰性组分颗粒间结合牢固程度的一种度量，它是各种物理和化学变化的最终结果。

二、方法提要

将一定质量的试验煤样和专用无烟煤在规定的条件下混合，快速加热成焦，所得焦块在一定规格的转鼓内进行强度检验，用规定的公式计算黏结指数，以表示试验煤样的黏结能力。

三、试验煤样和专用无烟煤样的制备

1. 试验煤样的制备

试验煤样按煤样制备方法制备成粒度小于0.2mm的空气干燥煤样，其中0.1~0.2mm的煤粒占全部煤样的20%~35%。煤样粉碎后并在试验前应混合均匀，装在密封的容器中。制样后到试验时间不应超过一星期。如超过一星期，应在报告中注明制样和试验时间。

2. 专用无烟煤样的制备

黏结指数测定中所用的专用无烟煤样必须使用经国家计量部门批准的国家标准煤样。

四、测定步骤

①先称取5g(称准至0.001g)专用无烟煤，再称取1g(称准至0.001g)试验煤样放入坩埚中。

②用搅拌丝将坩埚内的混合物搅拌2min。搅拌方法：坩埚45°左右倾斜，逆时针方向转动，每分钟约15转，搅拌丝按同样倾角作顺时针方向转动，每分钟约150转。搅拌时，搅拌丝的圆环接触坩埚壁与底相连接的圆弧部分。约经1′45″后，一边继续搅拌，一边将坩埚与搅拌丝逐渐转到垂直位置，约2min时，搅拌结束。也可用达到同样搅拌效果的机械装置进行搅拌。在搅拌时，应防止煤样外溅。

③搅拌后，将坩埚壁上的煤粉用刷子轻轻扫下，用搅拌丝将混合物小心地拨平，并使沿坩埚壁的层面略低1~2mm，以便压块将混合物压紧后，使煤样表面处于同一平面。

④用镊子夹压块于坩埚中央，然后将其置于压力器下，将压杆轻轻放下，静压30s。

⑤加压结束后，压块仍留在混合物上，盖上坩埚盖。注意：从搅拌时开始，带有混合物的坩埚应轻拿轻放，避免受到撞击与振动。

⑥将带盖的坩埚放置在坩埚架中，用带手柄的平铲或夹子托起坩埚架，放入预先升温到850℃的马弗炉内的恒温区。6min内炉温应恢复到850℃，以后炉温应保持

在(850±10)℃。从放人坩埚开始计时，焦化15min，之后，将坩埚从马弗炉中取出，放置冷却到室温。若不立即进行转鼓试验，则将坩埚放入干燥器中。马弗炉温度测量点，应在两排坩埚中央。炉温应定期校正。

⑦从冷却后的坩埚中取出压块。当压块上附有焦屑时，应刷入坩埚内。称量焦渣总质量，然后将其放入转鼓内，进行第一次转鼓试验。转鼓试验后的焦块用1mm圆孔筛进行筛分，再称量筛上物的质量，然后，将其放入转鼓进行第二次转鼓试验，重复筛分、称量操作。每次转鼓试验5min，即250转。质量均称准到0.01g。

五、精密度及结果报出

黏结指数测定结果的重复性和再现性要求见表6-2规定。

表6-2　黏结指数测定结果的重复性和再现性要求

黏结指数(G值)	重复性（G值）	再现性(G值)
≥18	≤3	≤4
<18	≤1	≤2

以重复试验结果的算术平均值作为最终结果。报告结果取整数。

第六节　烟煤胶质层指数测定方法

胶质层指数是判断烟煤结焦性的一项重要指标，也是煤炭分类的主要指标之一。

①胶质层指数的测定过程反映了工业焦炉炼焦的全过程，通过研究胶质层指数的测定过程，可研究炼焦过程的机理。

②胶质层最大厚度Y值直接反映了煤的胶质体的特性和数量，是煤的结焦性能好坏的一个标志，是我国烟煤分类的一项工艺性指标。

③由于Y值表征煤的结焦性能，并有较好的加和性，所以对于指导配煤炼焦有着重要的作用。

本法是一个多指标的测定方法，能近似地反映工业炼焦过程，所以本法的测定也成为研究煤的焦化性质的一个重要手段。但也有其局限性，即对瘦煤和肥煤的试验条件不易掌握。

一、基本原理

煤在规定条件（升温速度3℃/mln、在$9.8×10^4$ Pa压力下、用特定煤杯和单侧加热方式）下测得的胶质体（软化后的塑性体）的最大厚度为胶质层最大厚度Y值(mm)，其体积曲线的最终位置与起始位置之间的距离为最终收缩度X值(mm)，在坐标纸上记录下来的加热过程的体积变化曲线为体积曲线类型。

胶质层指数的测定主要是测定胶质层最大厚度y值、最终收缩度X值和体积曲线类型三个主要参数和描述焦炭的特性等。

胶质层指数测定方法是模拟工业焦炉的炼焦条件而设计出来的。煤样在钢杯中，上加恒压，由底面单侧加热。钢杯置入一定规格和技术指标的带孔耐火砖中，以一定的加热速度升温，此时传至杯内的温度由上而下依次递增。

因为用单侧加热时，周围散热条件较好，在煤杯内的煤样就形成了一系列温度自下而上传递的等温面。当加热到一定温度时，因为最上面的煤样还不到软化温度，所以保持原样不变，中间一部分则因为到了软化温度而变成沥青状的胶体——胶质体；而下面一部分则因为到达固化温度，而由胶质体变成了半焦。因此，煤样中形成了半焦层、胶质层和未软化的煤样层三部分，这就是胶质层指数测定的全过程。

试验开始，从室温到250℃是干燥阶段，主要是预热、烘干水分。升温到300~350℃时煤样开始软化，此时，发生热分解，产生气体，煤样逐渐形成胶质体，并出现膨胀，收缩等现象。起初胶质层逐渐由薄增厚，随着温度递增，由于胶质体固化速度大于生成速度，则又重新变薄，直至胶质体完全消失，即煤样全部固化(550~600℃)生成半焦。继续加热至730℃，试验即告结束。

在试验过程中，用一特制的胶质层探针来测量胶质层的厚度，以得到胶质层最大厚度Y值。

在试验过程中，随着温度的升高，煤杯内的煤样发生热解、产生气体、形成胶质体、出现膨胀和收缩等情况，这些变化被记录在坐标纸上，得到体积变化曲线。不同的煤种由于热分解等性质的不同而得到相异的体积曲线类型。不同的体积曲线反映了不同的结焦性能。本方法中只取八种典型的体积曲线作为表征胶质层的指标，并以体积曲线的名称作为结果报出。

当煤杯内的全部煤样都形成半焦后，由于体积收缩，煤的体积曲线出现最低点。以试验结束(730℃)时煤样收缩所显示在体积曲线上的距离作为最终收缩度X值。X值取决于煤的挥发分、软化、固化、收缩等性质。

由于胶质层指数的测定是一项规范性很强的试验，诸如升温速度、煤样粒度、压力、煤杯的材质和煤杯外围炉砖耐火材料的热性质等试验条件均会影响测定结果，因此，必须使仪器、制样和操作都严格符合统一的规定，才能得出一致的结果。

二、方法提要

按规定将煤样装入煤杯中，煤杯放在特制的电炉内以规定的升温速度进行单侧加热，煤样则相应形成半焦层、胶质层和未软化的煤样层三个等温层面。用探针测量出胶质体的最大厚度Y，从试验的体积曲线测得最终收缩度X。

三、煤样的制备

①胶质层测定用的煤样应符合下列规定：煤样应按照煤样的制备方法缩制并达到空气干燥状态；煤样应用对辊式破碎机破碎到全部通过1.5mm的圆孔筛，但不得过度粉碎。

②供确定煤炭牌号的煤样，应一律按我国煤炭分类标准中的有关规定进行减灰。

③为防止煤的氧化对测定结果的影响，试样应装在磨口玻璃瓶或其他密闭容器中，且放在阴凉处，试验应在制样后不超过半个月内完成。

四、试验准备

①热电偶管及压力盘上遗留的焦屑等用金刚砂布清除干净，杯底及压力盘上各析气孔应畅通，热电偶管内不应有异物。

②纸管制作。在一根细钢棍上用香烟纸粘制成直径为2.5~3.0mm、高度约为60mm的纸管。装煤杯时将钢棍插入纸管，纸管下端折约2mm，纸管上端与钢棍贴紧，防止煤样进入纸管。

③滤纸条。宽约60mm，长190~200mm。

④石棉圆垫。用厚度为0.5~1.0mm的石棉纸做两个直径为59mm的石棉圆垫。在上部圆垫上有供热电偶铁管穿过的圆孔和纸管穿过的小孔；在下部圆垫上对应压力盘上的探测孔处作一标记。

⑤体积曲线记录纸。用毫米方格纸作体积曲线记录纸，其高度与记录转筒的高度相同，其长度略大于转筒圆周。

⑥装煤杯。将杯底放入煤杯使其下部凸出部分进入煤杯底部圆孔中，杯底上放置热电偶铁管的凹槽中心点与压力盘上放热电偶的孔洞中心点对准。

将石棉圆垫铺在杯底上，石棉垫上圆孔应对准杯底上的凹槽，在杯内下部沿壁围一条滤纸条。将热电偶铁管插入杯底凹槽，把带有香烟纸管的钢棍放在下部石棉圆垫的探测孔标志处，用压板把热电偶铁管和钢棍固定，并使它们都保持垂直状态。

将全部试样倒在缩分板上，掺和均匀，摊成厚约10mm的方块。用直尺将方块划分为许多30mm×30mm左右的小块，用长方形小铲，按棋盘式取样法隔块分别取出两份试样，每份试样质量为(100.0±0.5)g。

将每份试样用堆锥四分法分为四部分，分四次装入杯中。每装25g之后，用金属针将煤样摊平，但不得捣固。

试样装完后，将压板暂时取下，把上部石棉圆垫小心地平铺在煤样上，并将露出的滤纸边缘折复于石棉圆垫之上，放入压力盘，再用压板固定热电偶铁管。将煤杯放入上部砖垛的炉孔中，把压力盘与杠杆连接起来，挂上砝码，调节杠杆到水平。

如试样在试验中生成流动性很大的胶质体溢出压力盘，则应按上述步骤重新装样试验。重新装样的过程中，须在折复滤纸后，用压力盘压平，再用直径2~3mm的石棉绳在滤纸和石棉圆垫上方沿杯壁和热电偶铁管外壁围一圈，再放上压力盘，使石棉绳把压力盘与煤杯、压力盘与热电偶铁管之间的缝隙严密地封闭。

在整个装样过程中香烟纸管应保持垂直状态。当压力盘与杠杆连接好后，在杠杆上挂上砝码，把细钢棍小心地由纸管中抽出来（可轻轻旋转），勿使纸管留在原有位置。如纸管被拔出，或煤粒进入了纸管（可用探针试出），须重新装样。

⑦用探针测量纸管底部时，将刻度尺放在压板上，检查指针是否指在刻度尺的零点，如不在零点，则有煤粒进入纸管内，应重新装样。

⑧将热电偶置于热电偶铁管中。检查前杯和后杯热电偶连接是否正确。

⑨把毫米方格纸装在记录转筒上，并使纸上的水平线始、末端彼此连接起来。调节记录转筒的高低，使其能同时记录前、后杯两个体积曲线。

⑩检查活轴轴心到记录笔尖的距离，并将其调整为600mm，将记录笔充好墨水。

⑪加热之前按下式求出煤样的装填高度：

$$h=H-(a-b)$$

式中 h——煤样的装填高度，mm；

H——由杯底上表面到杯口的高度，mm；

a——由压力盘上表面到杯口的距离，mm；

b——压力盘和两个石棉圆垫的总厚度，mm。

a值测量时，沿煤杯周围在四个不同地方共测量四次，取平均值。H值应在每次装煤前实测，b值可用卡尺实测。

⑫同一煤样重复测定时装煤高度的允许差为1mm，超过允许差时应重新装样。报告结果时应将煤样的装填高度的平均值附注于X值之后。

五、测定步骤

①当上述准备工作就绪后，打开程序控温仪开关，通电加热，并控制两煤杯杯底升温速度如下：250℃之前为8℃/min，并要求30min内升到250℃；250℃之后为3℃/min，每10min记录一次温度。在350~600℃期间，实际温度与应达到的温度之差不应超过5℃，在其余时间内不应超过10℃，否则，试验作废。

在试验中应按时记录时间和温度。时间从250℃起开始计算，以min为单位。

②温度到达250℃时，调节记录笔尖使之接触到记录转筒上，固定其位置，并旋转记录转筒一周，划出一条"零点线"，再将笔尖对准起点，开始记录体积曲线。

③对一般煤样，测量胶质层层面在体积曲线开始下降后几分钟开始，到温升至约650℃时停止。当试样的体积曲线呈山形或生成流动性很大的胶质体时，其胶质层层面的测定可适当地提前停止，一般在胶质层最大厚度出现后再对上、下部层面各测2~4次即可停止，并立即用石棉绳或石棉绒把压力盘上探测孔严密地密封，以免胶质体溢出。

④测量胶质层上部层面时，将探针刻度尺放在压板上，使探针通过压板和压力盘上的专用小孔小心地插入纸管中，轻轻往下探测，直到探针下端接触到胶质层层面（手感到有阻力时为上部层面）。读取探针刻度(层面到杯底的距离，mm)，将读数填入记录表中"胶质层上部层面"栏内，并同时记录测量层面的时间。

⑤测量胶质层下部层面时，用探针首先测出上部层面，然后轻轻穿透胶质体到半焦表面（手感到阻力明显加大时为下部层面），将读数填入记录表中"胶质层下部层面"栏内，同时记录测量层面的时间。探针穿透胶质层和从胶质层中抽出时，均应小心缓慢从事。在抽出时还应轻轻转动，防止带出胶质体或使胶质层内积存的煤气突然逸出，以免破坏体积曲线形状和影响层面位置。

⑥根据转筒所记录的体积曲线的形状及胶质体的特性，来确定测量胶质层上、下部层面的频率。

当曲线呈"之"字形或波形时，在体积曲线上升到最高点时测量上部层面，在体积曲线下降到最低点时测量上部层面和下部层面（但下部层面的测量不应太频繁，每8~10min测量一次）。如果曲线起伏非常频繁，可间隔一次或两次起伏，在体积曲线的最高点和最低点测量上部层面，并每隔8~10min在体积曲线的最低点测量一次下部层面。

当体积曲线呈山形、平滑下降形或微波形时，上部层面每5 min测量一次，下部层面每10min测量一次。

当体积曲线分阶段符合上述典型情况时，上、下部层面测量应分阶段按其特点依上述规定进行。

当体积曲线呈平滑斜降形时（属结焦性不好的煤，Y值一般在7mm以下），胶质层上、下部层面往往不明显，探测针总是一探即达杯底。遇此种情况时，可暂停20～25min，使层面恢复。然后，以每15min不多于一次的频率测量上部和下部层面，并力求准确地探测出下部层面的位置。

如果煤在试验时形成流动性很大的胶质体，下部层面的测定可稍晚开始，然后每隔7～8min测量一次，620℃时也应封孔。在测量这种煤的上、下部胶质层层面时，应特别注意，以免探针带出胶质体或胶质体溢出。

⑦当温度到达730℃时，试验结束。此时调节记录笔使之离开转筒，关闭电源，卸下砝码，使仪器冷却。

⑧当胶质层测定结束后，必须等上部砖垛完全冷却，或更换上部砖垛方可进行下一次试验。

⑨在试验过程中，当煤气大量从杯底析出时，应不时地向电热元件吹风，使从杯底析出的煤气和炭黑烧掉，以免发生短路、烧坏硅碳棒、镍铬线或影响热电偶正常工作。

⑩如试验时煤的胶质体溢出到压力盘上，或在香烟纸管中的胶质层层面骤然升高，则试验应作废。

六、结果表述

1. 曲线的加工及胶质层测定结果的确定

①取下记录转筒上的毫米方格纸，在体积曲线上方水平方向标出"温度"，在下方水平方向标出"时间"作为横坐标。在体积曲线下方，温度和时间坐标之间留一适当位置，在其左侧标出层面距杯底的距离作为纵坐标。根据记录表上所记录的各个上、下部层面位置和相应的"时间"的数据，按坐标在图纸上标出"上部层面"和"下部层面"的各点，分别以平滑的线加以连接，得出上、下部层面曲线。如按上法连成的层面曲线呈"之"字形，则应通过"之"字形部分各线段的中部连成平滑曲线作为最终的层面曲线。

②取胶质层上、下部层面曲线之间沿纵坐标方向的最大距离（读准到0.5mm）作为胶质层最大厚度Y。

③取730℃时体积曲线与零点线间的距离（读准到0.5mm）作为最终收缩度X。

④将整理完毕的曲线图标明试样的编号，贴在记录表上一并保存。

⑤体积曲线类型用下列名称表示：平滑下降形、平滑斜降形、波形、微波形、"之"字形、山形、"之"山混合形。

⑥鉴定焦块的技术特征，并记入试验记录表中。

⑦在报告X值时，应按有关规定注明试样装填高度。如果测得的胶质层厚度为零，在报告Y值时应注明焦块的熔合状况。必要时，应将体积曲线及上、下部层面曲线的复制图附在结果报告上。

2. 试验结果

取前杯和后杯重复测定的算术平均值，计算到小数点后一位，然后修约到0.5mm，作为试验结果报告。

七、精密度

烟煤胶质层指数测定结果的重复性要求见表6-3规定。

表6-3 烟煤胶质层指数测定结果的重复性要求

参数		重复性限
Y值	≤20mm	1mm
	>20mm	2mm
X值		3mm

八、焦块技术特征的鉴定

1. 缝隙

缝隙的鉴定以焦块底面（加热侧面）为准，一般以无缝隙、少缝隙和多缝隙三种特征表示，并附以底部缝隙示意图。

无缝隙、少缝隙和多缝隙按单体焦块的块数多少区分如下：单体焦块块数是指裂缝把焦块底面划分成的区域数。当一条裂缝的一小部分不完全时，允许沿其走向延长，以清楚地划出区域。

单体焦块数为1块——无缝隙。

单体焦块数为2~6块——少缝隙。

单体焦块数为6块以上——多缝隙。

2. 孔隙

指焦块剖面的孔隙情况，以小孔隙、小孔隙带大孔隙和大孔隙很多来表示。

3. 海绵体

指焦块上部的蜂焦部分，分为无海绵体、小泡状海绵体和敞开的海绵体。

4. 绽边

指有些煤的焦块由于收缩应力裂成的裙状周边。根据其高度分为无绽边、低绽边（约占焦块全高1/3以下）、高绽边（约占焦块全高2/3以上）和中等绽边（介于高、低绽边之间）。

海绵体和焦块绽边的情况应记录在表上，以剖面图表示。

5. 色泽

以焦块断面接近杯底部分的颜色和光泽为准。焦色分黑色（不结焦或凝结的焦块）、深灰色、银灰色等。

6. 熔合情况

分为粉状（不结焦）、凝结、部分熔合、完全熔合等。

第七节　煤岩分析样品的制备方法

煤是一种固体可燃矿物，它由多种性质不同的显微组分组成，其物理组成具有明显的不均一性，这些显微组分的不同组合反映出了煤在外表形态、硬度、光学性质及其显微结构上的差异，也造成了煤的物理性质、化学性质及其在加工利用中工艺性质的不同。通过应用煤岩学特别是煤岩鉴定测试指标与煤变质程度之间关系的研究，有助于认识煤岩成分性质，加深对煤质特征的了解。

本节主要讲述煤岩鉴定样品的制备方法。显微镜下鉴定用的样品，根据煤岩鉴定目的不同，可制成在透射光下用的薄片和在反射光下用的煤砖光片（粉煤光片）、块煤光片及透射光和反射光下均可供煤岩分析的光薄片。

一、煤砖光片的制备方法

1. 方法提要

把破碎到规定粒度、有代表性的煤样，按一定配比与混合剂混合，冷凝或加温压制成煤砖，然后将一个端面研磨、抛光成合格的光面。

2. 煤粉样的制备

（1）破碎煤样。通过反复过筛和反复破碎筛上煤样，直至完全通过试验筛，使粒度小于0.1mm的煤样量不超过10%。

（2）煤样缩制。称取粒度小于1mm的空气干燥煤样100~200g，用堆锥四分法将其缩分至10~20g。

3. 煤砖的制备

（1）热胶法

①按煤样与黏结剂体积比为2:1取料，掺和均匀后拨入底部粘有纸的环形金属模具内。

②将装有煤和黏结剂混合物的模具放入环状电加热器内加热，模具内温度不超过100℃，不断搅拌直至黏结剂完全熔融。

③迅速将装有混合物的模具放人镶嵌机内加压(3.5MPa)，停留约30s，取出煤砖，编号。

④及时清理模具和工具。

（2）冷胶法。不饱和聚酯树脂冷胶的配制：不饱和聚酯树脂、固化剂[过氧化环己酮和二丁酯溶液(1+1)]和促进剂（钴皂液在苯乙烯中的6%溶液）按质量配比(100+4+4)。

称取10g煤样倒入冷胶模具槽内，将配好的不饱和聚酯树脂往每个煤样中倒入7g，边倒入边搅拌，使煤胶混合均匀，胶变稠至可以阻止煤粒下沉时停止搅拌，放置约2h，待气泡排出后放入不高于60℃的恒温箱内固结成煤砖，取出后立即编号。

配胶及胶结过程均应在通风橱内完成。煤与胶的混合物必须充满模槽，以确保凝固、研磨和抛光之后的煤砖光片的表面尺寸为25mm×25mm。

4. 研磨

（1）细磨。依顺序用320号金刚砂和W20白刚玉粉在研磨机上掺水研磨。研磨时，手执煤砖作与转盘旋转反向的运动并稍加压力，冷成型煤砖的磨制面应为煤砖中的最大一个侧面。研磨至煤砖表面平整、煤粒显露时，停止研磨。将煤砖端面倒角(小于1mm)，用强喷水嘴冲洗净煤砖上的残砂，然后用超声波清洗器把煤砖清洗到无磨料、无污物为止。

（2）精磨按顺序用W10、W5、W3.5或W1白刚玉粉与少许水的混合浆在毛玻璃板上逐级研磨，每级研磨后的煤砖均需冲洗干净，方可进入下一道工序。精磨后的煤砖在斜射光下检查，要求煤砖表面无擦痕、有光泽感、无明暗之分、煤颗粒界线清楚。

5. 抛光

（1）细抛光

①加抛光料：为了使抛光料均匀地分布在抛光布上，需从抛光盘中心开始将浸满抛光液的毛笔尖接触抛光布，慢速均匀地沿一个方向向边缘挪动。抛光一个煤砖时，加抛光料的次数取决于煤的硬度，但一般为2~4次。

②抛光：用手执煤砖光片，使其表面平行接触旋转的抛光盘。下片位置在距抛光盘中心较近的90°~140°方位。抛光盘的理想转速为1300r/min。

抛光煤砖有两种方法：一是煤砖与抛光盘作反向旋转（煤砖的转速为20~30r/min）；另一是煤砖在抛光盘的90°位线附近作左右摆动，同时不断地旋转光片，以使煤砖表面抛光均匀，并无方向性划道。

起片前应减小施于煤砖上的压力。

（2）精抛光选择更细的抛光盘布，用酸性硅溶胶作抛光料。上料和抛光工艺与上述步骤相同。

细抛光和精抛光的每道工序完成后，均要用高压喷水嘴、超声波清洗器将煤砖上的残渣和污物清洗干净。抛光的全过程必须在防尘的环境中进行。

（3）抛光面检查用(×20)~(×50)的干物镜检查煤砖抛光面。抛光面需满足下列要求：

①表面平整，无明显突起。

②煤粒表面无明显凹痕。

③表面无明显划痕。

④表面清洁，无污点和磨料。

把检验合格的光片放置于干燥器内。如果抛光面没有达到①和③的要求，则需重新清洗一次。

二、块煤光片的制备方法

1. 方法提要

将块煤煮胶，按要求的方向切片、研磨、抛光成合格的光片。

2. 煤样加固

（1）冷胶灌注法将煤块放在模具内，将配制好的黏结剂倒入模具内或煤块研磨面上，使其渗入裂缝直至黏结剂凝固。

如果煤样水分过大，灌注前先置入不高于60℃的恒温箱内干燥。

（2）煮胶法

①选取块煤样的目标部位，标明方向并编号，煤块过大或不规则时，应适当切下多余的或不规则的部分。如煤样易碎，应用纱布捆扎加固。

②松香与石蜡配比一般为(10+1)～(10+2)，以煤样的裂隙能充分渗入胶为准。如果配制的胶还达不到要求，可加入少量松节油，用量为松香的10%或20%。

③用线绳或金属线的一端沿垂直层理的方向捆牢煤样，浸没在胶锅中，另一端系上标签留在容器外。

④胶的温度不超过130℃，煮胶时间的长短以煤样不再冒出气泡为准，停止加温10min后取出煤样。煮胶应在带有封闭式可调变压器的电炉上进行，并在有防火设备的通风橱内进行。

一次配煮，可以多次使用。当胶的脆度增大而不再适用时，则可加入适量的石蜡或另配新胶。

3. 切片

沿垂直层面的方向，在切片机上将煤样切成长40mm、宽35mm、厚15mm的长方体煤块，如有特殊需要，按所需的规格切片。

4. 研磨

分粗磨、细磨和精磨。粗磨是用180号或200号金刚砂研磨煤砖面，使其成为平整的粗糙平面。细磨、精磨的要求分别同上述步骤。

5. 抛光

分细抛光和精抛光。其抛光方法和抛光面的检查按上述相关步骤进行。

三、煤岩薄片、光薄片的制备方法

1. 方法提要

①块煤通过加固、切片、研磨、粘片、再研磨、修饰、盖片等工序制成合格的煤岩薄片。

②块煤通过加固、切片、第一个面的研磨、粘片、第二个面的研磨和抛光等工序制成合格的光薄片。

2. 煤样加固

分冷胶灌注法和煮胶法两种方法。具体按上述相关步骤进行。

3. 切片

沿垂直层面的方向，在切片机上将块煤切割成长45mm、宽25mm、厚15mm的煤块。如有特殊要求，可按所要求的规格切片。

4. 第一个面的研磨

分粗磨、细磨和精磨。具体按上述相关步骤进行。

5. 粘片

（1）冷粘。将黏结剂均匀地滴在精磨或抛光好的、放置在工作台上的煤块粘合面上，使之与载玻片的毛面粘合，来回轻微推动块煤，以驱赶气泡并使胶均匀分布。

（2）热粘。加热载玻片上的黏结剂，使其充分熔化并均匀分布后，将煤样的精磨面或抛光面与载玻片粘合。来回轻微推动煤块，使黏结剂均匀分布并驱赶气泡，在常温下冷却凝固。

6．第二个面的研磨

（1）粗磨具体按上述相关步骤进行。磨至约0.5mm。

（2）细磨具体按上述相关步骤进行。磨至0.15～0.20mm厚时，煤片开始出现透明。

（3）精磨具体按上述相关步骤进行。磨至煤片基本全部透明，大致均匀，无划痕，组分界线清晰，四角平整。

在以上研磨的每道工序之前，用喷水和超声波清洗器彻底清洗煤片。同时，在研磨时不能将煤片周围的胶磨掉，因为胶能对煤片起保护作用。此外，研磨时压力应加在煤片的中部。

7．修饰

在修饰台上用软木条或玻璃棒沾上W5、W3.5或Wl白刚玉粉浆修饰薄片上较厚的不均匀的部位。

8．薄片检查

在(×10)～(×20)透光显微镜下检查，合格的薄片应达到：四角平整、厚薄均匀、透明良好、无划痕、组分界线清晰。

9．剔胶与整形

①用锋利小刀将载玻片上的余胶剔除干净。

②将薄片或光薄片整形，其尺寸不小于32mm×24mm。

10．盖片

①煮胶，将适量的光学树脂放在坩埚内煮至不粘手、可拉成线时表明胶已煮好。

②取适量胶放在薄片上，放上盖片，加热推移盖片，以排除余胶和气泡，并使煤薄片与盖片之间的胶均匀分布，置常温下冷凝。

11．光薄片的制备

光薄片的块煤加固、切片、第一个面的研磨、粘片、第二个面的研磨、修饰、剔胶、整形与薄片的制备方法相同，其不同点是精磨后的光薄片的两个面均需要抛光。

①将光薄片装在光薄片夹具中操作。

②细抛、精抛。方法同上述相关步骤。抛光时间较煤砖光片稍短，所加压力也较小，以避免光面产生凸起。第二个面的抛光过程中改变光薄片的方位时，应提起光薄片后再改变方位。

抛光盘的直径要求不小于300mm，抛光盘转速为200～500r/min。

③光薄片的检查同薄片的检查，按上述相关步骤进行。

第八节　煤的显微组分和矿物测定方法

本方法规定了在反射偏光显微镜下用白光测定煤的显微组分（或显微组分组）和矿物的体积百分数的方法，适用于褐煤、烟煤和无烟煤制成的粉煤光片。

一、方法提要

将粉煤光片置于反射偏光显微镜下，用白光入射。在不完全正交偏光或单偏光下，以能准确识别显微组分和矿物为基础，用数点法统计各种显微组分组和矿物的体积分数。

二、煤样制备

粉煤光片的制备应按煤岩分析样品的制备方法进行。

三、测定步骤

①在整平后的粉煤光片抛光面上滴上油浸液，并置于反射偏光显微镜载物台上，聚焦，校正物镜中心，调节光源、孔径光圈和视域光圈，应使视域亮度适中、光线均匀、成像清晰。

若需测定矿物种类时，应在滴油浸液前按相关步骤在干物镜下测定显微组分组总量及矿物种类。

②确定推动尺步长，应保证不少于500个有效测点均匀布满全片，点距一般以0.5～0.6mm为宜，行距应不小于点距。

③从试样的一端开始，按预定的步长沿固定方向移动，并鉴定位于十字丝交点下的显微组分组或矿物，记入相应的计数键中。若遇胶结物、显微组分中的细胞空腔、空洞、裂隙以及无法辨认的微小颗粒，则作为无效点，不予统计。当一行统计结束时，以预定的行距沿固定方向移动一步，继续进行另一行的统计，直至测点布满全片为止。

对显微组分的识别，可在不完全正交偏光或单偏光下，根据油浸物镜下的反射色、反射力、结构、形态、突起、内反射等特征进行。

对褐煤和低阶烟煤，宜借助荧光特征来区分壳质组和其他显微组分组。

对无烟煤，宜在正交或不完全正交偏光下转动载物台鉴定出镜质组、惰质组及其他可识别的成分后，再进行测定。

④当十字丝落在不同成分的边界上时，应从右上象限开始，按顺时针的顺序选取首先充满象限角的显微成分为统计对象。

四、结果表述

以各种显微组分组和矿物的统计点数占总有效点数的百分数（体积分数）为最终测定结果，数值保留到小数点后一位。测定结果以如下几种形式报告。

1. 去矿物基

镜质组+半镜质组+壳质组+惰质组=100%

2．含矿物(M)基

镜质组+半镜质组+壳质组+惰质组+矿物(M)=100%

显微组分组总量+黏土矿物+硫化物矿物+碳酸盐矿物+氧化硅类矿物+其他矿物=100%

3．计算矿物质(MM)

镜质组+半镜质组+壳质组+惰质组+矿物质(MM)=100%

第九节　煤的镜质体反射率显微镜测定方法

本方法规定了在显微镜油浸物镜下测定粉煤光片的镜质体最大反射率和随机反射率的方法，适用于褐煤、烟煤和无烟煤之单煤层煤的反射率测定。

一、基本原理

镜质体反射率是指由褐煤、烟煤或无烟煤制成的粉煤光片在显微镜油浸物镜下，镜质体抛光面的反射光(λ=546nm)强度对其垂直入射光强度之百分比。

测定原理：在显微镜油浸物镜下，对镜质体抛光面上的限定面积内垂直入射光的反射光(λ= 546nm)用光电倍增管测定其强度，与已知反射率标准物质在相同条件下的反射光强度进行对比。

由于单煤层煤中各镜质体颗粒之间光学性质总是有微小的差别，故须从不同颗粒上取得足够测值，以保证结果的代表性。

二、样品制备

按煤岩分析样品的制备方法制备粉煤光片。

样品抛光后，应在干燥器中干燥10h后，或在30～40℃的烘箱中干燥4h后，方可进行反射率测定。待测样品应存放在干燥器中。

三、测定步骤

1．仪器调节和校准

（1）仪器启动。维持室温在18～28℃之间。依次打开电源、灯和仪器的其他电器部件开关，并调到规定的数值上。经过一定时间(需超过30min)使仪器在测量前达到稳定。

（2）显微镜调节。若显微镜中有检偏器，首先将它移出光路。测定镜质体随机反射率时，应从光路中移去起偏器。测定镜质体最大反射率时，若采用平面玻璃或史密斯(Smith)垂直照明器时，应把起偏器放在0°位置；若采用贝瑞克(Berek)棱镜垂直照明器时，则将起偏器置于45°位置；若采用的是片状起偏器，当它有明显褪色时，应检查并更换。

（3）照明。把油浸液滴在已整平于载玻片上的样品的抛光面上，并将样品放到载物台上。检查显微镜灯是否已正确地调节成克勒(Kohler)照明。用视域光圈调节照明视域，使其直径小于全视域的1/3，调节孔径光圈，以减少耀光。但不必过分降低光的强度，一旦调节好，就不能再改变其孔径大小。

克勒照明的调节方法是：移开灯前的毛玻璃，推入镜筒上的勃氏镜（或取下目镜），观察物镜后焦面，调节聚焦到孔径光圈上的灯丝像，使其对准十字丝，并均匀充满孔径光圈，然后使毛玻璃复位。

推入勃氏镜（或取下目镜），观察物镜后焦面，若用平面玻璃照明器或史密斯照明器时，使孔径光圈像向十字丝中心对中；若使用贝瑞克棱镜照明器时，孔径光圈像的中心偏离物镜中心。在保证足够分辨率的前提下，尽可能缩小孔径光圈，以便缩小物镜的有效孔径角。然后关上半挡板以进一步除去杂散光。

（4）对中　使物镜向载物台旋转轴对中，使视域光圈的像准焦并对中。调节测量光圈，使其中心与十字丝中心重合，如果看不见测量光圈叠加在样品上的像时，在视域中选一光亮的包裹体，如黄铁矿晶体等，使其正对十字丝中心，调节测量光圈的中心位置，直到光电倍增管信号达到最高值为止。

（5）仪器的稳定性。将反射率值较高的标准物质放在显微镜油浸物镜下准焦。调节光电倍增管的放大器或电压，在其分辨率等于或小于0.01%反射率条件下，使显示器的读数等于或大于标准物质的反射率值。在15min内反射率值的变化应小于其计算值或标定值的2%。

（6）反射率标准物质在载物台上旋转时读数的变化。把反射率为1.60%～2.00%之间的一个标准物质放到载物台上，并在油浸下准焦，缓慢转动载物台，检验其反射率值的最大变化是否小于计算值或标定值的2%，如果超过此数值，应检查该标准物质的整平度，以确保载物台垂直于光学主轴且在一个固定的平面中旋转。如果这些检查尚不能使变化值降低至小于计算值或标定值的2%，显微镜载物台的机械稳定性和几何形状必须由厂家来检查。

（7）杂散反射光和光电倍增管暗电流的校正。将零标准物质置于载物台上，出现的读数代表暗电流和杂散反射光的总和。如果此总和超过0.04%反射率时，应检查其原因（如控光孔径的安装不当、光电倍增管暗电流过大或物镜耀光过强等），采取措施，使电信号总值低于0.04%反射率。然后，用显示器上的反向控制器调回到零，以消除此信号。然后继续用较高反射率标准物质和零标准物质反复调节，直到读数小于0.04%反射率为止。

（8）光电倍增管信号的线性。保持电压和控光孔径恒定的情况下，测量一套标准物质的反射率，以便检验测量系统在测量范围内的线性反应和标准物质与其计算值或标定值的符合程度。转动每个标准物质，保证其平均读数与计算值或标定值相符。如果任一标准物质的读数与计算值或标定值之差超过2%时，应清洗标准物质并重复校验。重新抛光那些反射率显示值与计算值之差仍大于计算值的2%的标准物质。

经上述处理后，若这些标准物质的反射率仍不成线性，可继续用其他方法。例如，用其他来源的标准物质检查，用几个校正过的中密度滤光片，按已知的数值逐步降低照度进行检查；降低光电倍增管的电压50V;检查测量光圈的大小是否适当。若信号仍无线性时，更换光电倍增管，并进一步检测，直至达到信号的线性为止。

（9）仪器的校准。仪器可靠性确立之后，在测定样品之前，选三个与所测煤的反射率邻近的标准物质和零标准物质，按上述规定的步骤校准仪器，每个标准物质所显示的反射率值与其计算值或标定值之差不得大于计算值或标定值的2%。

2. 镜质体反射率的测定

（1）测定对象。在烟煤和无烟煤中，选择均质镜质体或基质镜质体，在褐煤中选择均匀凝胶体或充分分解腐木质体作为反射率测定对象。对最大反射率小于1.40%、随机反射率小于1.30%的煤，在哪些亚组分上测定反射率，应在报告结果时把它们的百分比标记出来。

（2）在油浸物镜下测定镜质体最大反射率。按上述规定，确保起偏器装在显微镜上。在仪器校准之后，将样品整平，放到推动尺中，滴上浸油并准焦。

从测定范围的一角开始测定，用推动尺微微移动样品，直到十字丝中心对准一个合适的镜质体测区。确保测区内不包含裂隙、抛光缺陷、矿物包体和其他显微组分碎屑，而且应远离显微组分的边界和不受突起影响，测区外缘10μm以内无黄铁矿、惰质体等高反射率物质。

将光线投到光电倍增管上去，同时缓慢转动载物台360°，记录旋转中出现的最高反射率读数。

根据样品中镜质体的多少来确定点距和行距，以保证所有测点均匀布满全片，一般点距和行距为0.5～1.0mm。以固定步长推动样品，当十字丝中心落到一个煤粒上，不适于测量时，可用推动尺微微推动样品，以便寻找一个适当的测区，测定之后，推回原来的位置，按设定步长继续前进。到测线终点时，把样品按设定行距移向下一测线的起点，继续进行测定。

一般情况下，每隔15min（或不多于50个测数）用与样品反射率最高值接近的反射率标准物质重新检查仪器，如果它的测值与计算值或标定值的差大于计算值或标定值的2%，应放弃样品的最后一组读数。再用全套标准物质校验仪器，合格后，重新测定。

（3）在油浸物镜下测定镜质体随机反射率。移开显微镜上的起偏器，以自然光入射，不旋转样品。其余测定步骤与上述步骤相同。

四、结果表述

测定结果可以单个测值或以0.05%的反射率间隔（半阶）或以0.1%的反射率间隔（阶）的点数来计算，写出报告。

（1）按单个测值计算最大反射率或随机反射率的平均值和标准差。

（2）按阶或半阶计算最大反射率和随机反射率的平均值和标准差。按0.1%的反射率间隔为单位划分阶；按0.05%的反射率间隔为单位划分半阶。分别统计各阶（或半阶）的测点数及其占总数的百分数，作出反射率分布直方图，计算出平均值和标准差。

（刘涛）

第七章　焦炭检验

焦炭是炼焦煤料经高温干馏得到的固体产物，是冶金工业的燃料和重要的化工原料。焦炭通常按其用途可分为冶金焦（包括高炉焦、铸造焦和铁合金焦等）、气化焦和电石用焦等。由煤粉加压成型煤，再经炭化等后处理制成的新型焦炭称为型焦。

本章将重点介绍焦炭的工业分析、全硫、机械强度、CO_2反应性和反应后强度等的测定方法，适用于各类焦炭的测定。

第一节　焦炭工业分析测定方法

焦炭的工业分析包括水分、灰分和挥发分产率的测定及固定碳的计算，它们是评价焦炭质量的重要指标。

一、焦炭水分测定方法

焦炭的水分与炼焦煤料的水分无关，主要来源于湿法熄焦。要控制焦炭的水分适量，以免焦粉含量增高。焦炭水分要尽量稳定，以利于高炉生产。

焦炭中的水分对工业利用是不利的，它对运输、使用和贮存都有一定影响，在贸易上，焦炭的水分是一个重要的计质和计价指标；在焦炭分析中，水分分析用于对各项目的分析结果进行不同基的换算。

1．方法提要

称取一定质量的焦炭试样，置于干燥箱中，在一定的温度下干燥至质量恒定，以焦炭试样的质量损失计算水分的百分含量。

2．试验步骤

（1）全水分的测定

①用预先干燥并称量过的浅盘称取粒度小于13mm的试样约500g(称准至1g)，铺平试样。

②将装有试样的浅盘置于170~180℃的干燥箱中，1h后取出，冷却5min，称量。

③进行检查性干燥，每次10min，直到连续两次质量差在1g内为止，计算时取最后一次的质量。

（2）分析试样水分的测定

①用预先干燥至质量恒定并已称量的称量瓶迅速称取粒度小于0.2mm并搅拌均匀的试样(1.00±0.05)g(称准至0.0002g)，平摊在称量瓶中。

②将盛有试样的称量瓶开盖置于105～110℃干燥箱中干燥1h，取出称量瓶立即盖上盖，放入干燥器中冷却至室温(约20min)，称量。

③进行检查性干燥，每次15min，直到连续两次质量差在0.001g内为止，计算时取最后一次的质量，若有增重则取增重前一次的质量为计算依据。

二、焦炭灰分测定方法

焦炭灰分的主要成分是SiO_2和Al_2O_3。焦炭中灰分的高低取决于炼焦配煤，配煤的灰分全部转入焦炭，一般炼焦的全焦率为70%～80%，焦炭的灰分是配煤灰分的1.3～1.4倍。因此，降低炼焦配煤的灰分是降低焦炭灰分的根本途径。

灰分是评价焦炭质量的重要指标，在贸易中是计价的主要指标之一。焦炭灰分升高，对高炉冶炼不利。我国高炉生产实践表明，焦炭灰分上升1%，炼铁焦比上升1.7%～2.5%，生铁产量降低2.2%～3.0%。

1. 方法提要

称取一定质量的焦炭试样，于815℃下灰化，以其残留物的质量占焦炭试样质量的百分数作为灰分含量。

2. 仪器设备

（1）箱形高温炉带有测温和控温装置，能保持温度在(815±10)℃，炉膛具有足够的恒温区，炉后壁的上部具有直径25～30mm、高400mm的烟囱，下部具有插入热电偶的小孔，孔的位置应使热电偶的测温点处于恒温区的中间并距炉底20～30mm，炉门有一通气小孔，如图7-1所示。

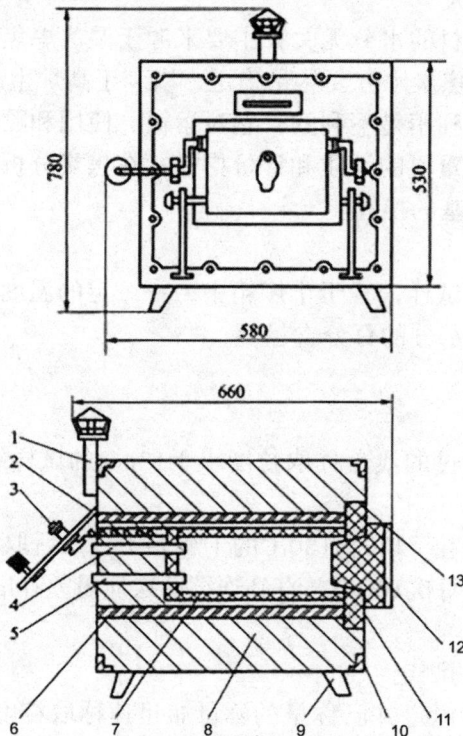

图7-1 箱形高温炉(单位：mm)

1.烟囱；2.炉后小门；3.接线柱；4.烟道瓷管；5.热电偶瓷管；6.隔层套；7.炉芯
8.保温层；9.炉支脚；10.角钢骨架；11.铁炉壳；12.炉门；13.炉口

炉膛的恒温区应每半年校正一次。

（2）干燥器 内装变色硅胶或粒状无水氯化钙干燥剂。

3．试验步骤

（1）方法一（仲裁法）

①用预先于(815±10)℃灼烧至质量恒定的灰皿，称取粒度小于0.2mm并搅拌均匀的试样(1.00±0.05)g(称准至0.0002g)，并使试样铺平。

②将盛有试样的灰皿送入温度为(815±10)℃的箱形高温炉炉门口，在10min内逐渐将其移入炉膛恒温区，关上炉门并使其留有约15mm的缝隙，同时打开炉门上的小孔和炉后烟囱，于(815±10)℃下灼烧1h。

③1h后，用灰皿夹或坩埚钳从炉中取出灰皿，放在空气中冷却约5min，移入干燥器中冷却至室温(约20min)，称量。

④进行检查性灼烧，每次15min，直到连续两次质量差在0.001g内为止，计算时取最后一次的质量，若有增重则取增重前一次的质量为计算依据。

（2）方法二

①用预先于(815±10)℃灼烧至恒量的灰皿，称取粒度小于0.2mm并搅拌均匀的试样(0.50±0.05)g(称准至0.0002g)，并使试样铺平。

②将盛有试样的灰皿送入温度为(815±10)℃的箱形高温炉的炉门口，在10min内逐渐将其移入炉子的恒温区，关上炉门并使其留有约15mm的缝隙，同时打开炉门上的通气小孔和炉后烟囱，于(815±10)℃下灼烧30min。

③以下按方法一③和④进行试验。

三、焦炭挥发分测定方法

干燥无灰基挥发分(Vdaf)是焦炭成熟程度的标志。成熟焦炭的Vdaf为0.7%~1.2%。焦炭挥发分过高，说明焦炭没有完全成熟，出现"生焦"；焦炭挥发分过低，则说明焦炭过火，焦炭裂纹增多，易碎。因此，测定焦炭的挥发分在焦化工业上具有重要意义。

1．方法提要

称取一定质量的焦炭试样，置于带盖的坩埚中，在900℃下，隔绝空气加热7min，以减少的质量占试样质量的百分数减去该试样的水分含量，作为挥发分含量。

2．试验步骤

①用预先于(900±10)℃温度下灼烧至质量恒定的带盖瓷坩埚，称取粒度小于0.2mm并搅拌均匀的试样(1.00±0.01)g（称准至0.0001g），使试样摊平，盖上盖，放在坩埚架上。

注：如果测定试样不足六个，则在坩埚架的空位上放上空坩埚补位。

②打开预先升温至(900±10)℃的箱形高温炉炉门，迅速将装有坩埚的架子送入炉中的恒温区内，立即开动秒表计时，关好炉门，使坩埚连续加热7min。坩埚放入后，炉温会有所下降，但必须在3min内使炉温恢复到(900±10)℃，并继续保持此温度到试

验结束，否则此次试验作废。

③到7min立即从炉中取出坩埚，放在空气中冷却约5min，然后移入干燥器中冷却至室温(约20min)，称量。

四、焦炭固定碳测定方法

固定炭是煤燃烧和炼焦中的一项重要指标，在炼焦工业中，根据固定碳含量可预测焦炭的产率。

1. 方法提要

用已测出的水分含量、灰分含量、挥发分含量进行计算，求出焦炭固定碳含量。

2. 固定碳的计算

分析试样的固定碳按下式计算：

$$FCad = 100 - Mad - Aad - Vad$$

式中　FCad——分析试样的固定碳含量，%。

Mad——焦炭分析试样的水分含量，%。

Aad——焦炭分析试样的灰分含量，%。

Vad——焦炭分析试样的挥发分含量，%。

第二节　焦炭全硫含量的测定方法

硫是焦炭中的有害元素之一。含硫量高的焦炭在造气、合成氨或钢铁冶炼使用时都会带来很大危害。用高硫焦炭制半水煤气时，由于产生的硫化氢等气体较多且不易脱尽，会使合成氨催化剂中毒而失效。在炼铁工艺中，焦炭中硫含量高，会使钢铁中硫分增高，当钢铁中含硫量大于0.07%时，就会使之产生热脆性而无法使用；另一方面，为了脱去钢铁中的硫，就必须在高炉中加入较多的石灰石，这样又会减小高炉的有效容量，同时增加出渣量。

焦炭中全硫的测定方法主要有艾士卡法、高温燃烧中和法、库仑滴定法和高温燃烧红外法。其中，艾士卡法为仲裁方法。

一、艾士卡法

1. 方法提要

将试样与艾氏剂混合，在一定的温度下灼烧，使其生成硫酸盐，然后用水浸取，在一定酸度下滴加氯化钡溶液，使硫酸根离子生成硫酸钡沉淀，根据硫酸钡的质量计算试样中的全硫含量。

2. 试验步骤

①称取粒度小于0.2mm的试样约1g(称准至0.0002g)，置于盛有2g艾氏剂的30mL瓷坩埚中，用镍铬丝混合均匀，再用1g艾氏剂覆盖，艾氏剂均称准至0.1g。

②将盛有试样的坩埚移入箱形高温炉内，在1~1.5h内将炉温逐渐升至800~850℃，并在该温度下加热1.5~2h。

③将坩埚从箱形高温炉中取出，冷却至室温后，用玻璃棒搅松灼烧物(如发现有未烧尽的试样颗粒，应在800~850℃下继续灼烧0.5h)，并将其移入400mL烧杯中，用热蒸馏水仔细冲洗坩埚内壁，将冲洗液加入烧杯中，再加入100~150mL热蒸馏水，用玻璃棒捣碎灼烧物（如果这时发现尚有未烧尽的试样颗粒，则本次试验作废）。

④加1mL过氧化氢于烧杯中，将其加热至80℃，并保持30min。

⑤用定性滤纸过滤，并用热蒸馏水将灼烧物冲洗至滤纸上，继续以热蒸馏水仔细冲洗滤纸上的灼烧物，其次数不得少于10次。

⑥将滤液煮沸2~3min，排出过剩的过氧化氢，向滤液中加2~3滴甲基红指示剂溶液，以指示其排除是否完全。滴加盐酸溶液(1+1)至颜色变红，再多加1mL，煮沸5min，除去二氧化碳，此时溶液的体积约为200mL。

⑦将烧杯盖上表面皿，减少加热量至溶液停止沸腾，取下表面皿，将10mL氯化钡溶液缓缓滴入热溶液中，同时搅拌溶液，盖上表面皿，并使溶液在略低于沸点的温度下保持30min。

⑧用定量滤纸过滤，并用热蒸馏水洗至无氯离子为止（用硝酸银溶液检验）。

⑨将沉淀物连同滤纸移入已知质量的20mL瓷坩埚中，先在电炉上灰化滤纸，然后移入温度为800~850℃的箱形高温炉内灼烧20min，取出坩埚，稍冷后放入干燥器中，冷却至室温称量。

⑩空白试验。每批试样应进行空白试验，除不加试样外，其他试验步骤同上。

二、高温燃烧中和法

1. 方法提要

将试样置1250℃高温管式炉中，通氧气或空气进行高温燃烧，生成硫的氧化物，被过氧化氢溶液吸收，生成硫酸溶液，用氢氧化钠标准溶液滴定，计算焦炭中的全硫含量。

2. 仪器设备

高温燃烧法定硫装置见图7-2。

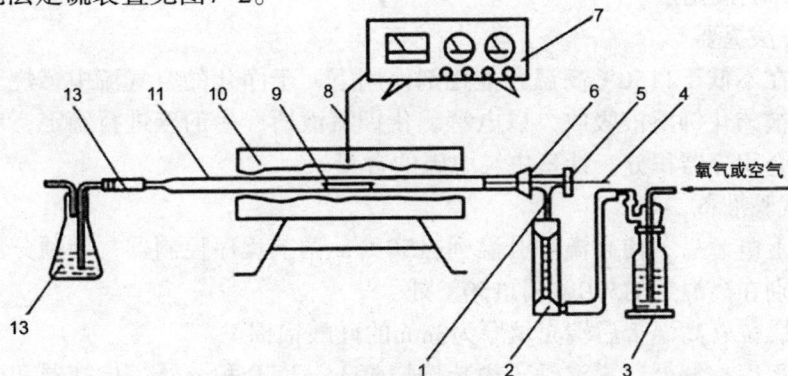

图7-2 高温燃烧法定硫装置

1.缓冲瓶；2.流量计；3.T形管；4.镍铬丝钩；5.翻胶帽；6.橡皮塞；7.温度控制器；8.热电偶；9.燃烧舟；10.高温管；11.燃烧管；12.硅胶管；13.吸收瓶

（1）高温管式炉。用硅碳棒或硅碳管加热，带有控温装置，使炉温能保持在 (1250 ± 10) ℃的范围内。

（2）燃烧管。用高温瓷、刚玉或石英制成。管总长约750mm，一端外径22mm，内径19mm，长约690mm;另一端外径10mm，内径约7mm，长约60mm。

（3）燃烧舟。用高温瓷或刚玉制成，长77mm，上宽12mm，下宽9mm，高8mm。

（4）吸收瓶。锥形瓶，容积为250mL。

（5）镍铬丝钩。直径约2mm，长650mm，一端弯成小钩。

（6）硅橡胶管外径11mm，内径8mm，长约80mm。

3．试验准备

用量筒量取100mL过氧化氢溶液，倒入吸收瓶中，加2～3滴混合指示液，根据溶液的酸碱度，用硫酸或氢氧化钠标准溶液调至溶液呈灰色，装好橡胶塞和气体导管。在工作的条件下，检查装置的各个连接部分的气密性，并通气，保持吸收液呈灰色。

4．试验步骤

①称取约0.2g粒度小于0.2mm的试样（称准至0.0002g），置于预先在 (1250 ± 10) ℃灼烧过的燃烧舟中。

②将高温管式炉升温至 (1250 ± 10) ℃，通入氧气，并保持流量700mL/min左右。用镍铬丝钩将盛有试样的燃烧舟缓缓地推入燃烧管的恒温区，燃烧10min后停止供氧。取下吸收瓶的橡胶塞，并用镍铬丝钩取出燃烧舟。

注：也可以用水抽或真空泵抽吸空气进行试验，其流量为1000mL/min左右。当所用气体对试验结果有影响时，应加高锰酸钾溶液、氢氧化钾溶液和浓硫酸等净化装置。

③将吸收瓶取下，用水冲洗气体导管的附着物于吸收瓶中，补加混合指示剂溶液2～3滴，用0.01mol/L的氢氧化钠标准滴定溶液滴定至溶液由紫红色变成灰色，即为终点，记下氢氧化钠标准滴定溶液的消耗量。

三、库仑滴定法

1．方法提要

样品在不低于1150℃高温和催化剂作用下，于净化的空气流中燃烧分解。生成的二氧化硫被碘化钾溶液吸收，以电解碘化钾溶液所产生的碘进行滴定，电解所消耗的电量由库仑积分器积分，计算焦炭中硫的含量。

2．试验准备

①接上电源后，使高温炉升温到1150℃，调节程序控制器，使预分解及高温分解的位置分别在高温炉的500℃和1150℃处。

②在燃烧管高温带后端充填厚为3mm的硅酸铝棉。

③将程序控制器、高温炉（内装燃烧管）、库仑积分器、搅拌器和电解池及空气净化系统组装在一起。燃烧管、活塞及电解池的玻璃接口处需用硅橡胶管封接。

④开动送气、抽气泵，将抽速调节到1000mL/min。然后关闭电解池与燃烧管间的活塞。如抽速降到500mL/min以下，表示电解池、干燥管等部位均气密；否则需重新检查电解池等各部位。

3．试验步骤

①将炉温控制在(1150 ± 5)℃。

②将抽气泵的抽速调节到1000mL/min。在抽气下，将电解液（碘化钾、溴化钾的乙酸溶液）倒入电解池内。开动搅拌器后，将积分器电解旋钮转至自动电解位置。

③在瓷舟中放入少量非测定用的样品，铺匀后盖一薄层三氧化钨，按④进行测定直至积分仪显示值不为零。

注：每次开机进行分析前，应先烧废样，使库仑积分器的显示值不为"0"，终点电位处于可分析状态。

④于瓷舟中称取标准样品0.05g（精确到0.0002g），盖一薄层三氧化钨，将舟置于送样的石英舟上，开启程序控制器，石英舟载着样品自动进炉，库仑滴定随即开始。测试值应在标准物质的允差内，否则，应按说明书检查仪器及仪器的测试条件是否处于正常状态。

四、红外吸收法

1．方法提要

试样在高频感应炉的氧气流中加热燃烧，生成的二氧化硫由氧气载至红外分析器测量时，二氧化硫吸收某特定波长的红外能，其吸收能与二氧化硫浓度成正比，根据测定器接收能量的变化可测得硫量。

2．仪器设备

仪器设备主要部分包括：

（1）气体净化系统。用于去除固体残渣的玻璃棉柱；用于去除水分的高氯酸镁柱。

（2）载气系统。载气系统包括氧气容器、两极压力调节器及保证提供合适压力和额定流量的时序控制部分。

（3）炉子。分析区的温度保持在(1350 ± 5)℃。

（4）控制系统。微处理机系统。控制功能包括：分析条件选择设置、分析过程的监控和报警中断、分析数据的采集、计算、校正处理等。

（5）测量系统主要由微处理机控制的电子天平(感量不大于0.001mg)、红外线分析器和电子测量元件组成。

3．试验步骤

（1）分析准备。按仪器说明书检查仪器各参数是否处于正常稳定状态。

（2）校正。称取一定量（可以参考仪器说明书的推荐称样量）的标准物质，此标准物质和被测试样具有相同的组成和相近的含量。为了得到更好的精度，可选择至少两个不同含量范围的标准物质，依次进行测定，所得结果的波动应在允许误差范围内，否则，应按说明书调节系统的线性。

（3）选择分析条件。炉温1350℃，分析时间180s，比较水平1%。

（4）分析将已称量的试样置于样品舟内，按仪器说明书操作。

4．精密度

精密度要求如表7-1所示规定。

表7-1 精密度要求

水平值 / %	重复性r/%	再现性R/%
<1.00	0.03	0.05
≥1.00	0.05	0.08

第三节 焦炭中磷含量的测定

磷是焦炭中的有害元素之一。焦炭中的磷来自于炼焦煤，煤中的磷几乎全部转入焦炭中，用于炼铁时，焦炭中的磷又转移到钢铁中，若钢铁中磷含量较高时，会使钢铁产生冷脆性。所以，焦炭中磷含量的高低是直接影响钢铁质量的重要指标。通常要求，炼焦用精煤中的磷含量不得高于0.05%。出口合同时，对焦炭中磷含量的要求不得高于0.03%。

一、方法提要

试样经灰化后用氢氟酸一硫酸分解、脱除二氧化硅，然后加入钼酸盐和抗坏血酸，生成磷钼蓝，进行比色测定。

二、试验步骤

①按照GB/T 2001的要求，准确测定焦炭的灰分，并同时制备灰样。

②在铂金（或聚四氟乙烯）皿中称取0.05~0.1g（精确到0.0001g）灰样，加入2.0mL硫酸溶液和约5mL氢氟酸溶液，于电热板上加热蒸发（控温约150℃）'直到氢氟酸的白烟冒尽。冷却，再加入上述硫酸溶液0.5mL，加热继续蒸发，直到白烟冒尽（但不要完全干涸）。冷却，加入20mL水并加热至近沸，所有的浸取物都进入溶液中，冷却，将溶液移至100mL容量瓶中，用水稀释至刻度。摇匀，备用。

③按步骤②制备空白溶液。

④吸取上述样品溶液10mL、空白溶液10mL和磷标准溶液（l/1g/mL）10mL分别于50mL容量瓶中，同时做试剂空白。

注：校正线性范围为0~30μg，所取溶液磷含量应在该范围内。

⑤用移液管分别向每一个容量瓶中加5mL钼酸铵和抗坏血酸混合溶液，用水稀释至刻度，混合均匀，静置20min，然后移入10~30mm的比色皿内。在分光光度计（或比色计）上，于710nm波长处以水为参比，测定其吸光度。

三、精密度

磷含量测定的精密度要求见表7-2。

表7-2 磷含量测定的精密度要求

磷的质量分数 / %	重复性r/%	再现性R/%
<0.02	0.002（绝对值）	0.002(绝对值)
≥0.02	15(相对值)	20（相对值）

第四节 焦炭落下强度的测定方法

落下强度是焦炭的冷态强度的一种表示方式。落下强度主要反映焦炭抵抗沿裂纹和缺陷处碎成小块的能力，即抗碎性或抗碎强度。

一、方法原理

落下强度是指试样经过规定的落下试验后，留在规定孔径试验筛上的焦炭试样的百分数。

将大于规定尺寸的焦炭试样在标准条件下落下4次，然后测定留在一个规定筛孔的试验筛上的焦炭质量。

二、试样的准备

①按GB/T 1997的规定采样。试样粒度大于80mm或大于60mm的焦炭质量不足100kg时，则应增加试样份数，使其达到100kg。

②将试样混匀缩分成4份，每份(25.0 ± 0.1)kg，称准至10g。

③试样的水分应不超过5%，否则要进行干燥。

三、仪器设备

（1）落下试验设备如图7-3所示。

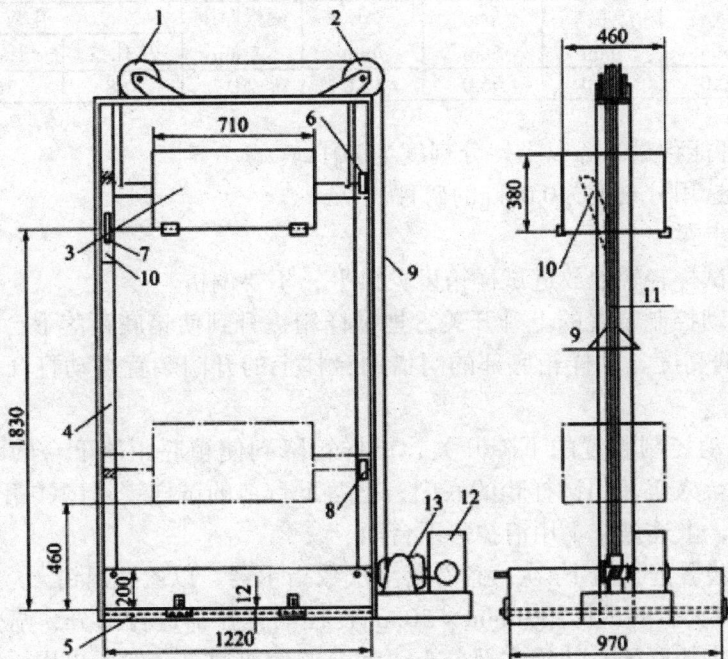

图7-3 落下试验设备示意图(单位：mm)

1.单滑轮；2.双滑轮；3.试样箱；4.提升支架；5.落下台；6，8.开关；7.门闩；9.钢丝绳；10.开门装置；11.导槽；12.减速器；13.电动机

①试样箱：箱宽460mm、长710mm、高380mm，由3mm厚的钢板制成。用钢丝绳通过支架的滑轮，可将试样箱提起或放下，箱底由两个（各半）能打开的门构成，安装适当的门闩。门用6mm厚的钢板制成，在高1830mm的位置时，能够迅速打开，而不会阻止焦炭落下。

②落下台：用厚12mm、宽970mm、长1220mm的钢板制成。在落下台的四周装有高200mm、厚10mm的钢板作围板，背后围板及两侧围板是固定的，前面围板是活动的。

③提升支架：在落下台左右两侧立两根支柱，其上部安装滑轮并连接钢丝绳和自动控制装置，可以把试样箱垂直提升到1830mm，也可以降至460mm以上的任何高度。

④自动控制装置：在提升支架内侧上下两端安装行程开关，并在落下设备外安装配套自动控制开关。

⑤落下次数指示器：安装在提升支架上。

（2）方孔筛用低碳钢板制作。筛子级别为：80mm、60mm、50mm、40mm、25mm。其中80mm、40mm、25mm筛子按要求制作。50mm筛子筛片为1040mm×740mm的冲孔筛，筛孔为正方形，尺寸按表7-3规定制作。

表7-3　50mm方孔筛的规格

筛子级别（方孔）/mm	a /mm	b /mm	c /mm	d /mm	钢板厚度 /mm	孔数／个		
						总孔数	长方	宽方
50	30.0	35.0	66.0	12.0	2.0	168	16	11/10

（3）磅秤能称量25kg以上，分刻度为0.01kg。

注：也可选用分刻度为0.02kg的磅秤。

四、试验步骤

①将一份试样轻轻地放进试样箱里，摊平，不要偏析。

②按动自动控制装置的上升开关，把试样箱提升到使箱底距落下台平面的垂直距离为1830mm的高度。试样箱底部的门借助台柱上的开门装置自动打开，试样落到落下台平面上。

③按动自动控制装置的下降开关，试样箱降到使箱底距落下台的距离为460mm处，自动停止。人工关闭试样箱的底门，把落下台上的试样铲入试样箱内，应防止铲入时弄碎焦样，上述操作不用清扫落下台面。

④按以上步骤连续落下4次。查看落下次数指示器，以避免出错。

⑤把落下4次后的试样用50mm×50mm孔径的方孔筛进行筛分，筛分时不应用力过猛，以免将焦块碰碎，使绝大部分小于筛孔的焦块通过。然后再用手穿孔，把筛上物用手试穿过筛孔，只要在一个方向可穿过筛孔者，均当作筛下物计，通过时不能用力过猛。也可用具有与手筛同等效果的机械筛（50mm×50mm筛孔）进行筛分。

⑥称量大于50mm焦炭（称准至10g），记录，再加入所有小于50mm的焦炭，称量(称准至10g)并记录。如试验后称量出的全部试样质量与试样原始质量之差超过100g，此次试验应作废。再取备用样重新试验。

第五节 焦炭的焦末含量及筛分组成的测定方法

焦炭的筛分组成是计算焦炭块度>80mm、80~60mm、60~40mm、40~25mm等各粒级的百分含量。利用焦炭的筛分组成可以计算出焦炭的块度均匀系数是k。k用于评价焦炭块度是否均匀，k值大有利于改善高炉的透气性，使得高炉操作稳定。

一、方法提要
将冶金焦炭试样用机械筛进行筛分，计算出各粒级的质量占试样总质量的百分数，即为筛分组成。小于25mm的焦炭质量占试样总质量的百分数，即为焦末含量。

二、仪器设备
（1）方孔机械筛。方孔机械筛的性能及主要规格：外型尺寸（长×宽×高），2100mm×1340mm×1310mm;筛子层数，4层；筛子总质量，约500kg;筛子倾角，11.5°；筛子的振幅，3~6mm;电机，2.2kW，450r/min;速比，1:1。

（2）方孔筛片。其技术要求如下。

①筛片为1630mm×700mm的冲孔筛，筛孔为正方形，尺寸见表7-4。

表7-4 方孔筛片的规格

筛子级别 /mm	a /mm	b /mm	c /mm	d /mm	钢板厚度 /mm	孔数 长方	孔数 宽方	备注
80	32.5	25	72.5	15	2.0	16	7/6	如7/6: 宽方的孔数 7与6个相间排列
60	20	20	57.5	15	2.0	21	9/8	
40	30	30	55.0	10	1.5	31	13/12	
25	25.5	24	40.0	8	1.5	47	20/19	

②筛片用冲床冲孔，冲孔后不允许用锤子打平其边缘。安装时将冲孔毛刺朝下，用砂轮将毛刺打平。

③所有冲孔必须完整地包括在1630mm×690mm有效面积内。

④各级筛片的筛孔任一边长超过标称值20%即为废孔，其孔数超过筛孔总数的10%时，需更换筛片。

（3）计量秤。感量为0.1kg。每次使用前要校正零点。

三、试验步骤

①将采取的焦炭试样连续缓慢均匀地加入方孔机械筛进行筛分，并保持试样在筛面上不出现重叠现象，将试样分成大于80mm、80～60mm、60～40mm、40～25mm及小于25mm的五个粒级。

②筛分试样全部筛完后，分别称量各粒级焦炭的质量(称准至0.1kg)，并计算各粒级焦炭质量占总质量的百分数。其中小于25mm焦炭质量占总质量的百分数，即为焦末含量。

③按表7-5的内容进行记录。

表7-5焦末含量及筛分组成原始记录

日期：　　班别：　　试验人：　　审核人：　　批号：

筛级/mm	>80	80～60	60～40	40～25	<25	总质量/kg	取样地点
质量/kg							
各粒级筛分百分数 / %							

第六节　冶金焦炭机械强度的测定方法

焦炭在运输过程中和高炉生产中要受到撞击、挤压、摩擦和高温作用，如果焦炭强度不够，则很容易碎裂成小块或变成焦末，当这些小块和焦末进入高炉后，就会恶化高炉炉料的透气性，造成高炉操作困难。所以，焦炭要有一定的机械强度，才能保证在运输过程中不碎裂和到达高炉风口一带时保持原来的块状。焦炭的机械强度是高炉冶炼对焦炭要求的重要指标。

焦炭的机械强度是指焦炭的抗碎强度和耐磨强度两项指标。

焦炭是形状不规则的多孔体，并有纵横裂纹，当受外力冲击时，由于应力集中，焦炭会沿裂纹碎裂开。焦炭在外力冲击下抵抗碎裂的能力称为焦炭的抗碎强度，以M40或M25表示。

焦炭的耐磨强度是指焦炭抵抗摩擦力破坏的能力，以M10表示。

焦炭的机械强度是用米库姆转鼓试验得来的，它是在冷态下试验的结果，不能准确地反映焦炭在高炉中的热强度。

一、方法提要

焦炭在转动的鼓中，不断地被提料板提起，跌落在钢板上。在此过程中，焦炭由于受机械力的作用，产生撞击、摩擦，使焦块沿裂纹破裂开来以及表面被磨损，用以测定焦炭的抗碎强度和耐磨强度。

二、仪器设备

1. 转鼓（如图7-4所示）

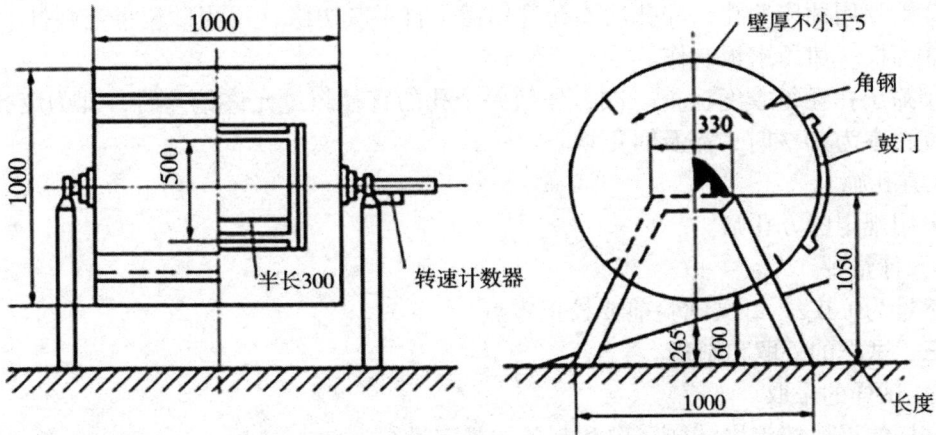

图7-4 米库姆转鼓 （单位：mm）

鼓体是钢板制成的密闭圆筒，无穿心轴。

鼓内直径(1000 ± 5)mm，鼓内长(1000 ± 5)mm，鼓壁厚度不小于5mm(制作时为8mm)，在转鼓内壁沿鼓轴的方向焊接四根100mm × 50mm × 10mm（高 × 宽 × 厚）的角钢作为提料板，把鼓壁分成四个相等面积。角钢的长度等于转鼓的内壁长度（为清扫方便，每根角钢两端可留10mm间隙），角钢100mm的一边对准转鼓的轴线，50mm的一边和转鼓曲面接触，并朝着转鼓旋转的反方向。

转鼓圆柱面上有一个开口，开口的长度为600mm，宽为500mm，由此将焦炭装入、卸出和清扫。开口应安装一个盖，盖内壁的大小与鼓体上的开口相同，且曲率及材质与转鼓鼓壁一致。这样，当盖关紧时，其内表面与转鼓内表面应在同一曲面上。为了减少试样的损失，在盖的四周应镶嵌橡胶垫或羊毛毡。

转鼓由1.5 ~ 2.2kW的电动机带动，经减速机以25r/min的恒定转速运转100转，并采用计数器控制规定转数。转鼓应安装手动装置，可以向正、反两个方向旋转，便于卸空。

转鼓每季度标定一次转数。如100转超过4min ± 10s，应及时调整。

每半年检查一次转鼓磨损情况，用测厚仪测量转鼓的厚度，鼓壁任一点厚度小于5mm时，转鼓应更换。鼓内任一根角钢，其磨损深度达到5mm部分的总和超过500mm，即需修补或更换。

2. 圆孔手筛

①筛片有效尺寸为1000mm × 700mm，孔径分别为60mm、40mm、25mm和10mm，尺寸见表7-6。

表7-6 筛孔尺寸 （单位：mm）

公称尺寸	允许偏差	孔心间距	钢板厚度δ	钢板材质
60	+1.0	80	2.0	冷轧板
40	+0.5	60	1.5	冷轧板
25	+0.5	35	1.5	冷轧板
10	+0.4	15	1.5	冷轧板

②筛片用冲床冲孔，冲孔后不允许用锤子打平其边缘，可用砂轮将毛刺打平。

③筛框一律用木板制作。

④筛子孔径每季度检查一次，任何一个孔的直径超过允许偏差时，即为废孔。当筛片废孔率为10％时，需及时更换。

3.方孔筛

采用规定的方孔筛。

4. 计量秤

感量为0.1kg。每次试验前要校正零点。

三、试样的采取和制备

1. 试样的采取

试样的采取按焦炭试样采取和制备的规定进行。

当发现试样的水分过大，对试验结果有影响时，需作适当处理，方可进行试验。

2. 试样的准备

（1）M25和M10

按焦炭试样的筛分组成测定方法进行筛分并称量各粒级焦炭质量（不包括小于25mm部分），按各粒级筛分比例称取转鼓试样，每份试样为50kg(称准至0.1kg)。每次试验最少应取两份试样。

（2）M40和M10

将试样用直径为60mm的圆孔筛进行人工筛分，并进行手穿孔（即筛上物用手试穿过筛孔，只要在一个方向可穿过筛孔者，均作筛下物计）。筛分时，每次入筛量不超过15kg，既要力求筛净，又要防止用力过猛，使焦炭受撞击破碎。

称取筛上物(大于60mm)的焦炭转鼓试样，每份试样为50kg(称准至0.1kg)。每次试验最少应取两份试样。

允许采用机械筛，但须与手筛进行对比试验，无显著性差异，方可使用；当有争议时，以手筛为准。

四、试验步骤

①将其中一份试样，小心放入已清扫干净的鼓内，关紧鼓盖，取下转鼓摇把，开动转鼓，100转后停鼓，静置1～2min，使粉尘降落后，打开鼓盖，把鼓内焦炭倒出，并仔细清扫，收集鼓内鼓盖上的焦粉。

②将出鼓的焦炭依次用直径25mm和10mm的圆孔筛进行筛分（测定M25和M10），或用直径40mm和10mm的圆孔筛进行筛分（测定M40和M10），其中25mm、40mm部分进行手穿孔。筛分时每次入筛焦量不超过15kg，既要力求筛净，又要防止用力过猛使焦炭受撞击而破碎。也可采用机械筛，但须与手筛进行对比试验，无显著性差异，方可使用；当有争议时，以手筛为准。

③分别称量大于25mm、25～10mm及小于10mm（测定M25和M10），或大于40mm、40～10mm及小于10mm（测定M40和M10）各粒级焦炭的质量(称准至0.1kg)，其总和与入鼓焦炭质量之差为损失量。当损失量≥0.3kg时，该试验无效；损失量<0.3kg时，则计入小于10mm一级中。

第七节　焦炭反应性及反应后强度试验方法

焦炭的反应性是焦炭在1100℃时，与CO_2的反应能力。研究焦炭的反应性可以较好地反映焦炭在高炉内性状的变化。焦炭反应性的好坏会显著影响高炉燃料比。焦炭与CO_2反应以后的强度与高炉料柱的透气性关系十分密切。

焦炭的反应性与反应后强度有很好的相关性，随着反应性的增加，反应后强度下降。

研究发现，焦炭的抗碎强度(M40或M25)不能完全反映焦炭在高炉中的强度，也就是说，M40或M25指标评价焦炭的热强度不太灵敏。而焦炭的反应性和反应后强度可以一致地反映焦炭在高炉下部焦炭强度的变化。

近年来，国际贸易合同中对焦炭的反应性和反应后强度均提出了要求，我国的主要钢铁企业也纷纷要求检测焦炭的反应性和反应后强度指标。

一、方法原理

称取一定质量的焦炭试样，置于反应器中，在(1000 ± 5)℃时与二氧化碳反应2h后，以焦炭质量损失的百分数表示焦炭反应性(CRI)。

反应后的焦炭经工型转鼓试验后，大于10mm粒级焦炭占反应后焦炭的质量分数，表示反应后强度(CSR)。

二、仪器设备

1. 电炉

炉膛内径140mm、外径160mm、高度640mm（高铝质外丝管）。

电炉丝：高温铁铬铝合金电阻丝，最高使用温度1400℃，直径2.8mm。

电炉安装要点：炉壳底部封死，上口敞开，预先在底板上装好脚轮。在底部铺一层耐火砖，将绕好电阻丝的外丝管立放于底板正中。在外丝管与炉壳间隙之间填充轻质高铝砖预制件（由标准尺寸的轻质高铝砖切制），炉丝由上下两端引出并与固定在炉壳上的绝缘子相连接。炉丝引出部分用单孔绝缘管保护好，切忌互相搭接，以免造成短路。在外丝管外侧的保温砖上紧贴炉丝外预先钻一个直径8mm的孔，深度自上而下为350mm。埋设热电偶套管，盖好上盖，插入控温电偶，将电炉与控温仪及电源接好。每一台电炉安装完毕即测定恒温区，使炉膛内(1100 ± 5)℃温度区长度大于150mm。

2. I型转鼓

转速为(2 ± 15) r/min。

（1）鼓体。用$\varnothing$ 140mm、厚度5～6mm的无缝钢管加工而成。

（2）减速机。速比为50（WHT08型）。

（3）电机。0.75kW，910r/min (Y905-6)。

（4）转鼓控制器总转数600转，时间3min。

三、试样制备

①按比例取大于25mm的焦炭20kg，弃去泡焦和炉头焦，用颚式破碎机破碎、混匀、缩分出10kg，再用∅25mm、∅21mm圆孔筛筛分。大于∅25mm的焦块再破碎、筛分，取∅21mm筛上物，去掉片状焦和条状焦，缩分得焦块2kg，分两次(每次1kg)置于Ⅰ型转鼓中，以20 r/min的转速转50转，取出后再用∅21mm圆孔筛筛分，将筛上物缩分出900g作为试样。用四分法将试样分成四份，每份不少于220g。

试验焦炉的焦炭可用40～60粒级的焦炭进行制样。

②将制好的试样放入干燥箱，于170～180℃温度下烘干2h，取出焦炭冷却至室温。

四、试验步骤

试验流程图如7-5所示。

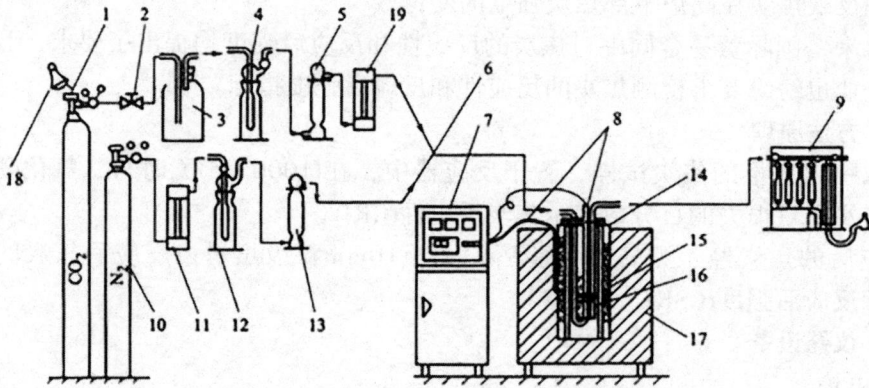

图7-5 试验流程图

1.二氧化碳钢瓶；2.针形阀；3.缓冲瓶；4.浓硫酸洗气瓶；5，13.干燥塔；6.玻璃三通活塞；
7.精密温度控制装置；8.热电偶；9.气体分析仪；10.氮气钢瓶；11，19.转子流量计；
12.焦性没食子酸洗气瓶；14.托架；15.试样；16.反应器；17.电炉；18.红外灯

①在反应器底部铺一层高约100mm的高铝球，上面平放筛板。然后装入已备好的焦炭试样(200.0±0.5)g。注意装样前调整好高铝球高度，使反应器内焦炭层处于电炉恒温区内。将与上盖相连的热电偶套管插入料层中心位置。用螺丝将盖与反应器筒体固定。将反应器置于炉顶的托架上吊放在电炉内托架与电炉盖间，放置石棉板隔热。在反应器法兰四周围上高铝轻质砖，减少散热。

②将反应器进气管、排气管分别与供气系统、排气系统连接。将测温热电偶插入反应器热电偶套管内（热电偶用高铝质双孔绝缘管及高铝质热电偶保护管保护）。检查气路，保证严密。

③接通电源，用精密温度控制装置调节电炉加热，先用手动调节，电流由小到大，在15min之内，逐渐调至最大值，然后将按钮拨到自动位置，升温速度为8～16℃/min。当料层中心温度达到400℃时，以0.8L/min的流量通氮气，保护焦炭，防止其

烧损。

④当料层中心温度达到1050℃时，开红外灯，预热二氧化碳气瓶出口处。当料层中心温度达到1100℃时，切断氮气，流量为5 L/min，反应2h。通二氧化碳后料层温度应在50～10min内恢复到(1100±5)℃。反应开始5min后，在排气系统取气分析，以后每半小时取气一次，分析反应后气体中一氧化碳或二氧化碳的含量。

⑤反应2h，停止加热。切断二氧化碳气路，改通氮气，流量控制在2L/min，拔掉排气管，迅速将反应器从电炉内取出，放在支架上继续通氮气，使焦炭冷却到100℃以下，停止通氮气，打开反应器上盖，倒出热炭筛分，称量，记录。

⑥将反应后的焦炭全部装入I型转鼓内，以20r/min的转数共转30min。总转数为600转。然后取出焦炭筛分，称量，记录各筛级质量。

⑦试验中所得筛分组成、反应后气体组成以及其他观察到的现象，按原始记录表作详细记录，并加以分析，作为全面考察焦炭性质时参考。

（刘涛）

第八章　焦化产品检验

煤炭经过高温干馏生成焦炭、焦炉煤气、煤焦油、粗苯等产品。其中煤焦油的组分非常复杂，其有机化合物组分估计有上万种，已鉴定出的约500种。到目前为止，煤焦油仍是很多稠环化合物和含氧、氮及硫的杂环化合物的唯一来源。煤焦油产品已在化工、医药、染料、农药和炭素等行业得到广泛的应用。因此，发展煤焦油化工，开发研究深加工产品和分离的新技术是世界各国关注的重要领域之一。

本章重点介绍焦化黏油类（包括煤焦油、洗油等）、轻油类（苯类、粗酚、吡啶类产品等）和固体类产品（煤沥青、改质沥青等）以及硫酸铵等焦化产品的采样、检测方法等内容。

第一节　焦化产品的采样方法

一、焦化黏油类产品的取样方法

本取样方法适用于高温炼焦时从煤气中冷凝所得的煤焦油和分馏煤焦油所得的木材防腐油、炭黑用原料油、洗油、蒽油、燃料油等焦化黏油类产品。

1. 术语

（1）全层样。在容器内从上至下采取液体整个深度获得的试样。

（2）间隔样。在容器内的液体中按一定高度间隔采取的试样。

（3）上、中、下样。在容器内从液体表面向下，其深度的1/6、1/2、5/6液面处采取的试样。

（4）时间比例样。在整批液体输送期间，按规定的时间间隔，从输送管线中取出的相等数量组成的试样。

2. 取样工具

（1）全层取样器。容积为1200mL，质量约2000g。取样器上盖、简体和下体材质为黄铜或不锈钢；进油管为ø16mm、壁厚为1mm的铜管或铝合金管；磨口塞为F4或UHMW-PE（塑料王或超高分子量聚乙烯）。压缩弹簧的弹力应略小于取样器自重。

（2）定点取样器

①筒状取样器：容积为250～500mL，由黄铜、不锈钢制成。

②带软木塞的取样器：容积为250～1000mL，质量为450～1700g。由黄铜、不锈钢制成。

（3）取样管

①小容器取样管：由玻璃管或内壁光滑的金属管制成。

②槽车取样管：由内壁光滑的金属管制成，底部重砣可用绳引至上口。

（4）手摇取样机 由导电塑料、铝合金和铜制成，取样尺带采用防静电取样绳或量油钢卷尺，变速比1∶3。

（5）管线取样装置

（6）盛样容器容积大于2000mL，应有合适的塞子或盖。

3．取样方法

（1）装车（或）送油泵出口管线处取样

①以每车为一个取样单位，在装槽车（需方自备槽车）时，在泵出口管线处取样。

②取样前，应放出一些要取样的油品，把取样管路冲洗干净。

③用500mL容器，从油品开始流出后2min取第一次试样，装半车时连续取样两次，停泵前2min取第4次样。

④将每次取的等量试样倒入洁净、干燥的盛样容器内，总量不少于2000mL。

（2）小容器取样

①当用铁桶装运产品时，取样工具用取样管。

②从每批产品中随机采取试样，采取试样的桶数不少于每批产品装桶数的10%，但不得少于3桶。

③取样时，先打开桶盖，将清洁、干燥的取样管垂直插入油品中，缓缓地浸至桶底（插入的速度应使管的内、外液面大致相同）。而后，用拇指按住管的上口迅速将取样管提出，用棉纱擦去表面油品，将管内油品移入洁净、干燥的盛样容器内，其总量不得少于2000mL。

④需方自备容器装产品时，应按装车（或）送油泵出口管线处取样方法进行。

（3）槽车中取样

①在槽车中用全层取样器或取样管取样，取样时必须注意产品的均匀性。

②用全层取样器取样。取样时，先将取样器与手摇取样机或防静电取样绳连接好，使取样器垂直油品液面，缓慢匀速地将取样器浸至槽车底部（浸入速度必须保证所取全层样量约为取样器容积的85%），迅速将取样器提起，用棉纱擦去表面油品，将采取的试样移入洁净、干燥的盛样容器内，其总量不少于2000mL。

③用取样管取样。取样时，先将重砣提起，使取样管垂直液面，缓缓地将取样管浸至槽车底部，关闭重砣，然后将取样管提起，用棉纱擦去表面油品，再将采取的试样倒入洁净、干燥的盛样容器内，其总量不少2000mL。

④需方验收槽车中油品产生质量异议时，由供需双方协商解决或将车内油品加热并搅拌均匀后进行取样。

（4）立式贮罐取样

①当油品存放时间较长有不均匀现象时，可用筒状取样器或带软木塞的取样器采取间隔样。

取样前，首先计算出罐内贮油（或输出油品）的高度，在确定的高度内采取间隔样，所取试样应包括确定高度的顶层样和底层样，并等量混合成代表性试样，其总量不少于2000mL。

用筒状取样器取样：先将取样器与手摇取样机或防静电取样绳连接好，放入罐内，当取样器接触液面时，从手摇取样机尺带上读记空距，并由贮罐的总高度计算出需要取样油层的高度。当取样器降至所需油层时，在10～15cm范围内，上下提拉5次，收回取样器，用棉纱擦去表面油品，将采取的试样移入洁净、干燥的盛样容器内。

用带软木塞的取样器取样：先将取样器与防静电取样绳连接好，再将取样器放至取样油层，急速提拉取样绳，拔出软木塞，待试样装满后，收回取样器，用棉纱擦去表面油品，将采取的试样移入洁净、干燥的盛样容器内。

②当罐内油品均匀时，也可采取上、中、下样或全层样。

从罐内液深的1/6、1/2和5/6处取样，并将所取油品等量混合成代表性试样。

用筒状取样器取样，按上述相应方法进行。

用带软木塞的取样器取样，按上述相应方法进行。

从贮罐内取全层样，按上述相应方法进行。

（5）油船取样

①当油品装船结束后，应迅速取样。

②船舱内采取上、中、下样，按上述相应方法进行。

③船舱内采取全层样，按上述相应方法进行。

④按各舱所载油品质量比（或体积比）混合成全船油品的代表性试样。

（6）按时间比例取样

当油品批量较大时，由供需双方协商，也可在泵口管线处采取时间比例样，并等量混合成代表性试样，总量不少于2000mL。

4．试样的处理和保管

①将采取的代表性试样混匀，分别倒入两个洁净、干燥、可密封的容器内，每个容器试样不得少于1000mL。一个交实验室检验，另一个由技术监督部门保管，作为保留样，发货后保存期至少30d。

②在每个装有试样的瓶上贴标签，并注明：产品名称，生产厂名，试样编号，取样地点（车号），取样方法，产品批号、批量，取样日期，取样人姓名。

5．注意事项

①泵出口管线取样装置的设置应合理，保证所取试样具有代表性。

②贮罐和船舱取样时，其罐内或船舱内的压力应为常压或接近常压。

③取样时应站于上风处，并穿戴劳保用具。

④取样结束后应将取样器具清洗干净。

⑤罐内油品取样时应具有足够的流动性。

二、焦化轻油类产品的取样方法

本方法适用于高温炼焦回收所得到的粗苯及经过洗涤、分馏所制得的苯类产品；

高温煤焦油加工所得到的粗酚及经分馏所制得的酚类产品；高温炼焦回收所得到的轻粗吡啶及经分馏制得的吡啶类产品等的试样的采取。

1．采样工具

（1）采样管。薄壁，长约3200mm，直径25～30mm，底部有一重砣由引至管子上部的绳启闭，其材质应不与所取产品起化学反应。

（2）采样瓶。容积500mL，洁净、干燥的细口瓶，瓶底附有铅块。

（3）玻璃管。内径13～18mm、长1000mm、上下端稍拉细的玻璃管。

2．试样的采取方法

（1）槽车中的采样方法

以每个槽车为一批进行采样。

①用采样管采取试样。于槽车中采取试样时，用铜或铝制的薄壁采样管采样。

采样时必须注意产品的均匀性，当产品装满槽车后，应迅速在每个槽车中用采样管从产品的整个深度采样。

采样时，先将重砣提起，使采样管垂直液面，缓缓地将采样管浸至槽车底部，关闭重砣，然后将采样管提起，待管壁外附着的液体流下后，再将采取的试样倒入洁净、干燥、可密闭的容器内，其总量不少2000mL。

②用采样瓶采取试样。用采样瓶采样，先用绳子系好瓶和瓶盖，在槽车中按上、中、下三点分别采样，上层在整个液体深度的1/4处取一次，中层在1/2处连续取两次，下层在3/4处取一次。采取时将预先盖好盖的采样瓶放入槽车内到达规定的位置时，启盖，待油装满瓶（液面不冒气泡）时，把瓶提出倒入另一洁净、干燥的瓶中，每次约500mL，四次共约2000mL。

③在泵出口管线处采取试样。需方自备槽车时，在泵出口管线处附设的采样口采样。开泵，从油开始流出后2min采第一次试样，装半车时连续采两次，停泵前2min采第四次样。每次采相等试样，其总量不少于2000mL。试样倒入洁净、干燥、可密闭的容器中。

（2）小型容器中的采样方法

同一贮罐产品以每次装运量为一批。

①用玻璃采样管采取试样。当用铁桶装运每批产品时，采样工具可用玻璃管。

采取试样的数量不低于每批产品装桶数的10%，但不得少于三桶。每桶按等量采取，其总量不少于2000mL。

采样时，先打开桶盖，将玻璃管垂直于液面缓缓地浸至桶底，待玻璃管内液面与桶内液面一致时，用拇指按紧管的顶部，将玻璃管取出，待管壁外附着的液体流下后，将试样倒入洁净、干燥、可密闭的容器内。

②需方自备铁桶时，允许在流油管口采样。从油开始流出后两分钟时采第一次试样，装桶达到1/2时连续采两次，装完时再采一次样。每次采相等试样，试样倒入洁净、干燥、可密闭的瓶中，其总量不少于2000mL。

3．试样的处理和保管

①将采取的代表性试样混匀，分别倒入两个洁净、干燥、可密封的瓶内，每瓶试

样不得少于1000mL。一个交实验室检验，另一个由技术监督部门保管，作仲裁检验用，保存期限为30d。

②在每个装有试样的瓶上贴标签，并注明：产品名称，生产厂名，试样编号，取样地点（车号），取样方法，产品批号、批量，取样日期，取样人姓名。

三、焦化固体类产品的取样方法

本方法适用于回收与精加工所得的粉状、颗粒状至块状的各种粒度的焦化固体类产品。

1. 取样工具

所有取样工具应由不会污染或改变被取样物料性质的材料制作。

（1）探针

探针用直径不大于30mm的不锈钢管制成，长度以能穿过整个料层为准，手柄形式不限。

（2）手钻

手钻，尺寸按需要自定。防爆电钻，钻头直径10～15 mm。

（3）采样铲或锹

采样铲用不锈钢制作，根据产品粒度和份样量采用不同形式和尺寸的采样铲或锹。

（4）破碎器械

破碎器械用锰钢或不锈钢制作。

钢板：(600mm×600mm)～(1000mm×1000mm)，带三个边框。用于破碎和缩分。

压辊：ø 100～200mm。或锤子。

小铲子与缩分钢片：用不锈钢薄板或镀锌铁皮制作。

（5）筛子

标准试验筛：13mm、3mm、1mm、0.5mm、0.2mm。

（6）二分器

格槽二分器、圆锥二分器和格子二分器。

（7）装样容器

镀锌铁皮桶或塑料桶，带严密盖子，容积大于2.5L。玻璃或塑料瓶子，配带严密盖子，容积大于1000mL。或坚韧、可封口的塑料薄膜袋。

2. 采样方法

（1）一般规定

①应尽可能采取最有代表性的试样。

②以每次交库或发运的质量相同的产品量为一批。对生产单位，通常按产品产量多少，以每天或每班产量为一批，有的产品以每釜为一批。

③对件装（容器装）产品，应随机选取要取样的容器，选出的取样件数不低于每批产品件数的10%，最少不得少于3件，对批量在200件以上的，按容器数立方根的3倍（取整数）取样。从每件中取出的产品量（份样量）应一致。

对散装产品，按装卸方式和装载量确定采样方法和取样份数，应该（数量较大的必须）在产品装卸时取样。

④采取的大样量，粉、细颗粒不得少于2kg，粗粒或块不得少于10kg。

⑤对明显不均匀的物料，应适当增加取样点数和样品量，以使试样更具代表性。

⑥如果所取样的检验结果中有一项指标不符合标准要求，应重新从同批产品的两倍量的包装中或取样点上取样，进行检验。重新检验的结果，即使只有一项指标不符合标准要求，也判该批产品不合格。

⑦在取样时必须注意安全，在采取液化的固体时尤应防止烫伤或蒸气熏人；应防止试样污染、吸潮或失水等。

（2）粉、细颗粒的取样

粉、细颗粒的粒度小于2mm或为松、软的小片状结晶。适用探针取样：将探针开口槽朝下，以某一角度插入物料，直到底部（或预定位置），转2~3圈，使其装满物料，将开口槽朝上，小心抽出探针，把槽中物料放入装样容器（如小桶）。

①小容器。袋和包在袋或包的边角或顶部缝合处将探针慢慢插进，直至底部或距底部约10mm。在物料放出前应除去探针外面的袋屑或杂物。对结块产品，应打碎再取，打碎有困难时，用下述方法取。

桶从活动口插入探针至底部，如不能打开活盖，可钻开一个孔，以能插进探针。钻孔时要注意安全，并防止污染物料，取样后用软木塞等将孔堵严。

②货仓（火车皮、卡车斗、船舱等）。应在装卸时在运输皮带上或物料落流中定时(如15min)间隔用采样铲、锹或合适的机械取样装置取样，要取截面样，至少3次，每次基本等量。也可根据装车方式和装载量在装卸时在货仓的不同位置分层用探针或锹取样，每次取五点，或分割成适当部分分别取样。用锹取样时，采样点深度在200mm以下，每点不少于1kg。

③大堆。将物料摊平，用锹或采样铲或探针多点采取全料层的物料。不能采取全料层产品的特大堆，应在装卸时按上述方法采取；如非直接取样不可，则分别从堆的周边、上、中、下等不同部位多点取样。

（3）粗粒或块状固体的取样

这类物料在其容器中很可能在性质上显示出较大差别，要格外小心，以保证取得代表性试样。当粒度较大或粒度大小变动范围较宽时，应增加份样量和份数。通常每份取0.5~1kg，总量不少于10kg，份数不少于5份。

①小容器（袋、箱、桶等）。将容器中的全部物料倒出，用采样铲或锹从料堆中取出若干块状物和细料，使能粗略代表物料的粒度分布。

②货仓（火车皮、卡车斗、船舱等）。应在装卸料时按相等时间间隔从运输皮带上或转运点用锹等工具采取全截面样。对同一批次的产品允许在刚装好的货仓中用锹按对角线五点法采样，每点不少于2kg，采样点深度在200mm以下。对装货量大于100t的货仓，应分层采取或划分成等分的若干部分，多点采取。

③大堆。参照上述粉、细颗粒的取样之货仓或大堆取样。

（4）大块固体的取样

它们在液态时装进容器，冷却后固化成大块。

①池。按对角线五点采样或将池面划分成若干长方块，在每块中心处采样。用钻、锹等工具采取，要采取整个垂直深度的样品，每点不少于1kg。

②桶。用适当方法熔化成液体，按下述（5）方法取样。

（5）液态固体产品的取样

根据其流动性按焦化轻油类产品或焦化黏油类产品的取样方法取样。通常将样取出后，放在合适的盘中固化，再进行破碎、缩分等处理。

3．试样的处理和保管

（1）试样的缩分根据试验需要，从大样中缩分出需要量的检验试样。每次缩分前均应充分混匀。对于颗粒较大的产品，在缩分前要将大样破碎成适当粒度；量大的大块产品要分若干次破碎、缩分，必要时要令全部样品通过某一孔径的筛。在充分混匀后用四分法或二分器进行缩分。一般最终得到2份0.5kg的检验试样。

①细颗粒试样的缩分。粒度不大于3mm的产品，无凝块时可直接缩分。对含油（或其他液态杂质）的工业蒽等产品，只适合用四分法缩分，应特别注意混合均匀并迅速分开。对带有较大颗粒或有凝块的产品，如带有大块的工业萘等，可在缩分钢板上将试样中的大块用压辊或玻璃瓶盖等压碎成3mm以下再混匀、缩分。

②大颗粒试样的缩分。粒度大于3mm的试样，应分步破碎与缩分。首先破碎成约25mm，一分为二，弃去一半；另一半破碎至13mm以下，一分为二，一份立即缩分出1kg水分样，装入水分样品瓶或马上称量进行干燥，另一份破碎至3mm以下缩分出1kg作为检验其他项目的检验试样，或直接用不大于13mm的部分缩分出1kg作为保留样。

（2）试样的贮存与保管

①将缩分出的最终样品1kg均分为两份，分别装入洁净、干燥、不污染产品、可密封的容器中，一份交实验室检验，另一份由技术监督部门保管，作备用样。

②如果试样需密封保存，用蜡封时，应注意启开时不会污染瓶内的试样。

③在每个装有试样的容器上牢固地贴上标签。

④试样的保管。试样应保存在避光、干燥、无污染、通风、阴凉的地方，以防产品变质。水分样应及时检测，不留保留样。保留样保存期为30d，特殊情况另定。固体古马隆–茚树脂和煤沥青等产品的表面能在空气中缓慢氧化，因此保留样不能粉碎；如欲较长时间保留比对样品，应将试样在高于其软化点50℃下熔化(约2h)，装入可密封的容器内保存。

第二节　焦化产品水分的测定

高温煤焦油经加工所得产品很多，如洗油、木材防腐油、炭黑用原料油、粗蒽、粗轻吡啶、重质苯、粗酚、三混甲酚、工业二甲酚、工业邻甲酚、间对甲酚、工业酚、煤沥青和固体古马隆等。

本节规定了焦化产品水分测定的三种方法，即蒸馏法、恒量法和卡尔·费休法，适用于上述焦化产品水分的测定。

一、蒸馏法

1. 测定原理

一定量的试样与无水溶剂混合，进行蒸馏，测定其水分含量，并以质量分数表示。

2. 试验步骤

①在室温下称取均匀试样100g（称准至0.2g）并用量筒量取甲苯50mL，置于洁净、干燥的蒸馏瓶中，细心摇匀。

测定煤沥青、固体古马隆的水分时，称取粉碎至13mm以下的试样100g，溶剂量为100mL。

测定粗轻吡啶水分时，以纯苯为溶剂。

②根据被测物中预计的水分含量，选取适当的接收管，连接蒸馏瓶、接收管和冷却管。在冷却管上端用少许脱脂棉塞住，以防空气中的水分在冷却管内部凝结。

③加热煮沸，使冷凝液以2～5滴／s的速度从冷却管末端滴下。当接收管中的水分不再增加时，再加大火焰或增加电压，至少加热5min后，停止蒸馏。

④待接收管中的液体温度降到室温时，读记水层体积（读数时，眼睛应与水层的凹液面平齐）。如接收管内液体浑浊，则将接收管放入温水中，使其澄清，然后冷却到室温读数。

使用2mL和10mL接收管，报告水分含量，精确到0.01%；使用25mL接收管，报告水分含量，精确到0.1%。取两次重复测定结果的算术平均值为测定结果。

二、恒量法

1. 测定原理

在105～110℃的温度下，试样中的游离水与结晶水同时失去。根据试样所含的结晶水，换算游离水的含量，以质量分数表示。

2. 测定步骤

①用已恒重的称量瓶称取约2g(称准至0.0002g)试样置于105～110℃电热恒温干燥箱中。

②在此温度下干燥120min，取出放在干燥器中冷却至室温，称量，并进行恒重检查，每次30min，重复进行至最后两次称量之差小于0.001g。

结果报告水分含量，精确到0.01%。取两次重复测定结果的算术平均值为测定结果。

三、卡尔·费休法

1. 测定原理

在含有吡啶、甲醇等的有机溶剂中，试样中的水与卡尔·费休试剂发生反应。

根据此反应原理，利用双铂电极作指示电极，一边检测其极化电位，一边控制滴定速度直至发现滴定终点。根据滴定所消耗的卡尔·费休试剂的量，计算试样水分含量，以质量分数表示。

2. 试验步骤

（1）水值的测定

①向滴定瓶内注入适量无水甲醇，使搅拌时铂电极恰好浸没于液面下，打开电磁搅拌器，用卡尔·费休试剂滴定至终点。

②用微量进样器将0.005～0.020g蒸馏水加到滴定瓶中，并对进样前后进样器的质量进行称量(称准至0.0001g)，记录数据。用卡尔·费休试剂滴定至终点，同时记录消耗卡尔·费休试剂的体积(mL)，或按仪器提示，输入数值，仪器可自动输出卡尔·费休试剂对水的滴定度。

③重复上述步骤，取重复测定两个结果的算术平均值作为卡尔·费休试剂对水的滴定度。

④卡尔·费休试剂对水的滴定度的重复性：不大于0.2000mg/mL。

（2）试样分析

①减量法。称取适当试样加入经过上述处理的滴定瓶中，试样的加入量参考表8-1，试样称准至0.0001g，用卡尔·费休试剂滴定至终点，并记录消耗卡尔·费休试剂的体积(mL)。当需进行空白试验时，测定并记录加入试样过程中瓶塞打开的时间。

表8-1 试样加入量与其水分含量的关系

水分值	试剂对水的滴定度		
	5mg/mL	2mg/mL	1mg/mL
100mg/kg~0.1%	150～15g(mL)	60～6g(mL)	30～3g(mL)
0.1%~1%	15～1.5g(mL)	6～0.6g(mL)	3～0.3g(mL)
1%~10%	1.5～0.15g(mL)	0.6～0.06g(mL)	0.3～0.03g(mL)

②体积法。用移液管移取适量体积的试样加入到已处理过的滴定瓶中，试样的加入量参考表8-1，用卡尔·费休试剂滴定至终点，并记录消耗卡尔·费休试剂的体积(mL)。当需进行空白试验时，测定并记录加入试样过程中瓶塞打开的时间。

（3）空白试验

当仪器、环境等变化影响试样测定时，需进行空白试验。试验时不加试样，按试样分析步骤进行，瓶塞打开时间为试样测定步骤中加入试样时瓶塞打开的时间。

第三节 焦化产品灰分的测定

本方法适用于煤焦油、煤沥青、改质沥青和固体古马隆-茚树脂等焦化产品中灰分的测定。

一、基本原理

称取一定质量的试样，先用小火加热除掉大部分挥发物后，置于(815±10)℃马弗炉中灰化至质量恒定，以其残留物质量占试样质量的百分数作为灰分。

二、分析步骤

1. 样品的称取

①煤焦油：称取混合均匀的试样2g(称准至0.0001g)于预先恒重的蒸发皿中，在电炉上用小火慢慢加热灰化。

②煤沥青、改质沥青、固体古马隆-茚树脂：称取混合均匀的小于3mm的干燥煤沥青、改质沥青或固体古马隆-茚树脂试样3g(称准至0.0001g)于预先恒重的蒸发皿中，在电炉上用小火慢慢加热灰化。

2. 测定

至大部分挥发物挥发后，将蒸发皿置于已预先升温至(815±10)℃的马弗炉炉门口，待挥发物完全挥发后再慢慢推进炉中，关闭炉门，灼烧1h，取出，检查应无黑色颗粒，在空气中冷却5min，立即放入干燥器中冷却至室温(约20min)，称量并记录其质量，称准至0.0001g。

3. 检查

将蒸发皿再放入马弗炉中进行检查性试验，每次15min，直到连续两次质量之差在0.0006g以内，记录其蒸发皿及残渣质量。

第四节　焦化黏油类产品密度的测定

本方法适用于高温炼焦时从煤气中冷凝所得的煤焦油以及由该产品经分馏所制得的木材防腐油、炭黑用焦化原料油、洗油等的密度测定。

一、基本原理

用密度计在密度量筒中测量黏油类产品在相应温度下的密度，并换算成20℃时的密度，以符号 $\rho 20$ 表示，单位为g/cm^3。

二、试验步骤

①取混合均匀的试样，在低于60℃的水浴上缓慢加热，边加热边搅拌，使其全部熔化，并除去上部可见水。

②将上述试样注入洁净、干燥、预热至与试样温度相近的密度量筒内，所取试样的液位高度低于密度量筒上沿35~40mm，然后置于预先加热到40~50℃（洗油15~35℃）的水浴中，量筒壁和试样如有气泡可用滤纸将气泡除去。

③待温度稳定后，将温度计和密度计缓缓地插入试样中，使密度计自由下沉，待5~10min密度计稳定后，读取密度计和试样相交的弯月面上缘的刻度线读数，作为试样在测量温度时的密度。密度计露出液面的部位不得沾有试样，并位于量筒中部。不得碰量筒壁。

同时测量试样的温度。观察温度时，使温度计水银柱上端稍微露出液面，读取其刻度值，作为测定该试样密度时的温度。

取两次重复测定结果的算术平均值为测定结果，保留三位小数。

第五节 焦化黏油类产品馏程的测定

本方法适用于焦化洗油、木材防腐油、炭黑用焦化原料油、蒽油、燃料油等焦化黏油类产品馏程的测定。

一、测定原理

在试验条件下，蒸馏一定量试样，按规定的温度收集冷凝液，并根据所得数据，通过计算得到被测样品的馏程。

二、试验步骤

①准确称取水分含量小于2%的均匀试样100g(称准至0.5g)于干燥、洁净并已知质量的蒸馏瓶中（洗油用102mL量筒量取10lmL注入蒸馏瓶中）。用插好温度计的塞子塞紧盛有试样的蒸馏瓶，使温度计和蒸馏瓶的轴线重合，并使温度计水银球的中间泡上端与蒸馏瓶支管内壁的下边缘在同一水平线上。将蒸馏瓶放入灯罩上的保温罩内，用软木塞将其与空气冷凝管紧密相连，支管的一半插入空气冷凝管内，使支管与空气冷凝管平行，盖上保温罩盖，在空气冷凝管末端放置已知质量的烧杯（洗油用下异径量筒）作为接收器。

②用煤气灯或电炉缓慢加热进行脱水，在150℃前将水脱净，并调节热源使之在15～25min内初馏。

③蒸馏达到初馏点后，使馏出液沿着量筒壁流下，整个蒸馏过程流速应保持在4～5mL/min。

④蒸馏达到试样技术指标要求的温度（经补正后的温度）时，读记各点馏出量，当达到技术指标最终要求时，应立即停止加热，撤离热源，待空气冷凝管内液体全部流出，冷却至室温时读记馏出量。各点馏出量，体积读准至0.5mL，质量称准至0.5g。

⑤蒸馏中，空气冷凝管内若有结晶物出现时，应随时用火小心加热，使结晶物液化而不汽化，顺利地流下。

第六节 焦化产品甲苯不溶物含量的测定

本方法适用于煤沥青、改质沥青、煤沥青筑路油、煤焦油、木材防腐油和炭黑用焦化原料油中甲苯不溶物含量的测定。

一、测定原理

甲苯不溶物系煤焦油中不溶于热甲苯的物质。试样与砂混匀（煤沥青类）或用甲苯浸渍（煤焦油类），然后用热甲苯在滤纸筒中萃取，干燥并称量不溶物。

二、试样的采取和制备

①煤沥青、改质沥青试样按焦化固体类产品取样方法进行采样，再按下列方法进行试样的制备。

将1kg粒度为3mm的试样进一步缩分，取出约100g置于铝盘中，平铺成3~5mm厚。放在(50±2)℃的干燥箱中干燥1h，若水分超过5%时，可延长工作时间30min。将干燥后的沥青试样缩分取出约25g，用乳钵研磨至小于0.5mm。

②煤焦油、木材防腐油、炭黑用焦化原料油、煤沥青筑路油按焦化黏油类产品取样方法进行取样，作为原始试样。

③木材防腐油、炭黑用焦化原料油的原始试样中无结晶物沉淀时，可直接从中取出分析试样；若有结晶物沉淀时，先加热原始试样至50~60℃，并用玻璃棒将样品搅拌均匀，直至结晶物全部溶解后再取分析试样。

三、准备工作

（1）砂子的处理

将砂子用水洗净后，干燥，过筛，筛取粒度为0.3~1.0mm (20~60目)的砂子，在甲苯中浸泡24h以上，取出晾干后在115~120℃干燥箱中干燥后备用。

（2）脱脂棉的处理

将脱脂棉在甲苯中浸泡2h以上，取出晾干后，在115~120℃干燥箱中干燥后备用。

（3）制作滤纸筒

将外层直径150mm和内层直径125mm的中速定量滤纸同心重叠，在滤纸圆心处放入试管，将双层滤纸向试管壁上折叠成约为直径25mm的双层滤纸筒。将滤纸筒在甲苯中浸泡24h后取出、晾干，置于称量瓶中，在115~120℃干燥箱内干燥后备用。

四、试验步骤

①测煤沥青、改质沥青的甲苯不溶物含量时，先将10g已处理过的砂子倒入滤纸筒，并置于称量瓶中，在115~120℃干燥箱中干燥至恒重(两次称量，质量差不超过0.001g)。

再称取1g(称准至0.0001g)试样，于滤纸筒中将试样与砂子充分搅拌混匀。

②测煤焦油、木材防腐油、炭黑用焦化原料油的甲苯不溶物含量时，先将已处理过的一小块脱脂棉放入滤纸筒，置于称量瓶中，在115~120℃干燥箱中干燥至恒重(两次质量差不超过0.001g)，取出脱脂棉待用。再称取约3g(称准至0.0001g)煤焦油分析试样或约10g(称准至0.1g)木材防腐油、炭黑用焦化原料油分析试样于滤纸筒中，从称量瓶中取出滤纸筒立即放入装有60mL甲苯的100mL烧杯中，待甲苯渗入滤纸筒后，用玻璃棒轻轻搅拌滤纸筒内的试样2min，使试样均匀分散在甲苯中，取出滤纸筒，再用上述脱脂棉擦净玻璃棒，此脱脂棉放入滤纸筒内。

③测煤沥青筑路油的甲苯不溶物含量时，先按上述步骤（要加一小块脱脂棉与滤纸筒一起恒重）操作，再称取1g(称准至0.0001g)试样于滤纸筒中，从称量瓶中取出滤纸筒立即放入装有60mL甲苯的100mL烧杯中，待甲苯渗入滤纸筒后用玻璃棒将试样与砂混匀，取出滤纸筒再用上述脱脂棉擦净玻璃棒，此脱脂棉放入滤纸筒内。

④将装有120mL甲苯的平底烧瓶置于电热套内。把滤纸筒置于抽提筒内，使滤纸筒上边缘高于回流管20mm。将抽提筒连接到平底烧瓶上，然后沿滤纸筒内壁加入约30mL甲苯。

⑤将挂有引流铁丝的冷凝器连接到抽提筒上，接通冷却水。同时把智能计数仪的光电探头水平地夹住回流管。

⑥接上计数仪电源，按表8-2设定好萃取次数。

表8-2 不同产品萃取次数的设定

产品名称	煤沥青	改质沥青	煤沥青筑路油	煤焦油	木材防腐油	炭黑用焦化原料油
萃取次数	60	60	60	50	5	5

⑦接通电热套的电源，加热平底烧瓶，控制甲苯萃取的速度为1min/次。甲苯萃取液从回流管满流返回到平底烧瓶为1次萃取。如萃取速度大于或小于规定值时，可接上可调变压器进行调节。当萃取达到设定的次数时，即为萃取终点，计数仪会自动报警，即可停止加热，断开电热套电源。

⑧停止加热后稍冷，取出滤纸筒置于原称量瓶中不加盖放进通风橱内，待甲苯挥发后，将称量瓶及盖一起放入115～120℃干燥箱中，干燥2h。称量瓶加盖后，取出置于干燥器中冷却至室温称量，再干燥0.5h进行恒重检查，直至连续2次质量差不超过0.001g。

第七节 焦化黏油类产品黏度的测定

本方法适用于煤焦油、黏油等焦化黏油类产品黏度的测定。

一、测定原理

液体受外力作用移动时，在液体分子间发生的阻力称为黏度。

恩氏黏度是指试油在某温度从恩氏黏度计流出200mL所需的时间与蒸馏水在20℃流出相同体积所需的时间（s，即黏度计的水值）之比。

在试验过程中，试油流出应呈连续的线状。温度t时的恩氏黏度用符号E1表示。恩氏黏度的单位为条件度。

二、试验步骤

1. 黏度计水值的测定

①恩氏黏度计的水值是指在20℃下，200mL水从黏度计流出的时间，此数值应在50～52s之间。

②测定前用纯苯、乙醇和蒸馏水顺次将仪器洗净。流出孔用木塞塞紧，然后加入20℃蒸馏水至仪器固定水平，盖上盖子，插好温度计，在出口管下放置干净的接收瓶。

③用外部水浴保持蒸馏水温度为20℃，10min后，小心而迅速地提起木塞（应能自动卡着，并保持提起状态，不允许拔出木塞），同时开动秒表，至水量达到接收器标线时停止，记录时间，此时间应在50～52s间。

④按上述步骤至少重复测定三次，每次测定之间的时间差数应不大于0.5s，取其平均值作为水值。

⑤水值应每三个月测定一次，如超过50～52s，则仪器不能使用。

2．试油黏度的测定

①测定前，内容器用纯苯或汽油洗净并使其干燥，流出孔擦干净后用木塞塞紧。

②将混合均匀的试样用40目铜网过滤于内容器中，使液面与标高尖端重合，并调节水平螺丝使其液面水平，盖上盖子插好温度计，在出口下放置接收瓶。

③外容器注水加热，对于煤焦油试样，在试液温度升至80℃过程中，对于洗油试样，在试液温度升至50℃过程中，小心转动外容器的搅拌器和内容器的筒盖，以调节内外容器的油温和水温。

④对于煤焦油试样，当油温保持(80±1)℃ 5min时，对于洗油试样，当油温保持(50±1)℃ 5min时，小心迅速地提起木塞（应能自动卡着，并保持提起状态，不允许拔出木塞），同时开动秒表。

⑤待油液流至接收瓶的标线时（泡沫不算），立即停表，记录时间。

第八节　煤焦油萘含量的测定

本方法适用于高温炼焦时从煤气中冷凝所得的煤焦油中萘含量的测定。

一、测定原理

根据烷烃对煤焦油中沥青质不溶解而对萘有较大溶解能力，以烷烃为萃取剂除去沥青质和其他杂质，然后将萃取液在涂有固定液的色谱柱上分离，在保证萘和萃取剂的相对分离度 R≥1.5、萘标样灵敏度S≥120mm/l%的条件下，以外标峰面积或峰高法测定萘的含量。

二、外标样和样品的制备

1．外标样的制备

称取一定量的萘，称准至0.0001g，再称取一定量的烷烃萃取剂，置于高型称量瓶中。全溶后摇匀，保存于安瓿瓶中。要求配制的外标样中的萘含量与下述制备的样品中萘含量尽量接近（一般在1.0%～2.0%）。

2．样品的制备

①第一次萃取。称取混合均匀的煤焦油试样1.5g左右(称准至0.0001g)，置于高型称量瓶中，然后用5mL注射器抽取3～4g萃取剂，注入此瓶中，在加热设备上微微加热，温度控制在80℃左右，边加热边搅拌2～3min后取下静置，冷却至室温后，将萃取液倒入另一已知质量的高型称量瓶中，盖严。

②第二次萃取。再用5mL注射器抽取3～4g烷烃萃取剂，注入盛有残渣的高型称量瓶中，按第一次萃取方法进行第二次萃取。将第二次萃取液并入第一次萃取液中，盖严。

③第三次萃取。与上述方法相同进行第三次萃取。将第三次萃取液并入上两次萃取液中，并称取萃取液的质量(称准至0.0001g)，盖严，摇匀备用。

④萃取过程中不得将残渣转移到装有萃取液的称量瓶中。

3．线性范围的测定

①调整色谱仪达到上述仪器条件，待整机稳定后，用微量注射器在同一色谱条件下分别进0.2μL、0.4μL、0.6μL、0.8μL、1.0μL、1.2μL、1.4μL…的外标样。

②分别由记录仪自动记录色谱图并自动计算出萘峰峰面积或量取萘峰峰高，以萘峰峰面积或峰高为纵坐标，进样量为横坐标，绘出其关系曲线，找出其浓度与峰面积或峰高成直线关系的范围。

③每换一次色谱柱及改变色谱条件都要作一次线性范围的测定。

三、测定步骤

①调整色谱仪达到上述仪器条件，待整机稳定后，用微量注射器注入1μL外标样，重复两次进样，由记录仪自动记录色谱图并自动计算萘峰峰面积或量取萘峰峰高，取其平均值作为外标样的萘峰峰面积A标或峰高H标。

②在同样的色谱条件下，用微量注射器注入制备的样品1μL，平行两针，由记录仪自动记录色谱图并自动计算萘峰峰面积或量取萘峰峰高，取其平均值为样品的萘峰峰面积A试或峰高H试。

③平行两针的最大误差，以萘峰高计不得超过4mm。

④外标样和样品中萘浓度和进样量必须控制在上述测定的线性范围之内。

第九节　焦化轻油类产品密度的测定

本方法适用于粗苯、焦化苯、焦化甲苯、焦化二甲苯、间对甲酚、三混甲酚、工业二甲酚、工业喹啉、纯吡啶等焦化轻油类产品密度的测定。焦化苯、焦化甲苯、焦化二甲苯以分洛值为0.0005g/cm³的密度计试验方法为仲裁法。

一、测定原理

将密度计浸入试样中，记录温度和密度计的读数，校正到20℃时的密度，以符号P20表示，单位为g/cm³。

二、试验步骤

按表8-3的要求，将混合均匀的试样，小心倒入干燥、洁净的量筒中，当试样温度达到规定的温度范围时，将密度计轻轻插入。待密度计与温度均稳定时，读记试样温度，并同时按弯月面上边缘读记其视密度。在读取数值时不允许试样有气泡，密度计不能与量筒壁接触，弯月面的形状应保持不变。

表8-3 试验条件要求

产品名称	仪器		试验温度
	量筒	密度计 / (g/cm³)	
焦化苯、焦化甲苯、焦化二甲苯	内径50mm、高度340mm	0.8500 ~ 0.9000	(20±10)℃
焦化苯、焦化甲苯、焦化二甲苯、粗苯、纯吡啶	内径36mm、高度220mm	0.830 ~ 0.900	(20 ± 5)℃
间对甲酚、三混甲酚、工业二甲酚、工业喹啉		0.940 ~ 1.000	10 ~ 40℃
		1.000 ~ 1.100	
		1.070 ~ 1.130	

第十节　焦化轻油类产品馏程的测定

本方法适用于焦化苯类、酚类、吡啶类及喹啉类等产品馏程的测定。

一、测定原理

在规定的条件下，蒸馏100mL试样，观察温度计读数和馏出液的体积，并根据所得数据，通过计算得到被测样品的馏程。

二、准备工作

1. 试样的脱水

①苯类试样以氢氧化钾（或氢氧化钠）脱水不少于5min，或以颗粒无水氯化钙脱水不少于20min(重苯脱水不少于30min)。

②喹啉试样以固体氢氧化钾或氢氧化钠脱水。将试样300mL置于清洁干燥的500mL具塞锥形瓶中，加入氢氧化钾或氢氧化钠约100g，盖塞，振荡5min以上再静置30min，将同样的操作反复进行3次，取上层清液作为脱水试样。当试样水分低于0.2%时可不脱水。

2. 仪器安装

①测苯类、吡啶类时，用洁净、干燥的上异径量筒准确量取均匀试样100mL(粗苯应称量，称准至0.2g)，注入Ⅰ型蒸馏瓶中。把蒸馏瓶装上单球分馏管，并用软木塞将温度计插入单球分馏管内，使水银球的中心和分馏管球的中心相重合。把石棉环置于灯罩上，将蒸馏瓶置于石棉环上，用软木塞将其与水冷凝管（重苯用空冷管）紧密连接，支管的一半插入冷凝管内，冷凝管的末端应低于其入口100mm，并用软木塞与牛角管连接，插至牛角管的弯部。蒸馏瓶底与石棉环圆孔应保持严密无缝。

②测酚类、喹啉类时，用洁净、干燥的下异径量筒（喹啉用上异径量筒）准确量取均匀试样100mL，注入Ⅱ型蒸馏瓶中，用插好温度计的塞子塞紧盛有试样的蒸馏瓶，使温度计和蒸馏瓶的轴线重合，并使温度计水银球的中间泡上端与蒸馏支管内壁的下边缘在同一水平线上。把石棉环置于灯罩上，将蒸馏瓶置于石棉环上，用软木塞将其与空气冷凝管紧密相连，支管插入深度为30~40mm，冷凝管的末端应低于其入

口(200 ± 10) mm，并用软木塞与牛角管连接，插至牛角管的弯部。蒸馏瓶底与石棉环圆孔应保持严密无缝。

③用取过样的量筒作为接收器，置于牛角管下方，牛角管插入量筒内的深度应不少于25mm，但不得插入标线以下。

三、试验步骤

①记录大气压和室温，通入冷凝水，点火蒸馏。初馏点在150℃以下的试样，从加热到初馏的时间为5～10min;初馏点在150℃以上的试样为10～15min。整个蒸馏过程流速应保持在4～5mL/min(轻苯馏出液流出90mL时，控制流出液在2～2.5min达到96mL)。

②记录第一滴馏出液自冷凝管末端滴下时的温度为初馏点。

③当馏出液达到96mL时撤离热源，注视温度上升，记录其最高温度为终馏点。

测定轻苯时，当馏出液达到96mL时撤离热源，同时读记温度。

④对于测定终馏点的试样及粗苯、轻苯，撤离热源3min后，将量筒中的馏出液倒入蒸馏瓶中，再倒回量筒内，测其总体积与100mL之差，记为蒸馏损失。蒸馏损失大于1%和粗苯、轻苯大于1.5%时，需对仪器的各连接部分进行检查，使其严密后重新进行试验。

⑤对测定馏出量的试样，当温度达到规定的温度后，撤离热源，停留3min，读记馏出液总体积。当蒸馏重苯时，冷凝管内若有结晶物须用小火烘烤使其流下。

⑥测定粗苯时，当温度达到180℃时应立即撤离热源，3min后称量，称准至0.2g。

第十一节　焦化固体类产品喹啉不溶物的测定

本方法适用于煤沥青、改质沥青等焦化固体类产品中喹啉不溶物含量的测定。

一、测定原理

一定质量的试样，在规定的试验条件下，用喹啉进行溶解，对不溶物进行过滤、烘干，计算其含量。

二、试样的制备

将采取的粒度为3mm的试样进一步缩分，取出约100g置于(50 ± 2)℃的干燥箱中干燥1h。将干燥后的沥青试样缩分取出约25g，用乳钵研磨成通过SS ω 500/315 μ m筛的样品。

对软沥青试样，应将试样溶解，搅拌均匀，保证溶解温度不超过150℃，溶解时间不超过10min。

三、试验程序

1. 试验准备

①将滤纸置于甲苯中浸泡24h取出晾干，烘干后备用。

②将两张在甲苯中浸泡过的滤纸折成双层漏斗形，置于称量瓶中干燥并恒重。

2．试验步骤

①称取制备好的试样1g(称准至0.0002g)，煤沥青试样置于洁净的100mL烧杯中，改质沥青试样置于离心试管中，加入20mL喹啉，用玻璃棒搅拌均匀。

②将上述装有试样的烧杯或离心试管，与装有喹啉的洗瓶一起浸入(75±5)℃的恒温水浴中，并不时搅拌，30min后取出，准备抽滤。

③对装有改质沥青试样的离心试管应置于离心机中，在4000r/min的转速下离心20min后取出再抽滤。

④装好过滤漏斗，放入滤纸，用喹啉浸润，将溶解后的试样慢慢倒入滤纸中，同时进行抽滤。

⑤用大约20mL热喹啉分数次洗涤烧杯或离心试管，使残渣全部转移到滤纸上，再用大约30mL的热喹啉多次洗涤滤纸上的残渣，并同时进行抽滤。

⑥抽干后，用50~100mL热甲苯重复过滤洗涤，洗至无明显黄色。

⑦滤干后取出滤纸，置于原来的称量瓶中，在105~110℃干燥箱中干燥90min后取出，稍冷，置于干燥器中冷却至室温，并称量至恒重。

第十二节　焦化固体类产品软化点的测定

本方法适用于焦化固体类产品煤沥青、固体古马隆-茚树脂软化点的测定。

一、测定原理

焦化固体类产品软化点的测定方法有环球法和杯球法两种，以环球法作为仲裁法。

1．环球法

一定体积的试样，在一定重量的负荷下加热，试样软化下垂至一定距离时的温度，即为软化点。

2．杯球法

试样悬置在一个底部有6.35mm孔的脂杯中，其顶部正中放有直径9.53mm的钢球，当试样在空气中以线性速率升温时，试样向下流动遮断光束时的温度，即为软化点。标定检测的距离为19mm。

二、环球法试验步骤

①取小于3mm的干燥试样约10g置于熔样勺中，使试样熔化，不时搅拌，赶走试样中的空气泡。熔样温度按表8-4的规定进行。

②使铜环稍热，置于涂有凡士林的热金属板上，立即将熔好的试样倒入铜环中，至稍高出环上边缘为止。

③待铜环冷却至室温，用环夹夹住铜环，用温热刮刀刮去铜环上多余的试样，刮时要使刀面与环面齐平。低温煤沥青需把装有试样的铜环连同金属板置于5℃水浴中，冷却5min，取出刮平后，再放入5℃水浴中冷却20min。

④将装有试样的铜环置于金属架中层板上的圆孔中，装上定位器和钢球，将金属架置于盛有规定溶液的烧杯中，任何部分不应附有气泡，然后将温度计插入，使水银球下端与铜环的下面齐平。

⑤将烧杯置于有石棉网的三脚架上，按表8-4中规定的起始温度和升温速度开始均匀升温加热，超过规定升温速度试验作废。

⑥当试样软化下垂，刚接触金属架下层板时立即读取温度计温度，取两环试样软化温度的算术平均值，作为试样的软化点。若两环试样软化点超过1℃时，应重做试验。

⑦不同软化点的试样操作按表8-4规定进行。

三、杯球法试验步骤

①按上述环球法试验步骤①规定的方法熔好试样。

②使脂杯稍热，置于涂有凡士林的热金属板上，立即将熔好的试样倒入脂杯中，至稍高出杯的上边缘为止。

表8-4 不同软化点的试样操作

操作项目	软化点温度范围		
	>95℃	75~95℃	<75℃
规定溶液	纯甘油	密度为1.12~1.14g/cm³甘油水溶液	5℃水浴
熔样温度	在220~230℃空气浴上加热	在170~180℃空气浴上加热	在70~80℃水浴上加热
升温速度	当溶液温度达70℃时，保持（5.0±0.2）℃/min	当溶液温度达45℃时，保持(5.0±0.2)℃/min	开始升温时保持(5.0±0.2)℃/min

③待脂杯冷却至室温，用温热的小刀刮去高出脂杯上多余的试样，刮时要使刀面与杯面齐平，刮到使试样与杯顶部平齐。

④检查杯球仪"校正"旋钮应在"测定"位置上，拨盘数字在室温上，开启电源后稳定20min。选择线性升温速度为1.5℃/min。

⑤根据试样的软化点，设定"起始温度"为低于软化点15℃左右。按"预置"按钮使炉子达到起始温度。

⑥在装上试样的脂杯中央放上钢球，然后将脂杯套上夹头及狭缝套，组成试样筒，小心地插入炉子中。插入后，狭缝套底部一槽应正好落入定位搭子上，使其不能旋转为止。此时狭缝在左右两侧，能使光束通过。放好脂杯后，按动锁数解脱按钮，使数字窗口的小红点消失。

⑦待炉温恢复到"起始温度"时，按动"升温"按钮，到达试样软化点时，仪器自动锁定该点温度，窗口小红点闪亮。读取软化点后，再按锁数解脱按钮，使电炉冷却降温，仪器恢复到试验开始前状态。

⑧试验结束后，立即取出试样筒，检查一下试样是否遮断过光束，如有误触发，应废除这一结果重新试验。

⑨取出脂杯，稍加热，使脂杯与钢球分离，一起放入洗油或二甲苯瓶中，浸泡

5~10min，取出用棉花擦净。

四、试验报告

按数字显示窗所示的温度报告，准确至0.1℃。

第十三节　焦化萘的测定

本方法适用于分馏高温煤焦油所得的含萘馏分，经洗涤、精馏制得的精萘以及工业萘的结晶点、不挥发物、灰分、酸洗比色的测定。

一、萘结晶点的测定

1.测定原理

液态萘冷却到一定温度时，析出结晶，温度回升达到最高点即为萘的结晶点。

2.试验步骤

①称取试样30~40g置于熔萘试管中，然后将试管置于85~90℃的恒温水浴中使试样完全熔化。称取2g无水硫酸铜加入熔萘试管中脱水，静止脱水5min。若加入的无水硫酸铜全部变蓝，应再多加，直至加入的无水硫酸铜不变色。

②再将熔融试样迅速倒入已预热至90℃的结晶点测定仪中，使试样达仪器刻线处，并立即用装有精密温度计的软木塞塞紧（温度计预热至80~85℃），使精密温度计插至离萘结晶点测定仪底20mm处。

③保持结晶点测定仪与水平成45°、振幅为100mm，每分钟60~70次摇动测定仪，每0.5min看一次精密温度计温度，温度逐渐降低，当有结晶出现、温度开始回升时，再摇动一次后停止摇动，静置观察温度。

④当温度达到最高点并在最高温度停留1min以上时，该温度即为结晶点。读记此温度，读数估计到0.01℃，同时记录精密温度计水银柱外露部分中段附近的温度。

⑤若在测定中未观察到温度升高或回升到最高温度停留时间少于1min时，则此次试验作废，需重新试验。

二、萘不挥发物的测定

1.测定原理

在一定测量条件下，加热萘样，测量出萘挥发后的残留物质量，并计算出不挥发物含量。

2.试验步骤

①称取试样20g(称准至0.1g)，置于预先在(815±10)℃灼烧并恒重的蒸发皿中，将蒸发皿放在远红外线恒温干燥箱中。

②远红外线恒温干燥箱装于通风橱内，在每个蒸发皿上口安装一支温度计，并保持蒸发皿的上口平面的温度为(150±2)℃，启动排风系统，调节抽风速率，使精萘试样在(70±10)min内蒸发完，工业萘试样在远红外线恒温干燥箱内要求(90±10)min蒸发完。

③精萘平行试样在35min时交换位置，工业萘平行试样在45min时交换位置。

④待萘蒸发后，停止抽风，将带有残留物的蒸发皿放入干燥器中冷却至室温，称量(准确至0.0002g)。

⑤称量后将带残留物的蒸发皿再放入远红外线恒温干燥箱中重复加热，每次15min，直至连续两次质量差在0.0004g以内为止。

⑥计算时取最后一次质量（残留物作萘的灰分测定）。

三、萘灰分的测定方法

1.基本原理

称取一定质量的萘试样，置于(815±10)℃马弗炉中灰化至质量恒定，以其残留物质量占萘试样质量的百分数作为灰分。

2. 试验步骤

①称取混合均匀的萘试样20g(称准至0.0001g)于预先恒重的蒸发皿中，在电炉上用小火慢慢加热灰化至无挥发物。

②将上述①中蒸发皿或测定萘不挥发物后的精萘或工业萘的残余物放入马弗炉中，于(815±10)℃进行灰化30min，取出，在空气中冷却5min，立即放入干燥器中冷却至室温，称量，称准至0.0001g。

③将蒸发皿再放入马弗炉中进行检查性灼烧，每次15min，直到连续两次质量差在0.0004g以内为止，计算时取最后一次质量。

四、萘酸洗比色试验

1. 基本原理

试样在浓硫酸中反应产生的颜色和标准比色液的颜色进行比较，确定比色号。

2. 试验步骤

①在比色管中加入10mL硫酸，将比色管浸入保持在(80±1)℃的水浴中加热，待比色管中硫酸温度达到(80±1)℃时加入试样。

②称取已在研钵中研细的萘试样(2.0±0.1)g，将漏斗插入装有10mL硫酸的比色管中，并迅速地将试样通过漏斗加入比色管内，取出漏斗。

③在水浴中轻轻振摇2min。取出比色管，放在比色架上，立即与标准液进行比色。比色时，对着白色背景，正面透光观察。

3. 试验结果

根据比色结果报出比色号。试验结果处于两个标准色号之间时；按较深的比色号报出。

第十四节　粗苯的测定

粗苯的技术指标主要有外观、密度、馏程和水分等。本节规定了粗苯的外观和水分的测定方法，粗苯的密度和馏程按本章焦化轻油类产品密度和馏程的测定方法进行。

一、方法提要

1．外观的测定

将试样置于无色透明的玻璃管中，于透射光线下目测观察其颜色。

2．水分的测定

将试样在室温(18～25℃)下放置1h，目测有无不溶解的水。

二、测定步骤

1．外观的测定

取约200mL样品置于直径50mm的无色透明玻璃管中，于透射光线下目测观察其颜色。若为黄色透明液体，则合格，否则为不合格。

2．水分的测定

将上述玻璃管连同样品在室温(18～25℃)下放置1h，目测有无不溶解的水。若无可见的不溶解水，则合格，否则为不合格。

第十五节 硫酸铵的测定

一、采样和制备

①硫酸铵按批检验，每批质量不超过150t。

②袋装的硫酸铵按表8-5规定选取采样袋数。

表8-5 袋装硫酸铵采样袋数的选取

总的包装袋数	采样袋数	总的包装袋数	采样袋数	总的包装袋数	采样袋数	总的包装袋数	采样袋数
1～10	全部袋数	82～101	14	182～216	18	344～394	22
11～49	11	102～125	15	217～254	19	395～450	23
50～64	12	126～151	16	255～296	20	451～512	24
65～81	13	152～181	17	297～343	21		

③采样时，用采样器从袋口一边斜插至对边袋深的3/4处采取均匀样品，每袋采取样品不少于0.1kg，所取样品总量不得少于2kg。

④硫酸铵也可以用自动采样器、勺子或其他合适的工具，从皮带运输机上随机地或按一定的时间间隔采取截面样品，每批所取样品不得少于2kg。

⑤将所采取的样品合并在一起，混匀，用缩分器或四分法缩分为1kg的均匀试样，分装于两个清洁、干燥、带磨口的广口瓶、聚乙烯瓶或其他具有密封性能的容器中，容器上粘贴标签。一份供检验用，另一份作为保留样品，保留期两个月，以供查验。

二、外观

目测，应为白色结晶，无可见机械杂质。

三、氮含量的测定

硫酸铵中氮含量的测定有两种方法，即蒸馏后滴定法和甲醛法，其中，蒸馏后滴定法为仲裁方法。

1.测定原理

（1）蒸馏后滴定法

硫酸铵在碱性溶液中蒸馏出的氨，用过量的硫酸标准滴定溶液吸收，在指示剂存在下，以氢氧化钠标准滴定溶液回滴过量的硫酸。根据滴定消耗氢氧化钠标准溶液的量计算氮含量。

（2）甲醛法

在中性溶液中，铵盐与甲醛作用生成六亚甲基四胺和相当于铵盐含量的酸，在指示剂存在下，用氢氧化钠标准滴定溶液滴定。

2．氮含量的测定（蒸馏后滴定法）

（1）分析步骤

①试样溶液的制备。称取10g试样(称准至0.0001g)，溶于少量水中，转移至500mL容量瓶中，用水稀释至刻度，混匀。

②蒸馏。从上述量瓶中吸取50.0mL试液于蒸馏瓶中，加入约350mL水和几粒防爆沸石（或防爆装置：将聚乙烯管接触烧瓶底部）。用单标移液管加入50.0mL硫酸标准溶液于吸收瓶中，并加入80mL水和5滴混合指示剂溶液。用硅脂涂抹仪器接口，安装好蒸馏仪器，并确保仪器所有部分密封。

通过滴液漏斗往蒸馏瓶中注入氢氧化钠溶液20mL，注意滴液漏斗中至少留有几毫升溶液。

加热蒸馏，直至吸收瓶中的收集量达到250～300mL时停止加热，打开滴液漏斗，拆下防溅球管，用水冲洗冷凝管，并将洗涤液收集在吸收瓶中，拆下吸收瓶。

③滴定。将吸收瓶中溶液混匀，用氢氧化钠标准滴定溶液回滴过量的硫酸标准滴定溶液，直至溶液呈灰绿色为终点。

④空白试验。在测定的同时，除不加试样外，按上述完全相同的分析步骤、试剂和用量进行平行操作。

3．氮含量的测定（甲醛法）

（1）测定步骤

①称取1g试样（称准至0.0001g），置于250mL锥形瓶中，加100～120mL水溶解，再加1滴甲基红指示剂溶液，用氢氧化钠溶液(4g/L)调节至溶液呈橙色。

②测定：加入15mL甲醛溶液至试液中，再加入3滴酚酞指示剂溶液，混匀。放置5min，用氢氧化钠标准滴定溶液滴定至浅红色，经1min不消失（或滴定至pH计指示pH为8.5）为终点。

③在测定的同时，除不加试样外，按与上述完全相同的测定步骤、试剂和用量进行平行操作。

四、水分的测定（重量法）

1. 基本原理

称取一定量的试样，置于$(105 \pm 2)℃$干燥箱内烘干至质量恒定，测定试样减少的质量，根据试样的质量损失计算出水分的质量分数。本方法适用于所取试样中水分质量不小于0.001g的情形。

2. 分析步骤

称取5g试样(称准至0.0001g)，置于预先在$(105 \pm 2)℃$干燥至恒重的称量瓶中，将称量瓶盖稍微打开，置称量瓶于干燥箱中接近于温度计的水银球水平位置上，在$(105 \pm 2)℃$的温度中干燥30min后，取出称量瓶，盖上盖，在干燥器中冷却至室温，称量。重复操作，直至恒重，取最后一次的质量作为计算依据。

五、游离酸含量的测定

1. 基本原理

试样溶液中的游离酸，在指示剂存在下，用氢氧化钠标准滴定溶液滴定。根据滴定消耗氢氧化钠标准溶液的量计算游离酸含量。反应如下：

2. 分析步骤

①试样溶液的制备：称取10g(称准至0.0001g)试样于一洁净干燥的100mL烧杯中，加50mL水溶解，如果溶液浑浊，可用中速滤纸过滤，用水洗涤烧杯和滤纸，收集滤液于250mL的锥形瓶中。

②加1～2滴指示剂溶液于滤液中，用氢氧化钠标准滴定溶液滴定至灰绿色为终点，记录消耗氢氧化钠标准滴定溶液的体积V (mL)。若试液有色，终点难以观察，也可滴定至pH计指示pH 5.4～5.6为终点。

六、铁含量的测定（邻菲罗啉分光光度法）

1. 测定原理

试样中的铁用盐酸溶解后，以抗坏血酸将三价铁还原为二价铁，在缓冲介质(pH 2～9)中，二价铁与邻菲罗啉生成橙红色络合物，在最大吸收波长510nm处，用分光光度计测定其吸光度。本方法适用于测定铁含量在10～100μg范围内的试液。

2. 分析步骤

（1）标准曲线的绘制

①标准比色溶液的制备。按表8-6所示，在一系列100mL烧杯中，分别加入给定体积的铁标准溶液(0.010g/L)。

表8-6　标准比色溶液的制备

铁标准溶液(0.010g/L)的体积/mL	相应的铁含量/μg	铁标准溶液(0.010g/L)的体积/mL	相应的铁含量/μg
0	0	6.0	60
1.0	10	8.0	80
2.0	20	10.0	100
4.0	40		

每个烧杯都按下述规定同时同样处理：

加水至30mL，用盐酸溶液或氨水溶液调节溶液的pH值接近2，定量地将溶液转移至100mL容量瓶中，加1mL抗坏血酸溶液、20mL缓冲溶液和10.0mL邻菲罗啉溶液，用水稀释至刻度，混匀，放置15~30min。

②光度测定。用3cm吸收池，以铁含量为零的溶液作为参比溶液，在波长510nm处，用分光光度计测定标准比色溶液的吸光度。

③绘制标准曲线。以100mL标准比色溶液中所含铁的质量(μg)为横坐标，相应的吸光度为纵坐标，作图。

（2）测定

①试样溶液的制备。称取10g试样(精确至0.01g)，置于100mL烧杯中，加少量水溶解后，加入10mL盐酸溶液，加热煮沸2min，冷却后定量转移到100L容量瓶中，稀释至刻度，混匀。

②显色。吸取10.0mL试液于100mL烧杯中，按上述步骤进行显色。

③光度测定。按上述相同的步骤，测定试液的吸光度。从标准曲线上查出试液吸光度对应的铁质量(μg)。

3.精密度

取平行测定结果的算术平均值为测定结果，平行测定结果的绝对差值不大于0.0005%；不同实验室测定结果的绝对差值不大于0.001%。

七、砷含量的测定

1．二乙基二硫代氨基甲酸银分光光度法（仲裁法）

（1）方法原理。在酸性介质中，碘化钾、氯化亚锡和金属锌将砷还原为砷化氢，与二乙基二硫代氨基甲酸银的吡啶溶液生成紫红色胶态银，在最大吸收波长540nm处，测定其吸光度。本方法适用于测定砷含量在1~20μg范围内的试液。

（2）分析步骤。由于吡啶具有恶臭，操作应在通风橱中进行。

①标准曲线的绘制

标准比色溶液的制备。按表8-7所示，吸取给定体积的砷标准溶液(0.0025g/L)分别置于6个锥形瓶中。

表8-7 标准比色溶液的制备

砷标准溶液(0.0025g/L)的体积/mL	相应的砷含量/μg	砷标准溶液(0.0025g/L)的体积/mL	相应的砷含量/μg
0	0	4.0	10.0
1.0	2.5	6.0	15.0
2.0	5.0	8.0	20.0

各锥形瓶用水稀释至50mL，加入15mL盐酸，然后依次加入2mL碘化钾溶液和2mL氯化亚锡溶液，混匀，放置15min。

置少量乙酸铅棉花于连接管中，以吸收硫化氢。

吸取5.0mL Ag(DDTC)-吡啶溶液到15球管吸收器中，磨口玻璃吻合处在反应过程中应保持密封。

称量5g锌粒加入锥形瓶中，迅速连接好仪器，使反应进行约45min，移去吸收器，充分混匀溶液所生成的紫红色胶态银。

光度测定。以砷含量为零的溶液为参比溶液，用1cm吸收池，在波长540nm处，用分光光度计测定标准比色溶液的吸光度。

绘制标准曲线。以5.0mL Ag(DDTC)-吡啶溶液吸收液中所含砷的质量(μg)为横坐标，相应的吸光度为纵坐标，绘制标准曲线。

②测定

试样溶液的制备。称取20g试样(精确至0.001g)，置于锥形瓶中，加水50mL，混匀使其完全溶解，加15mL盐酸，使所得溶液中盐酸的浓度约为c(HCl)=3mol/L，混匀。

显色与光度测定。在试液中加入2mL碘化钾溶液和2mL氯化亚锡溶液，混匀后放置15min。

以下按上述绘制标准曲线的操作步骤，从"置少量乙酸铅棉花于连接管……"开始，直至"……用分光光度计测定溶液的吸光度"为止，完成测定。

从标准曲线上查出试液吸光度对应的砷质量（μg）。

2. 砷斑法

（1）方法原理。在酸性介质中，碘化钾、氯化亚锡和金属锌将试液中的砷还原为砷化氢，再与溴化汞试纸接触反应，生成黄色色斑，将其深浅与砷的一系列标准色斑比较，求出试样中的砷含量。本方法适用于测定砷含量在0.5~5μg范围内的试液。

（2）分析步骤

①试样溶液的制备。称取10g试样(精确至0.01g)，置于锥形瓶中，加水50mL，混匀使其完全溶解，加15mL盐酸，混匀。

②标准色阶的制备。制备试液的同时，按表8-8吸取给定体积的砷标准溶液(0.0025g/L)分别置于5个锥形瓶中，加水至50mL，加15mL盐酸，混匀。

③测定。对各锥形瓶依次加入2mL碘化钾溶液、2mL氯化亚锡溶液，混匀后放置15min。

表8-8　标准色阶的制备

砷标准溶液(0.0025g/L)的体积/mL	相应的砷含量/μg	砷标准溶液(0.0025g/L)的体积/mL	相应的砷含量/μg
0	0	1.5	3.75
0.5	1.25	2.0	5.00
1.0	2.50		

置乙酸铅棉花于玻璃管内，以吸收硫化氢。

将溴化汞试纸固定，称量5g锌粒置于锥形瓶中，使反应在暗处进行1~1.5h。取下溴化汞试纸，以试样的溴化汞试纸颜色与砷标准溶液系列色阶比较，求出试样中的砷质量。

八、重金属含量的测定（目视比浊法）

1. 方法原理

在弱酸性介质（pH为3~4）中，硫化氢水溶液与试液中硫化氢组重金属生成硫化物，再与铅的标准色阶比较，以测定重金属（以Pb计）的含量。本方法适用于重金属（以Pb计）含量在15~100μg范围内的试液。

2. 分析步骤

（1）试样溶液的制备。称取20g试样(精确至0.1g)，置于150mL烧杯中，加少量水溶解（必要时过滤），定量转移到200mL容量瓶中，用水稀释至刻度，混匀。

（2）标准色阶的制备按表8-9吸取给定体积的铅标准溶液(0.01g/L)分别置于6支比色管中，并于比色管中分别加入10.0mL试液，用水稀释至30mL，加1mL乙酸溶液、10mL新制备的饱和硫化氢水溶液，用水稀释至50mL，混匀，放置10min。

表8-9 标准色阶的制备

铅标准溶液(0.01g/L)的体积/mL	相应的铅含量/μg	铅标准溶液(0.01g/L)的体积/mL	相应的铅含量/μg
0	0	3.0	30
1.0	10	4.0	40
2.0	20	5.0	

（3）测定。用单标线吸管移取20mL试液于比色管中，加1mL乙酸溶液：10mL新制备的饱和硫化氢水溶液，用水稀释至50mL，混匀，放置10min，与铅标准色阶比较，求出试样中重金属的质量。

九、水不溶物含量的测定（重量法）

1. 方法原理

用水溶解试样，将不溶物滤出，用水洗涤残渣，使之与样品主体完全分离，干燥后称量水不溶物质量。本方法适用于试样中水不溶物含量不小于0.001g的情形。

2. 分析步骤

（1）试样溶液的制备。称取100g试样（精确至0.1g），置于1000mL烧杯中，加入500mL水溶解，保持温度20~30℃。

（2）测定。用预先在(110±5)℃下干燥至恒重的玻璃坩埚式滤器过滤试液，用水充分洗涤坩埚及烧杯，直至用氯化钡溶液检验洗涤水中没有白色沉淀为止。

在(110±5)℃下干燥坩埚和内容物1h，在干燥器中冷却至室温，称重。重复操作，直至两次连续称量之差不大于0.001g为止。取最后一次测量值作为测量结果。

（刘涛）

第九章　焦化废水的检测

焦化废水是在原煤的高温干馏、煤气净化和化工产品精制过程中产生的。废水成分复杂，其水质随原煤组成和炼焦工艺而变化。核磁共振-色谱图中显示：焦化废水中含有数十种无机和有机化合物，其中无机化合物主要是大量铵盐、硫氰化物、硫化物、氰化物等，有机化合物除酚类外，还有单环及多环的芳香族化合物以及含氮、硫、氧的杂环化合物等。总之，焦化废水污染严重，是工业废水排放中一个突出的环境问题，需要严格对其进行检测。

第一节　水样的采取

水样的采集和保存是否得当，关系到水质分析资料是否可靠。

一、水样的代表性

为了说明水质，要在规定的时间、地点或特定的时间间隔内测定水的一些参数。如无机物、溶解的矿物质或化学药品、溶解气体、溶解有机物、悬浮物以及底部沉积物的浓度。某些参数，例如溶解气体的浓度，应尽可能在现场测定，以便取得准确的结果。由于化学和生物样品的采集、处理步骤和设备均不相同，因此样品应分别采集。

（1）瞬间水样。从水体中不连续地随机（就时间和地点而言）采集的样品称为瞬间水样。

在一般情况下，所采集样品只代表采样当时和采样点的水质，而自动采样是相当于以预定选择时间或流量间隔为基础的一系列这种瞬间样品。

（2）在固定时间间隔下采集的周期样品（取决于时间）。通过定时装置在规定的时间间隔下自动开始和停止采集样品。通常在固定的期间内抽取样品，将一定体积的样品注入各容器中。

手工采集样品时，按上述要求采集周期样品。

（3）在固定排放量间隔下采集的周期样品（取决于体积）。当水质参数发生变化时，采样方式不受排放流速的影响，此种样品归于流量比例样品。例如，液体流量的单位体积(如10000L)，所取样品量是固定的，与时间无关。

（4）在固定流速下采集的连续样品（取决于时间或时间平均值）。通过在固定流速下采集的连续样品，可测得采样期间存在的全部组分，但不能提供采样期间各参数浓度的变化。

（5）在可变流速下采集的连续样品（取决于流量或与流量成比例）。采集流量比例样品代表水的整体质量，即便流量和组分都在变化，流量比例样品也同样可以揭示利用瞬间样品所观察不到的这些变化。因此，对于流速和待测污染物浓度都有明显变化的流动水，采集流量比例样品是一种精确的采样方法。

（6）混合水样。在同一采样点上以流量、时间或体积为基础，按照已知比例（间歇地或连续地）混合在一起的水样，称为混合水样。

混合水样可自动或手工采集。

（7）综合水样。为了某种目的，把从不同采样点同时采得的瞬间水样混合为一个样品（时间应尽可能接近，以便得到所需要的数据），这种混合样品称作综合水样。

二、水样的采样设备

1. 供测定物理或化学性质的采样设备

（1）瞬间非自动采样设备。瞬间样品一般采集表层样品时，用吊桶或广口瓶沉入水中，待注满水后，再提出水面。包括综合深度采样设备和选定深度定点采样设备。

（2）自动采样设备

包括非比例自动采样器和比例自动采样器。

2. 采集微生物的设备

灭菌玻璃瓶或塑料瓶适用于采集大多数微生物样品。所有使用的仪器包括泵及其配套设备，必须完全不受污染，并且设备本身也不可引入新的微生物。采样设备与容器不能用水样冲洗。

3. 采集放射性特性样品的设备

一般物理、化学分析用的硬质玻璃和聚乙烯塑料瓶适用于放射性核素分析，但要针对所检验核素存在的形态选取合适的取样容器（例如测量总 α、总 β 放射性可用聚乙烯瓶，而测定氚只能使用玻璃容器）。取样之前，应将样品瓶洗净晾干。

三、水样的采样容器和辅助设备

下列内容有助于一般采样过程中采样容器的选择。

1. 容器的材料

在评价水质时，关于采样容器最常遇到的影响因素是容器清洗不当、容器自身材料对样品的污染和容器壁上的吸附作用。此外，还包括一些其他因素，比如温度变化、抗破裂性、密封性能、重复打开的情形、体积、形状、质量供应状况、价格、清洗和重复使用的可行性等。

大多数含无机物的样品，多采用由聚乙烯、氟塑料和聚碳酸酯制成的容器。对光敏物质，可使用棕色玻璃瓶。不锈钢容器可用于高温或高压的样品，或用于含微量有机物的样品。

一般来说，玻璃瓶适用于有机物和生物样品，塑料容器适用于检测放射性核素和含属于玻璃主要成分的元素水样。在采样设备中，经常用氯丁橡胶垫圈和油质润滑的阀门，而这些材料均不适合于采集有机物和微生物样品。

因此，除了需满足上述要求的物理特性外，在选择采集和存放样品的容器时（尤其是在用于分析微量组分时）应该遵循下述准则。

①制造容器的材料应对水样的污染降至最小。例如玻璃（尤其是软玻璃）会溶出无机组分，塑料和合成橡胶（如增塑的乙烯瓶盖衬垫、氯丁橡胶盖）会溶出有机化合物及金属，使用时应注意。

②制造容器的材料应具有容器壁可清洗和处理的性能，以便减少微量组分（例如重金属或放射性核素对容器表面的污染）。

③制造容器的材料在化学和生物方面应具有惰性，使样品组分与容器之间的反应减到最低程度。

④制造容器的材料应具有尽可能小的吸附作用。因为待测物吸附在样品容器上也会引起测量误差，尤其是在测痕量金属时，其他待测物（如洗涤剂、农药、磷酸盐）的吸附都可引起误差。

2．自动采样线

自动采样线是指以自动采样方式从采样点将样品抽吸到贮样容器中所经过的管线。样品在采样线内停留的时间，应视样品在容器内存放的时间而定。

3．样品容器的种类

（1）测定天然水的采样容器测定天然水的理化参数时，可使用聚乙烯容器和硼硅玻璃容器进行常规采样，最好使用化学惰性材料所制的容器，但这种容器对于常规使用太昂贵。常用的采样容器包括多种类型的细口、广口和带有螺旋帽的瓶子，也可配软木塞（外裹化学惰性金属箔片）、胶塞（对有机物和微生物的研究不理想）和磨口玻璃塞（碱性溶液易粘住塞子），这些瓶子易得、价廉。如果样品装在箱子中送往实验室分析，则箱盖必须设计成可以防止瓶塞松动、防止样品溢漏或污染。

（2）特殊样品的容器除了上面提到的需要考虑的事项外，一些光敏物质，包括藻类，为防止光的照射，多采用不透明材料或有色玻璃容器，而且在整个存放期间，容器应放置在避光的地方。在采集和分析的样品中含溶解的气体时，曝气会改变样品的组分，使用有锥形磨口玻璃塞的细口生化需氧量(BOD)瓶，能使空气的吸收减小到最低程度。另外，此类容器在运送过程中还要求特别的密封措施。

（3）含微量有机污染物样品的容器一般情况下，这类样品使用的样品瓶为玻璃瓶。因为所有塑料容器干扰高灵敏度的分析，所以对这类分析应采用玻璃瓶或聚四氟乙烯瓶。

（4）检验微生物样品的容器对用于检验微生物样品的容器的基本要求是能够经受高温灭菌；如果是冷冻灭菌，瓶子和衬垫的材料也应该符合本条件。在灭菌和样品存放期间，容器材料不应该产生和释放出抑制微生物生存能力或促进繁殖的化学品。样品在运回实验室到打开前，应保持密封，并包装好，以防污染。

4．样品的运送

从空样品容器运送到采样地点，到装好样品后运回实验室进行分析，整个运送过程都要非常小心。包装箱可用多种材料（如泡沫塑料、波纹纸板等），以使运送过程中样品的损耗减少到最低限度。包装箱的盖子一般都衬有隔离材料，用以对瓶塞施加轻微的压力。气温较高时，为防止生物样品发生变化，应对样品冷藏防腐或用冰块保存。

5. 质量控制

为防止样品被污染，每个实验室都应该实施一种行之有效的容器质量控制程序。随机选择清洗干净的瓶子，注入高纯水进行分析，都能保证样品瓶不残留杂质。至于采样和存放程序中的质量保证，也应该用采样后加入分析样品和试剂的相同步骤进行分析。

四、标志和记录

样品注入样品瓶后，要做详细资料，此详细资料应从采样点直到分析结束、制表的过程中一直伴随着样品。事实上，现场记录在水质调查方案中也非常有用，但是它们很容易被误放或丢失，因此不能依赖它们来代替详细的资料。

所需要的最低限度的资料取决于数据的最终用途。

对于焦化废水，至少应该提供下列资料：测定项目，水体名称，地点的位置，采样点，采样方法，水位或水流量，气象条件，气温、水温，预处理的方法，样品的表观（悬浮物质、沉降物质、颜色等），有无臭气，采样日期（包括年、月、日），采样时间，采样人姓名。

补充资料包括是否保存或加入稳定剂等，也应加以记录。

五、采样容器的选择、清洗原则及水样的保存

各种水质的水样，从采集到分析的过程中，由于物理的、化学的、生物的作用，会发生不同程度的变化，这些变化使得进行分析时的样品已不再是采样时的样品。为了使这种变化降低到最小的程度，必须在采样时对样品加以保护。但到目前为止，所有的保护措施还不能完全抑制这些变化，还没有找到适用于一切场合和情况的绝对准则。在各种情况下，贮存方法应与使用的分析技术相匹配，这里主要讲述最通用的适用技术。

对盛装水样的容器进行材质选择及清洗是样品保存的首要问题。

1. 对容器的要求

选择容器的材质时必须注意以下几点：

①容器不能引起新的沾污。例如，一般的玻璃容器在贮存水样时可溶出钠、钙、镁、硅、硼等元素，因此在测定这些项目时应避免使用玻璃容器，以防止新的污染。

②容器器壁不应吸收或吸附某些待测组分。一般的玻璃容器易吸附金属，聚乙烯等塑料容器易吸附有机物质、磷酸盐和油类，在选择容器材质时应予以考虑。

③容器不应与某些待测组分发生反应。如测氟时，水样不能贮于玻璃瓶中，因为玻璃与氟化物发生反应。

④深色玻璃能降低光敏作用。

2. 容器的清洗原则

根据水样测定项目的要求来确定清洗容器的方法。

（1）用于进行一般化学分析的样品。分析地面水或废水中的微量化学组分时，

通常要使用彻底清洗过的新容器，以减少再次污染的可能性。清洗的一般程序是：用水和洗涤剂洗，再用铬酸—硫酸洗液洗，然后用自来水、蒸馏水冲洗干净即可。所用的洗涤剂类型和选用的容器材质要随待测组分来确定，如测磷酸盐不能使用含磷洗涤剂；测硫酸盐或铬则不能用铬酸—硫酸洗液；测重金属的玻璃容器及聚乙烯容器通常用盐酸或硝酸($c=1mol/L$)洗净并浸泡$1 \sim 2d$，然后用蒸馏水或去离子水冲洗。

（2）用于微生物分析的样品。容器及塞子、盖子应经灭菌并且在灭菌温度下不释放或产生出任何能抑制生物活性、灭活或促进生物生长的化学物质。

玻璃容器按一般清洗原则洗涤，用硝酸浸泡，再用蒸馏水冲洗，以除去重金属或铬酸盐残留物。在灭菌前可在容器里加入硫代硫酸钠($Na_2S_2O_3$)以除去余氯对细菌的抑制作用（以每125mL容器加入0.1mL 10%的$Na_2S_2O_3$计量）。

3．水样的过滤和离心分离

在采样时或采样后不久，用滤纸、滤膜或砂芯漏斗、玻璃纤维等来过滤样品或将样品离心分离，都可以除去其中的悬浮物、沉淀、藻类及其他微生物。

在分析时，过滤的目的主要是区分过滤态和不可过滤态，在滤器的选择上要注意可能的吸附损失。如测定有机项目时一般选用砂芯漏斗和玻璃纤维过滤，而在测定无机项目时则常用0.4511m的滤膜过滤。

4．水样的保存措施

（1）将水样充满容器至溢流并密封。为避免样品在运输途中的振荡，以及空气中的氧气、二氧化碳对容器内样品组分和待测项目的干扰（如对酸碱度、BOD、DO等产生影响），应使水样充满容器至溢流并密封保存。但对准备冷冻保存的样品不能充满容器，否则水结冰之后，会因体积膨胀而致使容器破裂。

（2）冷藏。水样冷藏时的温度应低于采样时水样的温度。水样采集后应立即放在冰箱或冰水浴中，置于暗处保存，一般于$2 \sim 5℃$冷藏。冷藏并不适用长期保存，对废水的保存时间则更短。

（3）冷冻（$-20℃$）。冷冻一般能延长贮存期，但需要掌握熔融和冻结的技术，以使样品在融解时能迅速地、均匀地恢复原始状态。水样结冰时，体积膨胀，因此一般选用塑料容器。

（4）加入保护剂（固定剂或保存剂）。投加一些化学试剂可固定水样中的某些待测组分。保护剂应事先加入空瓶中，有些也可在采样后立即加入水样中。

经常使用的保护剂有各种酸、碱及生物抑制剂，加入量因需要而异。所加入的保护剂不能干扰待测成分的测定，如有疑义应先做必要的实验。

对于测定某些项目所加的固定剂必须要做空白试验，如测微量元素时就必须确定固定剂可引入的待测元素的量（如酸类会引入不可忽视量的砷、铅、汞）。

六、水样的管理

水样是从各种水体及各类型水中取得的实物证据和资料，对水样进行妥善而严格的管理是获得可靠监测数据的必要手段。水样的管理方法和程序如下所述。

（1）水样的标签设计水样采集后，往往根据不同的分析要求，分装成数份，并分别加入保存剂。对每一份样品都应附一张完整的水样标签。水样标签可以根据实际情况进行设计，一般包括：采样目的，课题代号，监测点数目、位置，监测日期、时间，采样人员等。标签应用不褪色的墨水填写，并牢固地贴于盛装水样的容器外壁上。

对需要现场测试的项目，如pH值、电导、温度、流量等进行记录，并妥善保管现场记录。

（2）水样运送过程的管理。对装有水样的容器必须加以妥善的保护和密封，并装在包装箱内固定，以防在运输途中破损，包括材料和运输水样的条件都应严格要求。除了防震、避免日光照射和低温运输外，还要防止新的污染物进入容器和沾污瓶口使水样变质。

在水样转运过程中，每个水样都要附有一张管理程序登记卡。在转交水样时，转交人和接收入都必须清点和检查水样，并在登记卡上签字，注明日期和时间。

管理程序登记卡是水样在运输过程中的文件，必须妥为保管，防止差错，以便备查。尤其是通过第三者把水样从采样地点转移到实验室时，这张管理程序登记卡就显得更为重要了。

（3）实验室对水样的接收。水样送至实验室时，首先要核对水样，验明标签，确认无误时签字验收。如果不能立即进行分析，则应尽快采取保存措施，并防止水样被污染。

第二节　pH的测定

一、pH的定义

溶液的酸碱性可用$[H^+]$或$[OH^-]$来表示，习惯上常用$[H^+]$来表示。因此溶液的酸度就是指溶液中$[H^+]$的大小。对于很稀的溶液，用$[H^+]$来表示溶液的酸碱性往往既有小数又有负指数，使用不方便，因此常用pH值来表示溶液的酸碱性。

pH值是指氢离子浓度的负对数，即

$$pH= -lg[H^+]$$

pH值的使用范围一般在0～14之间。pH值越小，溶液的酸性越强，碱性越弱；pH值越大，溶液的酸性越弱，碱性越强。溶液的酸碱性和pH值之间的关系为：中性溶液，pH=7;酸性溶液，pH<7;碱性溶液，pH＞7。溶液pH值相差一个单位，$[H^+]$相差10倍。更强的酸性溶液，pH值可以小于0($[H^+]$>lmol/L)；更强的碱溶液，pH值可以大于14($[OH^-]$>1mol/L)。这种情况下，通常不再用pH值来表示其酸碱性，而直接用$[H^+]$或$[OH^-]$来表示。

溶液pH值的粗略测定，可使用广泛pH试纸或精密pH试纸来获得，准确测定溶液的pH值可使用pH计来完成。

一、方法原理

pH值由测量电池的电动势而得，通常以玻璃电极为指示电极、饱和甘汞电极为参比电极组成电池。在25℃时，溶液中每变化1个pH单位，电位差改变59.16mV，在仪器上直接以pH的读数表示。

玻璃电极基本上不受颜色、胶体物质、浊度、氧化剂、还原剂以及高含盐量的影响。但在pH<1的强酸性溶液中，会有所谓的"酸误差"，可按酸度测定；在pH>10的碱溶液中会产生钠误差，使读数偏低，可用"低钠误差"电极消除钠误差，还可以选用与被测溶液pH值相近似的标准缓冲溶液对仪器进行校正。温度影响电极的电位和水的电离平衡，仪器上有补偿装置对此加以校正。测定时，应注意调节仪器的补偿装置与溶液的温度一致，并使被测样品与校正仪器用的标准缓冲溶液温度误差在±1℃以内。不可在含油或含脂的溶液中使用玻璃电极，测量之前可用过滤方法除去油或脂。

三、试剂与仪器

1. 标准溶液的配制

pH标准缓冲溶液（简称标准溶液）均需用新煮沸并放冷的纯水（不含CO_2，电导率应小于2μS/cm，pH值在6.7～7.3之间为宜）配制。配成的溶液应贮存在聚乙烯瓶或硬质玻璃瓶内。此类溶液可以稳定1～2个月。测量pH时，按水样呈酸性、中性和碱性三种可能，常配制以下三种标准溶液：

（1）pH标准缓冲溶液甲。称取预先在110～130℃干燥2～3h的邻苯二甲酸氢钾$(KHC_8H_4O_4)$10.12g，溶于水并在容量瓶中稀释至1L。此溶液的pH值在25℃时为4.008。

（2）pH标准缓冲溶液乙。分别称取预先在110～130℃干燥2～3h的磷酸二氢钾(KH_2PO_4)3.388g和磷酸氢二钠(Na_2HPO_4)3.533g，溶于水并在容量瓶中稀释至1L。此溶液的pH值在25℃时为6.865。

（3）pH标准缓冲溶液丙。为了使晶体具有一定的组成，应称取与饱和溴化钠（或氯化钠加蔗糖）溶液（室温）共同放置在干燥器中平衡两昼夜的硼砂$(Na_2B_4O_7 \cdot 10H_2O)$3.80g，溶于水并在容量瓶中稀释至1L。此溶液的pH值在25℃时为9.180。

当被测样品的pH值过高或过低时，应配制与其pH值相近似的标准溶液校正仪器。

2. 标准溶液的保存

①配好的标准溶液应在聚乙烯瓶或硬质玻璃瓶中密闭保存。

②标准溶液的pH值随温度变化而稍有差异。在室温条件下，标准溶液一般以保存1～2个月为宜，当发现有浑浊、发霉或沉淀现象时，则不能继续使用。

③标准溶液可在4℃冰箱内存放，且用过的标准溶液不允许再倒回去，这样可延长使用期限。

3. 仪器

①酸度计或离子浓度计。常规检验使用的仪器，至少应当精确到0.1pH单位，pH范围从0~14。如有特殊需要，应使用精度更高的仪器。

②玻璃电极与甘汞电极。

4. 样品的保存

最好现场测定。否则，应在采样后把样品保持在0~4℃，并在采样后6h之内进行测定。

四、试验步骤

（1）仪器校准。操作程序按仪器使用说明书进行。

（2）样品测定。测定样品时，先用蒸馏水认真冲洗电极，再用水样冲洗，然后将电极浸入样品中，小心摇动或进行搅拌使其均匀，静置，待读数稳定时记下pH值。

五、试验报告

试验报告应包括下列内容：取样日期、时间和地点，样品的保存方法，测定样品的日期和时间，测定时样品的温度，测定的结果（pH值应取最接近于0.1pH单位，如有特殊要求时，可根据需要及仪器的精确结果的有效数字位数而定），其他需说明的情况。

第三节　浊度的测定

天然水体中由于含有泥沙、纤维、有机物、无机物、浮游生物和其他微生物等悬浮物和胶体物而会产生浑浊现象。水的浑浊程度可用浊度的大小来表示。浊度是水中悬浮物对光线透过时所发生的阻碍程度。浑浊现象是水的一种光学性质，是由于水中不溶解物质的存在，使光线通过水样时被部分吸收或散射。

一般来说，水中的不溶解物质越多，浊度也越高，但二者之间并没有固定的定量关系。水的浊度大小不仅和水中存在的颗粒物质的含量有关，而且和其粒径大小、形状、颗粒表面对光散射的特性有密切关系。例如一杯清水中扔一颗小石头并不会产生浑浊，但如果把它粉碎，就会使水浑浊。

浊度是天然水和饮用水的重要质量指标之一。对焦化废水中浊度的测定采用分光光度法，该法适用于饮用水、天然水及高浊度水，最低检测浊度为3度。

一、方法原理

在适当温度下，硫酸肼与六亚甲基四胺聚合，形成白色高分子聚合物，以此作为浊度标准液，在一定条件下与水样浊度相比较。

二、分析步骤

1. 标准曲线的绘制

吸取浊度标准液0、0.50mL、1.25mL、2.50mL、5.00mL、10.00mL及12.50mL，置于50mL的比色管中，加水至标线。摇匀后，即得浊度为0.4度、10度、20度、40度、80度及100度的标准系列。于680nm波长处，用30mm比色皿测定吸光度，绘制标准曲线。

注：在680nm波长下测定，天然水存在的淡黄色、淡绿色无干扰。

2. 测定

吸取50.0mL摇匀水样(无气泡，如浊度超过100度可酌情少取，用无浊度水稀释至

50.0mL)于50mL比色管中，按绘制标准曲线的步骤测定吸光度，由标准曲线上查得水样浊度。

三、结果计算

$$浊度 = \frac{A(B + C)}{C}$$

式中　A——稀释后水样的浊度，度。

B——用于稀释的水的体积，mL。

C——原水样的体积，mL。

不同浊度范围测试结果的精度要求见表9-1。

表9-1　不同浊度范围测试结果的精度要求

浊度范围/度	精度/度	浊度范围/度	精度/度
1 ~ 10	1	400 ~ 1000	50
10 ~ 100	5	>1000	100
100 ~ 400	10		

第四节　氨氮的测定

氨氮常以游离的氨(NH_3)或铵离子（NH_4^+）等形式存在于水体中。它来源于进入水体的含氮化合物或复杂的有机氮化合物经微生物分解后的最终产物，在有氧存在的条件下，可进一步转变为亚硝酸盐和硝酸盐。天然水体中氨氮的存在，表示有机物正处在分解的过程中。

氨氮是水体中的营养素，可导致水富营养化，是水体中的主要耗氧污染物。如果含量过多，可作为判断水体在近期遇到污染的标志。对天然水体中各类含氮化合物进行监测，了解其变化规律，有利于掌握水体被污染的程度和自净的能力。

焦化废水中氨氮的测定采用气相分子吸收光谱法，此方法的最低检出限为0.020mg/L，测定下限为0.080mg/L，测定上限为100mg/L。

一、气相分子吸收光谱法的概念

吸收光谱法是根据物质对不同波长的光具有选择性吸收而建立起来的一种分析方法。该法既可以对物质进行定性分析，也可以定量测定物质的含量。

气相分子吸收光谱法是在规定的分析条件下，将待测成分转变成气体分子载入测量系统，测定其对特征光谱吸收的方法。

二、方法原理

水样在2% ~ 3%酸性介质中，加入无水乙醇，煮沸，除去亚硝酸盐等的干扰，用次溴酸盐氧化剂将氨及铵盐(0 ~ 50μg)氧化成等量亚硝酸盐，以亚硝酸盐氮的形式采用气相分子吸收光谱法测定氨氮的含量。

三、仪器与装置

（1）气相分子吸收光谱仪

（2）气液分离装置。清洗瓶1及样品反应瓶2为容积50mL的标准磨口玻璃瓶；干燥管3装入试剂无水高氯酸镁。用PVC软管将各部分连接于气相分子吸收光谱仪。

（3）50mL具塞钢铁量瓶

四、试验步骤

1. 水样的采集与保存

水样采集在聚乙烯瓶或玻璃瓶中，并应充满样品瓶。采集好的水样应立即测定，否则应加硫酸至 pH<2（酸化时，防止吸收空气中的氨而沾污），在2~5℃保存，于24h内测定。

2. 水样的预处理

取适量水样（含氨氮5~50μg）于50mL钢铁量瓶中，加入1mL 6mol/L的盐酸及0.2mL无水乙醇，充分摇动后加水至15~20mL，加热煮沸2~3min，冷却，洗涤瓶口及瓶壁至体积约30mL，加入15mL次溴酸盐氧化剂，加水稀释至标线，密塞摇匀，在18℃以上室温下氧化20min，待测。同时制备空白试样。

4. 测量系统的净化

每次测定之前，将反应瓶盖插入装有约5mL水的清洗瓶中，通入载气，净化测量系统，调整仪器零点。测定后，水洗反应瓶盖和砂芯。

5. 标准曲线的绘制

使用亚硝酸盐氮标准使用液直接绘制氨氮的标准曲线。

用微量移液器逐个移取0.50μL、100μL、150μL、200μL、250μL亚硝酸盐氮标准使用液置于样品反应瓶中，加水至2mL，用定量加液器加入3mL 4.5mol/L的盐酸，再加入0.5mL无水乙醇，将反应瓶盖与样品反应瓶密闭，通入载气，依次测定各标准溶液的吸光度，以吸光度与相对应的氨氮的量(μLg)绘制标准曲线。

6. 水样的测定

取2.00mL待测试样于样品反应瓶中，接下来的操作同上述标准曲线的绘制。

测定试样前，测定空白试样，进行空白校正。

第五节　溶解氧的测定

溶解氧是指溶解于水中的呈分子状态的氧，即水中的O_2，用DO表示。水中溶解氧的含量取决于水体与大气中氧的平衡。水中溶解氧的含量是检验水质的一项重要指标，它对水污染的控制、金属防腐以及水产品的养殖都有重要意义。本节规定采用电化学探头法测定水中的溶解氧。

一、方法提要

电化学探头法采用一种用透气薄膜将水样与电化学电池隔开的电极来测定水中的

溶解氧。根据所采用探头的不同类型，可测定氧的浓度(mg/L)或氧的饱和百分率(%)，或者二者皆可测定。该法可测定水中饱和百分率为0～100%的溶解氧，不但可以用于实验室内的测定，还可用于现场测定和溶解氧的连续监测；适于测定色度高及浑浊的水，也适于测定含铁及能与碘作用的物质的水。

二、基本原理

本方法所采用的探头由一小室构成，室内有两个金属电极并充有电解质，用选择性薄膜将小室封闭住。实际上水和可溶解物质离子不能透过这层膜，但氧和一定数量的其他气体及亲水性物质可透过这层薄膜。将这种探头浸入水中进行溶解氧测定。

因原电池作用或外加电压使电极间产生电位差。由于这种电位差，使金属离子在阳极进入溶液，而透过膜的氧在阴极还原。由此所产生的电流直接与通过膜与电解质液层的氧的传递速度成正比，因而该电流与给定温度下水样中氧的分压成正比。

因为膜的渗透性明显地随温度而变化，所以必须进行温度补偿。可使用调节装置，或者利用在电极回路中安装热敏元件来加以补偿。

三、试验步骤

1. 仪器的校准

必须参照仪器制造厂家的说明书进行校准。

（1）调整零点调整仪器的电零点。有些仪器有补偿零点，则不必调整。

（2）检验零点检验零点（必要时尚需调整零点）时，可将探头浸入每升已加入1g亚硫酸钠和约1mg钴盐(Ⅱ)的蒸馏水中。

10min内应得到稳定读数(新式仪器只需2～3min)。

（3）接近饱和值的校准。在一定温度下，向水中曝气，使水中的氧的含量达到饱和或接近饱和。在这个温度下保持15min，再测定溶解氧的浓度，例如用碘量法测定。

（4）调整仪器。将探头浸没在瓶内，瓶中完全充满制备并标定好的样品。让探头在搅拌的溶液中稳定10min以后，如果必要，调节仪器读数至样品已知的氧浓度。

当仪器不能再校准，或仪器响应变得不稳定或较低时（见厂家说明书），应更换电解质或（和）膜。

2. 水样的测定

按照厂家说明书对待测水样进行测定。在探头浸入样品后，使探头停留足够的时间，使探头与待测水温一致并使读数稳定。由于所用仪器型号不同及对结果的要求不同，必要时要检验水温和大气压力。

四、结果计算

溶解氧的浓度(mg/L)以每升水中氧的质量(mg)表示，取值到小数点后第一位。

若测量样品时的温度不同于校准仪器时的温度，应对仪器读数给予相应校正。有些仪器可以自动进行补偿。该校正考虑到了在两种不同温度下氧溶解度的差值。要计算溶解氧的实际值，需将测定温度下所得读数乘以下列比值：

$$Cm/Cc$$

式中　Cm——氧在测定温度下的溶解度。

C_c——氧在校准温度下的溶解度。

五、试验报告

试验报告包括下列资料：测定结果及其表示方法；采样和检测时的水温；采样和检测时的大气压力；水中含盐量；所用仪器的型号；测定期间可能注意到的特殊细节；本方法中没有规定的或考虑可任选的操作细节。

第六节 化学需氧量(COD)的测定

化学需氧量表示在强酸性氧化条件下1L水中还原性物质进行化学氧化时所需的氧量，是表示水中还原性物质多少的一个指标。水中的还原性物质有各种有机物、亚硝酸盐、硫化物、亚铁盐等，但主要是有机物。因此，化学需氧量(COD)又往往作为衡量水中有机物质含量多少的指标。COD是表示水体有机污染的一项重要指标，能够反映出水体的污染程度。化学需氧量越大，说明水体受有机物的污染越严重。

焦化废水中化学需氧量的测定用重铬酸盐法，该方法适用于测定各种类型的COD值大于30mg/L的水样，对未经稀释的水样的测定上限为700mg/L;不适用于含氯化物浓度大于1000mg/L（稀释后）的含盐水。

一、方法原理

采用重铬酸盐法，在水样中加入过量的重铬酸钾溶液，并在强酸介质下以银盐作催化剂，经沸腾回流后，以试亚铁灵为指示剂，用硫酸亚铁铵滴定水样中未被还原的重铬酸钾，根据水样中的溶解性物质和悬浮物所消耗重铬酸钾标准溶液的量计算相对应的化学需氧量。

在酸性重铬酸钾条件下，芳烃及吡啶难以被氧化，其氧化率较低。在硫酸银催化作用下，直链脂肪族化合物可有效地被氧化。

二、仪器与装置

（1）500mL全玻璃回流装置。

（2）加热装置（电炉）。

（3）酸式滴定管(25mL或50mL)、锥形瓶、移液管、容量瓶等。

三、试验步骤

1. 样品的采集与制备

水样要采集于玻璃瓶中，并应尽快分析。如不能立即分析时，应加入硫酸（ρ =1.84g/mL)至pH<2，于4℃下保存，但保存时间不多于5d。采集水样的体积不得少于100mL。将试样充分摇匀，取出20.0mL作为试料。

2. 测定步骤

①取试料于锥形瓶中，或取适量试料加水至20.0mL。

②空白试验。按与水样测定相同的步骤以20.0mL水代替试料进行空白试验，记录下空白滴定时消耗硫酸亚铁铵标准溶液的体积V1。

③水样的测定。于试料中加入10.0mL重铬酸钾标准溶液(0.250mol/L)和几颗防暴沸玻璃珠摇匀。将锥形瓶接到回流装置冷凝管下端，接通冷凝水。从冷凝管上端缓慢加入30mL硫酸银-硫酸试剂，以防止低沸点有机物的逸出，不断旋动锥形瓶使之混合均匀。自溶液开始沸腾起回流2h。

冷却后，用20～30mL水自冷凝管上端冲洗冷凝管后，取下锥形瓶，再用水稀释至140mL左右。

溶液冷却至室温后，加入3滴1,10-邻菲罗啉指示剂溶液，用硫酸亚铁铵标准滴定溶液滴定，溶液的颜色由黄色经蓝绿色变为红褐色即为终点。记下硫酸亚铁铵标准滴定溶液消耗的体积V2。

3. 注意事项

①对于COD值小于50mg/L的水样，应采用低浓度的重铬酸钾标准溶液(0.250mol/L)氧化，加热回流以后，采用低浓度的硫酸亚铁铵标准溶液(0.010mol/L)回滴。

②该方法对未经稀释的水样的测定上限为700mg/L，超过此限时必须经稀释后测定。

③对于污染严重的水样，可选取所需体积1/10的试料和1/10的试剂，放入10mm×150mm硬质玻璃管中，摇匀后，用酒精灯加热至沸数分钟，观察溶液是否变成蓝绿色。如呈蓝绿色，应再适当少取试料，重复以上试验，直至溶液不变蓝绿色为止。从而确定待测水样适当的稀释倍数。

④校核试验。按测定试料提供的方法分析20.0mL 2.0824mmol/L邻苯二甲酸氢钾标准溶液的COD值，用以检验操作技术及试剂纯度。

该溶液的理论COD值为500mg/L，如果校核试验的结果大于该值的96%，即可认为试验步骤基本上是适宜的，否则，必须寻找失败的原因，重复试验，使之达到要求。

⑤去干扰试验。无机还原性物质如亚硝酸盐、硫化物及二价铁盐将使结果增加，将其需氧量作为水样COD值的一部分是可以接受的。

该实验的主要干扰物为氯化物，可加入硫酸汞部分地除去，经回流后，氯离子可与硫酸汞结合成可溶性的氯汞络合物。

当氯离子含量超过1000mg/L时，COD的最低允许值为250mg/L，低于此值，结果的准确度就不可靠了。

第七节　硝酸盐氮的测定

水中的氨氮主要来源于污水中含氮有机物的初始污染，氨氮受微生物作用，可分解成亚硝酸盐氮，继续分解，最终成为硝酸盐氮，完成水的自净过程。硝酸盐氮是含氮有机物氧化分解的最终产物。如水体中仅有硝酸盐含量增高，氨氮、亚硝酸盐氮含量均低甚至没有，说明污染时间已久，现已趋向自净。

饮用水中硝酸盐氮浓度的提高，会对人体健康造成严重的危害。硝酸盐氮本身对人体没有毒害，但在人体内经硝酸还原菌作用后被还原为亚硝酸盐氮，毒性扩大为硝酸盐毒性的11倍。

焦化废水中硝酸盐氮的测定采用气相分子吸收光谱法，此方法的最低检出浓度为0.006mg/L，测定上限为10mg/L。

一、方法原理

在2.5mol/L盐酸介质中，于(70±2)℃温度下，三氯化钛可将硝酸盐迅速还原分解，生成的NO用空气载入气相分子吸收光谱仪的吸光管中，在214.4nm波长处测得的吸光度与硝酸盐氮浓度遵守比尔定律。

二、试验步骤

1. 水样的采集与保存

一般用玻璃瓶或聚乙烯瓶采集水样。采集的水样用稀硫酸酸化至pH<2，在24h内测定。

2. 测定步骤

（1）测量系统的净化每次测定之前，将反应瓶盖插入装有约5mL水的清洗瓶中，通入载气，净化测量系统，调整仪器零点。测定后，水洗反应瓶盖和砂芯。

（2）标准曲线的绘制 取0.00、0.50mL、1.00mL、1.50mL、2.00mL、2.50mL标准使用液，分别置于样品反应瓶中，加水至2.5mL，加入2滴氨基磺酸及2.5mL盐酸，放入加热架，于(70±2)℃水浴上加热10min。逐个取出样品反应瓶，立即用反应瓶盖密闭，趁热用定量加液器加入0.5mL三氯化钛，通入载气，依次测定各标准溶液的吸光度，以吸光度与相对应的硝酸盐氮量（μg）绘制标准曲线。

（3）水样的测定取适量水样(硝酸盐氮量≤25μg)于样品反应瓶中，加水至2.5mL，以下操作同标准曲线的绘制。

测定水样前，测定空白溶液，进行空白校正。

第八节　亚硝酸盐氮的测定

亚硝酸盐氮是水体中的氨氮有机物进一步氧化，在变成硝酸盐过程中的中间产物。水中存在亚硝酸盐时，表明有机物的分解过程还在继续进行。亚硝酸盐的含量如太高，即说明水中有机物的无机化过程进行得相当强烈，表示污染的危险性仍然存在。

引起水中亚硝酸盐氮含量增加的因素有多种，如硝酸盐还原，以及夏季雷电的作用促使空气中氧和氮化合成氮氧化物，遇雨后部分成为亚硝酸盐等。这些亚硝酸盐的出现与污染无关，因此在运用这一指标时必须弄清来源，才能作出正确的评价。

一、方法原理

焦化废水中亚硝酸盐氮的测定采用分光光度法。在磷酸介质中，pH值为1.8时，试样中的亚硝酸根离子与4–氨基苯磺酰胺反应生成重氮盐，它再与N–（1–萘基）–乙二胺二盐酸盐偶联生成红色染料，在540nm波长处测定吸光度。如果使用光程长为10mm的比色皿，亚硝酸盐氮的浓度在0.2mg/L以内其呈色符合比尔定律。

该方法的测定上限是取最大体积50mL时，可以测定亚硝酸盐氮浓度高达0.20mg/L;最低检出浓度是采用光程长为10mm的比色皿，试份体积为50mL，与吸光度0.01单位所对应的浓度值0.003mg/L，采用光程长为30mm的比色皿，试份体积为50mL，最低检出浓度为0.001mg/L;灵敏度是采用光程长为10mm的比色皿，试份体积为50mL时，亚硝酸盐氮浓度为0.20mg/L，给出的吸光度约为0.67单位。当试样pH≥11时，该方法可能遇到某些干扰，遇此情况，可向试份中加入酚酞溶液指示剂1滴，边搅拌边逐滴加入磷酸溶液(1.5mol/L)，至红色刚消失；经此处理，则在加入显色剂后，体系pH值为1.8±0.3，而不影响测定。试样如有颜色和悬浮物，可向每100mL试样中加入2mL氢氧化铝悬浮液，搅拌、静置、过滤、弃去25mL初滤液后，再取试份测定。水样中如含有氯胺、氯、硫代硫酸盐、聚磷酸钠和三价铁离子，则对测试结果会产生明显干扰。

二、试验步骤

1. 采样和样品保存

实验室样品应用玻璃瓶或聚乙烯瓶采集，并在采集后尽快分析，不要超过24h。

若需短期保存(1～2d)，可以在每升实验室样品中加入40mg氯化汞，并保存于2～5℃。

2. 试样的制备

实验室样品含有悬浮物或带有颜色时，可向每100mL试样中加入2mL氢氧化铝悬浮液，搅拌、静置、过滤、弃去25mL初滤液后，再取试份测定。

3. 测定步骤

（1）试份。试份最大体积为50.0mL，可测定亚硝酸盐氮浓度高达0.20mg/L。浓度更高时可相应用较少量的样品或将样品进行稀释后，再取样。

（2）测定。用无分度吸管将选定体积的试份移至50mL比色管（或容量瓶）中，用水稀释至标线，加入显色剂1.0mL，密塞、摇匀、静置，此时pH值应为1.8±0.3。

加入显色剂20min后、2h以内，在540nm最大吸收波长处，用光程长10mm的比色皿，以实验用水作参比，测量溶液的吸光度。

注：最初使用本方法时，应校正最大吸光度的波长，以后的测定均应用此波长。

（3）空白试验。按（2）所述步骤进行空白试验，用50mL水代替试份。

（4）色度校正。如果实验室样品经制备还具有颜色时，按（2）所述方法，从试样中取相同体积的第二份试样测定吸光度，只是不加显色剂，改加磷酸1.0mL。

（5）校准。在一组六个50mL比色管（或容量瓶）内，分别加入亚硝酸盐氮标准工作液0、1.00mL、3.00mL、5.00mL、7.00mL和10.00mL，用水稀释至标线，然后按步骤（2）第二段叙述的步骤操作。

从测得的各溶液吸光度，减去空白试验吸光度，得校正吸光度，绘制以氮含量对校正吸光度的校准曲线，亦可按线性回归方程的方法，计算校准曲线方程。

第九节　总磷的测定

一、方法提要

该方法是用过硫酸钾（或硝酸-高氯酸）为氧化剂，将未经过滤的水样消解，用钼酸铵分光光度法测定总磷（包括溶解的、颗粒的、有机的和无机的磷）。

取25mL试料，该方法的最低检出浓度为0.01mg/L，测定上限为0.6mg/L。

在酸性条件下，砷、铬、硫干扰测定。

二、方法原理

在中性条件下用过硫酸钾（或硝酸-高氯酸）使试样消解，将所含磷全部氧化为正磷酸盐，在酸性介质中，正磷酸盐与钼酸铵反应，在锑盐存在下生成磷钼杂多酸后，立即被抗坏血酸还原，生成蓝色的络合物。

三、试样的制备

①采取500mL水样后，加入1mL硫酸（密度为1.84g/mL）调节样品的pH值，使之低于或等于1，或不加任何试剂于冷处保存。

注：含磷量较少的水样，不要用塑料瓶采样，因磷酸盐易吸附在塑料瓶壁上。

②试样的制备：取25mL样品于具塞刻度管中。取时应仔细摇匀，以得到溶解部分和悬浮部分均具有代表性的试样。如样品含磷浓度较高，试样体积可以减少。

四、试验步骤

1. 空白试验

按测定的规定进行空白试验，用水代替试样，并加入与测定时相同体积的试剂。

2. 测定

（1）消解

①过硫酸钾消解。向试样中加4mL过硫酸钾溶液(50g/L)，将具塞刻度管的盖塞紧后，用一小块布和线将玻璃塞扎紧（或用其他方法固定），放在大烧杯中置于高压蒸气消毒器中加热，待压力达1.1kgf/cm²，相应温度为120℃时，保持30min后停止加热。待压力表读数降至零后，取出放冷，然后用水稀释至标线。

②硝酸-高氯酸消解。取25mL试样于锥形瓶中，加数粒玻璃珠，加2mL硝酸(密度为1.4g/mL)在电热板上加热浓缩至10mL。冷后加5mL硝酸，再加热浓缩至10mL，放冷，加3mL高氯酸(优级纯，密度为1.68g/mL)，加热至高氯酸冒白烟，此时可在锥形瓶上加小漏头或调节电热板温度，使消解液在锥形瓶内壁保持回流状态，直至剩下3～4mL，放冷。

加水10mL，加1滴酚酞指示剂。滴加氢氧化钠溶液(1mol/L或6mol/L)至刚呈微红色，再滴加硫酸溶液使微红刚好褪去，充分混匀，移至具塞刻度管中，用水稀释至标线。

（2）发色。分别向各份消解液中加入1mL抗坏血酸溶液(100g/L)混合，30s后加

2mL钼酸铵溶液，充分混匀。

（3）分光光度测量。室温下放置15min后，使用光程为30mm的比色皿，在700nm波长下，以水作参比，测定吸光度。扣除空白试验的吸光度后，从工作曲线上查得磷的含量。

（4）工作曲线的绘制。取7支具塞刻度管分别加入0、0.50mL、1.00mL、3.00mL、5.00mL、10.00mL、15.00mL磷酸盐标准溶液，加水至25mL。然后按测定步骤进行处理，以水作参比，测定吸光度。扣除空白试验的吸光度后，和对应的磷含量绘制工作曲线。

第十节　挥发酚的测定

挥发酚类通常指沸点在230℃以下的酚类，属一元酚，是高毒物质。测定挥发酚类的方法有4-氨基安替比林分光光度法、蒸馏后溴化容量法、气相色谱法等。

焦化废水中挥发酚的测定采用蒸馏后4-氨基安替比林分光光度法，其测定范围为0.002～6mg/L。浓度低于0.5mg/L时，采用氯仿萃取法；浓度高于0.5mg/L时，采用直接分光光度法。氧化剂、油类、硫化物、有机或无机还原性物质和芳香胺类干扰酚的测定。

一、方法提要

4-氨基安替比林分光光度法测定的是能随水蒸气蒸馏出的并和4-氨基安替比林反应生成有色化合物的挥发性酚类化合物，结果以苯酚计。

二、方法A（氯仿萃取法）

1. 方法原理

用蒸馏法使挥发性酚类化合物蒸馏出，并与干扰物质和固定剂分离。由于酚类化合物的挥发速度随馏出液体积而变化，因此，馏出液体积必须与试样体积相等。

被蒸馏出的酚类化合物，于pH为10.0±0.2的介质中，在铁氰化钾存在下，与4-氨基安替比林反应生成橙红色的安替比林染料，用氯仿可将此染料从水溶液中萃取出，在460nm波长处测定吸光度，以苯酚含量(mg/L)表示。

当试份为250mL，用10mL氯仿萃取，以光程为20mm的比色皿测定时，酚的最低检出浓度为0.002mg/L，含酚0.06mg/L的吸光度约为0.7单位；用光程为10mm的比色皿测定时，含酚0.12mg/L的吸光度约为0.7单位。

2. 样品的采集和处理

在样品采集现场，应检测有无游离氯等氧化剂的存在；如有发现，则应及时加入过量硫酸亚铁去除。样品应贮于硬质玻璃瓶中。

采集后的样品应及时加醋酸酸化至pH约4.0，并加适量硫酸铜(lg/L)以抑制微生物对酚类的生物氧化作用，同时应将样品冷藏(5～10℃)，在采集后24h内进行测定。

3：试验步骤

（1）试份。最大试份体积为250mL，可测定低至0.5μg的酚。

（2）空白试验。用无酚水代替试样，采用与测定方法完全相同的步骤、试剂和用量，进行平行操作。

（3）干扰的排除

①氧化剂（如游离氯）。若样品经酸化后滴于碘化钾-淀粉试纸上出现蓝色，说明存在氧化剂。遇此情况，可加入过量的硫酸亚铁。

②硫化物。样品中含少量硫化物时，在磷酸酸化后，加入适量硫酸铜即可生成硫化铜而被除去，当含量较高时，则应在样品用磷酸酸化后，置于通风橱内进行搅拌曝气，使其生成硫化氢逸出。

③油类。当样品不含铜离子(Cu^{2+})时，将样品移入分液漏斗中，静置分离出浮油后，加粒状氢氧化钠调节至pH为12～12.5，立即用四氯化碳萃取（每升样品用40mL四氯化碳萃取两次），弃去四氯化碳层，将经萃取后的样品移入烧杯中，于水浴上加温以除去残留的四氯化碳。再用磷酸调节至pH为4。

当样品含铜离子时，可在分离出浮油后，按步骤④进行。

④甲醛、亚硫酸盐等有机或无机还原性物质。可分取适量样品于分液漏斗中，加硫酸溶液(0.5mol/L)使呈酸性，分次加入50mL、30mL、30mL乙醚以萃取酚，合并乙醚层于另一分液漏斗，分次加入4mL、3mL、3mL氢氧化钠溶液(100g/L)进行反萃取，使酚类转入氢氧化钠溶液中。合并碱性萃取液，移入烧杯中，置水浴上加温，以除去残余乙醚。然后用无酚水将碱性萃取液稀释到原分取样品的体积。

同时应以无酚水做空白试验。

⑤芳香胺类。芳香胺类也可与4-氨基安替比林发生呈色反应而干扰酚的测定。一般在酸性条件下，通过预蒸馏可与之分离，必要时可在pH<0.5的条件下蒸馏，以减小其干扰。

（4）测定

①预蒸馏。取250mL试样移入蒸馏瓶中，加数粒玻璃珠以防暴沸，再加数滴甲基橙指示液(0.5g/L)，用磷酸溶液(1+9)调节到pH为4（溶液呈橙红色），加5mL硫酸铜溶液（100g/L;如采样时已加过硫酸铜，则适量补加）。

连接冷凝器，加热蒸馏，至蒸馏出约225mL时，停止加热，放冷，向蒸馏瓶中加入无酚水25mL，继续蒸馏至馏出液为250mL为止。

②显色。将馏出液移入分液漏斗中，加2.0mL缓冲溶液（pH约为10.7），混匀，此时pH值为10.0±0.2。加1.50mL 4-氨基安替比林溶液(20g/L)，混匀，再加1.5mL铁氰化钾溶液(80g/L)，充分混匀后，放置10min。

③萃取。准确加入10.0mL氯仿，密塞，剧烈振摇2min，静置分层。用干脱脂棉花拭干分液漏斗颈管内壁，于颈管内塞一小团干脱脂棉花或滤纸，将氯仿层通过于脱脂棉花团，弃去最初滤出的数滴萃取液后，直接放入光程为20mm的比色皿中。

④分光光度测定。于460nm波长处，以氯仿为参比，测量氯仿层的吸光度。

（5）绘制标准曲线

①标准系列的制备。于一组8个分液漏斗中，分别加入无酚水100mL，依次加

入0、0. 50mL、1.00mL、3.00mL、5.00mL、7.00mL、10.0mL、15.0mL 酚标准溶液(1.00mg/L)，再分别加无酚水至250mL。

按测定步骤②~④进行测定。

②标准曲线的绘制。由标准系列测得的吸光度值减去零管的吸光度值，绘制吸光度对酚含量(μg)的标准曲线。

三、方法B（直接比色法）

1. 方法原理

用蒸馏法使挥发性酚类化合物蒸馏出，并与干扰物质和固定剂分离，由于酚类化合物的挥发速度随馏出液体积而变化，因此，馏出液体积必须与试份体积相等。

被蒸馏出的酚类化合物，于pH为10.0±0.2的介质中，在铁氰化钾存在下，与4-氨基安替比林反应生成橙红色的安替比林染料。

显色后，在30min内，于510nm波长处测量吸光度，以苯酚含量(mg/L)表示。

当试份为50mL，以光程长为20mm的比色皿测定时，酚的最低检出浓度为0.1mg/L。含酚3. 0mg/L的吸光度约为0.7单位；用光程为10mm的比色皿测定时，含酚6.0mg/L的吸光度约为0.7单位。

2. 试验步骤

（1）试份。最大试份体积为50mL，可测定低至0.005mg的酚。

（2）空白试验。见氯仿萃取法。

（3）去干扰。见氯仿萃取法。

（4）测定

①预蒸馏。见氯仿萃取法。

②显色。分取50mL馏出液入50mL比色管中，加0.5mL缓冲溶液（pH约为10.7），混匀，此时pH值为10.0±0.2，加4-氨基安替比林溶液(20g/L) 1.0mL，混匀，再加1.0mL铁氰化钾溶液(80g/L)，充分混匀后，放置10min。

③分光光度测定。于510 nm波长处，用光程为20mm的比色皿，以水为参比，测量溶液的吸光度。

（5）绘制标准曲线

①标准系列的制备。于一组8支50mL比色管中，分别加入0、0.50mL、1. 00mL、3. 00mL、5.00mL、7.00mL、10.0mL、12. 5mL酚标准溶液(10.0mg/L)，加无酚水至标线。

按测定步骤②和③进行测定。

②标准曲线的绘制。由除零管外的其他标准系列测得的吸光度值减去零管的吸光度值，绘制吸光度对酚含量(mg)的标准曲线。

第十一节　总氰化物的测定

氰化物属于剧毒物，在操作氰化物及其溶液时，要特别小心，避免沾污皮肤和眼睛。吸取溶液一定要用安全移液管或借助洗耳球，切勿吸入口中！

除氰化物剧毒外，吡啶也具有毒性，应注意安全使用。

氰化物可能以氢氰酸、氰离子和络合氰化物的形式存在于水中，这些氰化物可作为总氰化物和氰化物分别加以测定。

活性氯等氧化物干扰，使结果偏低，可在蒸馏前加亚硫酸钠溶液排除干扰；硫化物干扰，可在蒸馏前加碳酸铅或碳酸镉排除干扰；亚硝酸离子干扰，可在蒸馏前加适量氨基磺酸排除干扰；少量油类对测定无影响，中性油或酸性油大于40mg/L时干扰测定，可加入水样体积的20%量的正己烷，在中性条件下短时间萃取排除干扰。

本方法分四部分：第一部分为氰化氢的释放和吸收；第二部分为硝酸银滴定法；第三部分为异烟酸-吡唑啉酮比色法；第四部分为吡啶-巴比妥酸比色法。

硝酸银滴定法的最低检测浓度为0.25mg/L，检测上限为100mg/L;异烟酸-吡唑啉酮比色法的最低检测浓度为0.004mg/L，检测上限为0.45mg/L;吡啶-巴比妥酸比色法的最低检测浓度为0.002mg/L（用72型分光光度计，吸光度为0.020左右），检测上限为0.45mg/L（10mm比色皿）、0.15mg/L（30mm比色皿）。

一、氰化氢的释放和吸收

总氰化物是指在磷酸和EDTA存在下，在pH<2介质中，加热蒸馏，能形成氰化氢的氰化物，包括全部简单氰化物（多为碱金属和碱土金属的氰化物、铵的氰化物）和绝大部分络合氰化物（锌氰络合物、铁氰络合物、镍氰络合物、铜氰络合物等），不包括钴氰络合物。

1. 方法原理

向水样中加入磷酸和EDTA二钠，在pH<2条件下，加热蒸馏，利用金属离子与ED-TA络合能力比与氰离子络合能力强的特点，使络合氰化物离解出氰离子，并以氰化氢形式被蒸馏出，用氢氧化钠吸收。

2. 水样的采集和保存

①采集水样时，必须立即加氢氧化钠固定。一般每升水样加0.5g固体氢氧化钠。当水样酸度高时，应多加固体氢氧化钠，使样品的pH>12，并将样品存于聚乙烯塑料瓶或硬质玻璃瓶中。

②当水样中含有大量硫化物时，应先加碳酸镉($CdCO_3$)或碳酸铅($PbCO_3$)固体粉末，除去硫化物后，再加氢氧化钠固定。否则，在碱性条件下，氰离子和硫离子作用形成硫氰酸根离子而干扰测定。

③如果不能及时测定样品，采样后，应在24h内分析样品，必须将样品存放在冷暗的冰箱内。

3．试验步骤

（1）氰化氢的释放和吸收

①量取200mL样品移入500mL蒸馏瓶中(若氰化物含量高，可少取样品，加水稀释至200mL)，加数粒玻璃珠。

②往接收瓶内加入10mL 1%的氢氧化钠溶液，作为吸收液。当样品中存在亚硫酸钠和碳酸钠时，可用4%的氢氧化钠溶液作为吸收液。

③馏出液导管上端接冷凝管的出口，下端插入接收瓶的吸收液中，检查连接部位，使其严密。

④将10mL EDTA二钠溶液加入蒸馏瓶内。

⑤迅速加入10mL磷酸（当样品碱度大时，可适当多加磷酸），使pH<2，立即盖好瓶塞，打开冷凝水，打开可调电炉，由低档逐渐升高，馏出液以2~4mL/min速度进行加热蒸馏。

⑥接收瓶内溶液近100mL时，停止蒸馏，用少量水洗馏出液导管，取出接收瓶，用水稀释至标线，此碱性馏出液A待测定总氰化物用。

干扰物的排除方法如下：

a．若样品中存在活性氯等氧化剂，由于蒸馏时，氰化物会被分解，使结果偏低，干扰测定。可量取两份体积相同的样品，向其中一份样品投加碘化钾—淀粉试纸1~3片，加硫酸酸化，用亚硫酸钠溶液滴至碘化钾—淀粉试纸由蓝色变为无色为止，记下用量；另一份样品不加试纸，仅加上述用量的亚硫酸钠溶液，然后按步骤①~⑥操作。

b．若样品中含有大量亚硝酸根离子，将干扰测定，可加入适量的氨基磺酸分解亚硝酸根离子，一般1mg亚硝酸根离子需要加2.5mg氨基磺酸，然后按步骤①~⑥操作。

c．若样品中有大量硫化物存在，则将200mL样品过滤，沉淀物用1%氢氧化钠洗涤，合并滤液和洗涤液，然后按步骤①~⑥操作。

（2）空白试验。用实验用水代替样品，按试验步骤操作，得到空白试验馏出液B待测定总氰化物用。

二、硝酸银滴定法

1．方法原理

经蒸馏得到的碱性馏出液A用硝酸银标准溶液滴定，氰离子与硝酸银作用生成可溶性的银氰络合离子，过量的银离子与试银灵指示剂反应，溶液由黄色变为橙红色。

2．试验步骤

（1）测定。取100mL馏出液A(如试样中氰化物含量高时，可少取试样，用水稀释至100mL)于具柄瓷皿或锥形瓶中。

加入0.2mL试银灵指示剂，摇匀。用硝酸银标准溶液滴定至溶液由黄色变为橙红色为止，记下读数(Va)。

（2）空白试验。另取100mL空白试验馏出液B于锥形瓶中，按测定步骤进行滴定，记下读数(Vo)。

注：若样品中氰化物浓度小于Img/L，可用0.001mol/L硝酸银标准溶液滴定。

三、异烟酸-吡唑啉酮比色法

1. 方法原理

在中性条件下，样品中的氰化物与氯胺T反应生成氯化氰，再与异烟酸作用，经水解后生成戊烯二醛，最后与吡唑啉酮缩合生成蓝色染料，其颜色与氰化物的含量成正比。

2. 试验步骤

（1）标准曲线的绘制

①取8支具塞比色管，分别加入氰化钾标准使用溶液0、0.20mL、0.50mL、1.00mL、2.00mL、3.00mL、4.00mL和5.00mL，各加氢氧化钠溶液至10mL。

②向各管中加入5mL磷酸盐缓冲溶液，混匀，迅速加入0.2mL氯胺T溶液，立即盖塞子，混匀，放置3～5min。

③向各管中加入5mL异烟酸-吡唑啉酮溶液，混匀，加水稀释至标线，摇匀，在25～35℃的水浴中放置40min。

④用分光光度计在638nm波长下，用10mm比色皿，以试剂空白（零浓度）作参比，测定吸光度，并绘制标准曲线。

（2）测定

①分别吸取10.00mL馏出液A和10.00mL空白试验馏出液B于具塞比色管中，按上述绘制标准曲线的步骤进行操作。

②从标准曲线上查出相应的氰化物含量。

四、吡啶-巴比妥酸比色法

1. 方法原理

在中性条件下，氰离子和氯胺T的活性氯反应生成氯化氰，氯化氰与吡啶反应生成戊烯二醛，戊烯二醛与两个巴比妥酸分子缩合生成红紫色染料，进行比色测定。

2. 试验步骤

（1）标准曲线的绘制

①取8支具塞比色管，分别加入氰化钾标准使用溶液0、0.20mL、0.50mL、1.00mL、2.00mL、3.00mL、4.00mL和5.00mL，各加氢氧化钠至10mL。

②向各管中加入1滴酚酞指示剂，用0.5mol/L的盐酸调节溶液至红色刚消失为止。

③加入5mL磷酸盐缓冲溶液，摇匀，迅速加入0.2mL氯胺T溶液，立即盖塞子，混匀。放置3～5min，再加入5mL吡啶-巴比妥酸溶液，加水稀释至标线，混匀。

④在40℃水浴中，放置20min，取出冷却至室温。在分光光度计上，在580nm波长处，用10mm比色皿，以试剂空白（零浓度）作参比，测定吸光度，并绘制标准曲线。

（2）测定

①分别取10.00mL馏出液A和10.00mL空白试验馏出液B于具塞比色管中，按上述绘制标准曲线的步骤进行操作。

②从标准曲线上查出相应的氰化物含量。

第十二节　生化需氧量(BOD)的测定

生化需氧量(BOD)是一种用微生物代谢作用所消耗的溶解氧量来间接表示水体被有机物污染程度的一个重要指标。其定义是：在有氧条件下，好氧微生物氧化分解单位体积水中有机物所消耗的游离氧(O_2)的数量，表示单位为mg/L（以O_2计）。一般以5d作为测定BOD的标准时间，因而称之为五日生化需氧量，以BOD5表示。BOD5约为BOD20的70%。

焦化废水中五日生化需氧量的测定采用稀释与接种法，该方法适用于BOD5≥2mg/L并且不超过6000mg/L的水样。

一、方法原理

将水样注满培养瓶，塞好后应不透气，将培养瓶置于恒温条件下培养5d。培养前后分别测定溶解氧浓度，由两者的差值可算出每升水消耗掉氧的质量，即BOD5值。

由于多数水样中含有较多的需氧物质，其需氧量往往超过水中可利用的溶解氧(DO)量，因此在培养前需对水样进行稀释，使培养后剩余的溶解氧(DO)符合规定。

一般水质检验所测BOD5只包括含碳物质的耗氧量和无机还原性物质的耗氧量。有时需要分别测定含碳物质的耗氧量和硝化作用的耗氧量。常用的区别含碳物质的耗氧量和氮的硝化耗氧量的方法是向培养瓶中投加硝化抑制剂，加入适量硝化抑制剂后，所测出的耗氧量即为含碳物质的耗氧量。在5d培养时间内，硝化作用的耗氧量取决于是否存在足够数量的能进行此种氧化作用的微生物。原污水或初级处理的水中这种微生物的数量不足，不能氧化显著量的还原性氮，而许多二级生化处理的水和受污染较久的水体中，往往含有大量硝化微生物，因此测定这种水样时应抑制其硝化反应。

在测定BOD5的同时，需用葡萄糖和谷氨酸标准溶液完成验证试验。

二、样品的贮存

样品需充满并密封于培养瓶中，置于2～5℃保存到进行分析时，一般应在采样后6h之内进行检验。若需远距离转运，在任何情况下贮存皆不得超过24h。

样品也可以深度冷冻贮存。

三、试验步骤

1. 样品的预处理

（1）样品的中和。如果样品的pH不在6～8之间，应先做单独试验，确定需要用的盐酸溶液或氢氧化钠溶液的体积，再中和样品，不管有无沉淀形成。

（2）含游离氯或结合氯的样品。加入所需体积的亚硫酸钠溶液，使样品中自由氯和结合氯失效。

2. 试验水样的准备

将试验样品温度升至约20℃，然后在半充满的容器内摇动样品，以便消除可能存在的过饱和氧。

将已知体积的样品置于稀释容器中，用稀释水或接种稀释水稀释，轻轻地混合，避免夹杂空气泡。

恰当的稀释比应使培养后剩余的溶解氧至少有1mg/L和消耗的溶解氧至少为2mg/L。

3．空白试验

用接种稀释水进行平行空白试验测定。

4．测定

①按采用的稀释比用虹吸管充满两个培养瓶至稍溢出。

②将所有附着在瓶壁上的空气泡赶掉，盖上瓶盖，小心避免夹空气泡。

③将瓶子分为两组，每组都含有一瓶选定稀释比的稀释水样和一瓶空白溶液。放一组瓶于培养箱中，并在暗中放置5d。在计时起点时，测量另一组瓶的稀释水样和空白溶液中的溶解氧浓度。达到需要培养的5d时间时，测定放在培养箱中那组稀释水样和空白溶液的溶解氧浓度。

5．验证试验

为了检验接种稀释水、接种水和分析人员的技术，需进行验证试验。将20mL葡萄糖—谷氨酸标准溶液用接种稀释水稀释至1000mL，并且按照上述4的测定步骤进行测定。

得到的BOD5应在180～230mg/L之间，否则，应检查接种水。如果必要，还应检查分析人员的技术。

本试验同试验样品同时进行。

若有几种稀释比所得数据皆符合结果所要求的条件，则几种稀释比所得结果皆有效，以其平均值表示检测结果。

四、试验报告

试验报告包括下列内容：取样的日期和时间；样品的贮存方法；开始测定的日期和时间；所用接种水的类型；如果需要，指出已抑制氮的硝化作用的细节；结果及所用计算方法；测定期间可能观察到的特殊细节；本方法中没有规定的或考虑可任选的操作细节。

（刘涛）

第十章 矿用输送带的无损检测

第一节 矿用输送带常见故障及检测概述

一、矿用输送带的常见故障及其机理研究

矿用输送带在运输过程中，钢绳芯通过与橡胶之间的黏合力实现输送带传递拉力。随着矿用输送带的长时间使用，运行时受到的不平衡的拉力、摩擦和冲击等多种作用以及钢绳芯与橡胶之间的黏合力不断降低，会导致矿用输送带产生多种损伤，例如：钢绳芯磨损和腐蚀导致的钢绳芯截面积减小；钢绳芯金属疲劳导致的钢绳芯失效等。当钢绳芯损伤达到一定程度的时候，将有可能发生传送带撕裂的事故，造成人身财产及重大的经济损失。

在煤矿运输系统中，造成矿用输送带发生断带事故的原因，除了输送带正常的磨损还有人为因素和其他因素造成的输送带非正常磨损和破裂，甚至断带、撕裂。停机检修或者更换新的输送带所浪费的人力、物力以及经济损失非常巨大，甚至会造成机毁人亡的重大事故。对于煤矿安全运行的维护工人以及科研人员，要做到提前预防事故并尽量减少不必要的停机，延长运输系统输送带的使用寿命，首先就要先调查清楚其产生故障的原因，并且要分析输送带故障类型。

矿用输送带故障主要有横向断裂、纵向撕裂、火灾等，其中：横向断裂主要由钢绳芯锈蚀、接头抽动和断裂导致；纵向撕裂主要由托辊、滚筒故障摩擦、金属构件卡阻、矸石划伤等危险源引起。

（一）矿用输送带运行故障分析

1. 疲劳损伤影响弯曲应力

由于现场空间的限制，矿用输送带内的钢绳芯在运输机运行时要不断地绕过滚筒，随着其弯曲次数的增多，最终造成疲劳损伤。如果滚筒直径比较小，那么输送带的弯曲应力会很大。为了延长输送带的使用寿命，必须综合考虑滚筒质量、驱动装置、安装尺寸等其他因素。

2. 运输机的张紧装置影响输送带张力

输送带在运输系统正常运行时会有一定的张力，在运输机开启和制动这两种情况下，矿用输送带的张力也不同。在运输机正常运行期间，输送带的张力小于运输机在启动和制动时输送带的张力。考虑到这两种情况，带式运输机的张紧装置必须同时满足不同状态下输送带的张紧要求。如果运输机的张紧装置采用的是重锤式，此时输送带张力是一定的，那么输送带的张力是按带式运输机在正常运行、开启和制动这三种

情况来设计的最大张力。不过，这样做会使输送带在一定程度上始终保持高张力的状态，从而使输送带内的钢绳芯的使用寿命减少，长期使用很容易在钢绳芯接头处发生抽动和断丝的现象。

3. 输送带张力分布影响钢丝绳寿命

为了增大煤炭的装载面积，运行时的输送带通常呈槽形。输送带由水平段过渡到槽形时，带的边缘会比中间拉伸的更大一些，致使钢绳芯输送带的张力分布在横截面上不均匀，具体如图10-1所示。

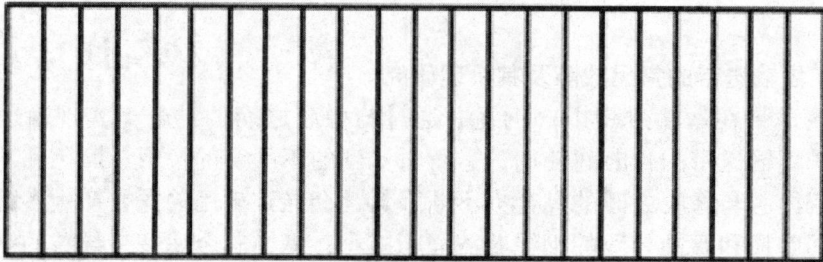

(a)正常区段上张力的均匀分布

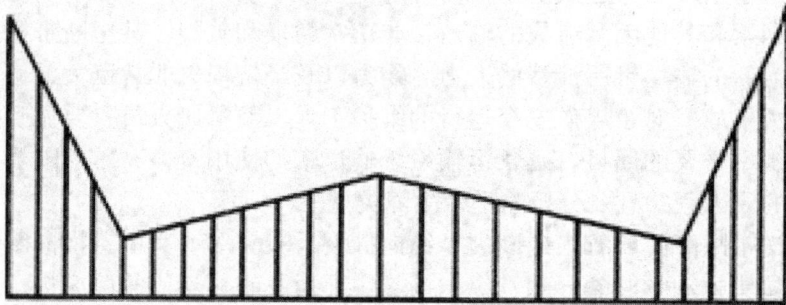

(b)槽形过渡区段上张力的不均匀分布

图10-1 张力分布

水平区间上的张力分布如图10-1(a)所示，在槽形过渡区间上的张力分布如图10-1(b)所示。与输送带中心相比，带边张力较大，而输送带内部的钢绳芯伸长率小。因此，输送带边缘的钢绳芯更容易出现断丝。

（二）矿用输送带外因故障分析

1. 外力过大

输送带因外力突然增大而剧烈拉伸时，会出现钢绳芯的断裂，造成输送带破损甚至断裂。如果输送带在运行过程中突然受到煤块、撬棍、矸石等大块的、尖锐的物料跌落在输送带上，并卡到输送带运行线上的导料槽、分料板等设施上，此刻输送带的拉伸力会突然增大，可能会导致输送带划伤并造成纵向撕裂断带事故。正常工作的清扫机和其他设备由于突然出现故障而卡住输送带，输送带遭受的阻力增加，导致撕裂断带事故；运输系统输送带由于其运行周期不长而且经常起停，张力会随设备的运转而突然增大，也会导致输送带撕裂断带。

2．腐蚀

矿用输送带由于长期使用，其表面覆盖胶会逐步磨损、老化、龟裂，接头开缝最初表现为覆盖胶开裂，如果破损处不能及时修补，钢绳芯将暴露在外面，水通过覆盖胶的缝隙浸入钢绳芯，导致钢绳芯锈蚀，钢绳芯的强度降低，进而导致钢绳芯断裂。硫化接头是输送带强度最薄弱的环节，其损坏与硫化工艺、材料、使用环境等因素有关。不正确的敷层、涂液、两次以上的硫化会导致硫化接头质量差，特别是硫化接头有起泡或者搭接边缘开裂，此时接头的强度会明显下降。

3．突发性的损伤

输送带在运行过程中，导向槽衬板与输送带之间的缝隙不断变化，造成非正常损耗，或者有异物卡进缝隙造成异常磨损和划伤；导向槽衬板处物料流速与输送带的速度不一致，落差度大，也会使输送带的表面损伤加速；托辊损坏造成输送带异常磨损和划伤；输送带打滑也会造成异常损耗。

从宏观角度看，不管是什么原因导致输送带接头损坏甚至断丝，必然会造成输送带接头区域的应变以及钢绳芯的抽动。一旦输送带接头区域的部分钢绳芯发生抽动，输送带还在正常运行中，所有的运转负荷就加载到没有发生抽动的钢绳芯上。如果此时没有及时发现局部应力集中区接头的抽动，随着发生抽动的钢绳芯不断增多，接头变形区域不断扩大，输送带接头处的强度和韧性会变得越来越差。当接头区域发生抽动的钢绳芯数量越来越多，等变形区域扩展到一定程度时，会导致钢绳芯与芯胶层之间的黏合度越来越低。当黏合度难以承受负载时，所有的钢绳芯都会被抽出。这就是发生断带的机理。

二、矿用输送带的检测方法

准确地对矿用输送带的运行状态及接头检测、分析、诊断，是排除安全隐患的重大课题，尽可能早发现接头处钢绳芯发生抽动或断裂等故障征兆，可以很好地避免断带事故发生。近些年，各国专家针对钢绳芯输送带故障检测方法进行了广泛而深入的研究，取得了较大的进展。

1970年以来，国外不断加大矿用输送带无损检测的研究力度，先后尝试了电磁检测、微波检测和X光检测等多种检测方法。澳大利亚A.Harrison依据磁感应原理研制出一种矿用输送带监测装置CBM检测器，并获得专利。该CBM探测器在设计好的支架上、下处安装两个传感器，通过这两个传感器对夹在中间的输送带内的钢绳芯进行探测，对信号进行预处理，钢绳芯的损伤程度可以显示出来。该探测器完全不同于以往的X光机检测，取得了电磁检测故障的新进步。1982年到1987年，加拿大、美国、德国、南非等国家将这种电磁检测技术广泛地应用在矿产行业中，目前这种方法是国际上矿用输送带接头检测的主要方法；还有加拿大的BELT C.A.T.、俄罗斯的INTROCON等。1990年，澳大利亚的新萨斯特尔大学开发出一套阵列传感器系统，随后美国一家运输机公司在这套系统上开发了一系列的矿用输送带无损检测系统。近几年，美国、德国对该项研究投入较大，发展也比较快。俄罗斯"动力诊断"公司开发了一种全新的无损检测方法——金属磁记忆检测法，并研制了检测仪器来检测应力集中和各种缺陷。

我国对矿用输送带的无损检测起步较晚，经过几十年的努力，在一些方面逐步与国际接轨。我国在输送带故障检测中最初采用人工检查的方法，凭借经验判断内部钢绳芯接头是否发生抽动或者断裂；随着X光机在设备故障检测中的应用，开始采用辅助X光机对静态矿用输送带进行检测。随着无损检测技术的不断发展，一些单位将无损检测技术应用到钢绳芯输送带故障检测中。例如：北京的中国矿业大学开发的"钢绳芯输送机输送带横向X射线透视探伤监测装置"，实现了钢绳芯输送带在线实时定性检测的核心技术，极大地推动了对矿用输送带故障检测的研究；1998年太原理工大学的科研人员采用电磁转换技术，成功开发了电磁式矿用输送带在线实时检测设备，这一成果在我国很多煤矿得到了广泛应用，又一次推动了输送带故障检测技术的发展。近几年，随着计算机技术、传感器技术、信号和图像处理技术的发展，我国多家科研院所又相继研制出了集电磁检测与X光机检测于一体的钢绳芯输送带实时在线无损检测装置。洛阳逖悉钢丝绳检测技术有限公司研制的TCK钢绳芯输送带在线实时自动监测系统，厦门爱德森公司研究出的EMS-2003智能磁记忆/涡流检测仪、EEC/SMART-2004智能型多功能电磁检测仪、EEC/SMART-2005智能型电磁/超声多功能检测仪等，这些优秀的科研成果极大地促进了矿用输送带的无损检测技术发展。目前，矿用输送带在线实时监测系统还需在以下几个方面不断完善：稳定性、数字化、智能化、自动化、信息化、网络化等。

现阶段，矿用输送带的故障检测方法分为两类：人工检测法和无损检测法。

（一）人工检测法

人工检查方法就是现场维修人员采用目测、手摸或做记号的方法，观察输送带外形，判断输送带接头是否伸长或者变形，主要有以下三种方法。

1. 观察输送带"起泡"现象法

由于输送带表面覆盖着一层薄胶，当钢绳芯接头发生异常损坏而抽动时，输送带表面就会有"起泡"现象发生。当起泡面积达到一定程度时，停机更换或者维护加固，这是输送带使用现场常用的一种故障检测简便方法。这种方法的缺点是需要停机，并且清除输送带表面的杂物。

2. 输送带标线长度测量法

该方法就是将几组标刻线均匀的标刻在硫化接头的边界处，并且标线长度一定，检测前要事先设定好标线阈值。当输送带投入实际运行后定期对每条标志标线检测，如果检测到有标线拉伸长度超过设定阈值时，启动X射线探测设备对接头拍照进行图像分析，来确定硫化接头损坏的程度大小，最终确定是否要更换输送带或者硫化接头。这种方法的缺点是可执行性差，需要事先对传输带进行清理。

3. 输送带表面应变测量法

这种检测方法的原理是将输送带划分为高低应力区，在低应力区传输带表面等间距标刻上同样大小的网格。当网格随着传输带运转到高应力区时测量网格形变大小，根据形变大小来确定钢绳芯损坏程度。这种方法的缺点是需要不定时停机检测，而且表面刻画的网格容易受到污损。

上面所述的人工检测方法需要维修工人有专门的检修时间，在输送带静止情况下，凭借经验对输送带表面变化情况进行判断，容易造成漏检和误判，并且只能在故障发生后进行检测。优点是方法简单；缺点是环境条件恶劣，劳动强度大。

（二）无损检测法

无损检测(Nondesturctive Testing，NDT)技术，就是利用声、光、磁和电等特性，在不损害或不影响被测对象使用性能的前提下，检测被测对象中是否存在缺陷或不均匀性，给出缺陷的大小、位置、性质和数量等信息，进而判定被测对象所处工作状态（如故障、缺陷、剩余寿命等）的所有技术手段的总称。随着科技的发展，无损检测技术得到广泛的应用，新的无损检测方法及设备如雨后春笋般地出现。通常矿用输送带故障采用无损检测的方法有X射线检测、超声波检测、漏磁检测、磁粉检测、机器视觉检测等。

1. X射线探测检测法

X射线探测检测、法基本原理是X射线穿透慢速运行的矿用输送带，打在X射线光伏探测器上，经过一系列处理，通过观察输送带二维投影图像，查看钢绳芯及接头状况，还可以将图像信号转化为数字信号，储存在计算机上，进一步分析和判断。这种方法的优点直观、可靠；缺点是X射线会对人体造成伤害，对输送带内部接头小幅度抽动情况无法检测，从而埋下极大隐患。

2. 超声波检测法

超声波检测法是一种比较成熟的无损检测技术，基本原理是利用超声波在钢绳芯输送带内传播时，输送带的声学特性以及结构变形会影响超声波的传播，通过检测超声波受影响的状况和程度，推测输送带结构的变化。这种方法的优点是输送带表面裂纹和内部变形都可以探测到；缺点是需要清洁输送带表面，输送带与探头之间要加耦合剂，对轴向裂纹分辨力差，容易漏检微裂纹，且需要有经验的检修人员。

3. 漏磁检测法

漏磁检测法的原理是输送带表面或近表面有缺陷的地方，由于磁导率的变化，磁力线会逸出表面，产生漏磁场。检测时，先用磁化传感器将钢绳芯均匀磁化，采用漏磁放大器检测钢绳芯上的漏磁信号。这种方法的优点是可以在线检测、准确定位接头抽动和损伤位置，结果可靠；缺点是操作复杂，需要预先磁化钢绳芯，检测结束后还需要退磁，耗能大。图10-2所示为无缺陷和有缺陷时金属构件的磁感应线。

(a)无缺陷的磁感应线

(b)有缺陷的磁感应线

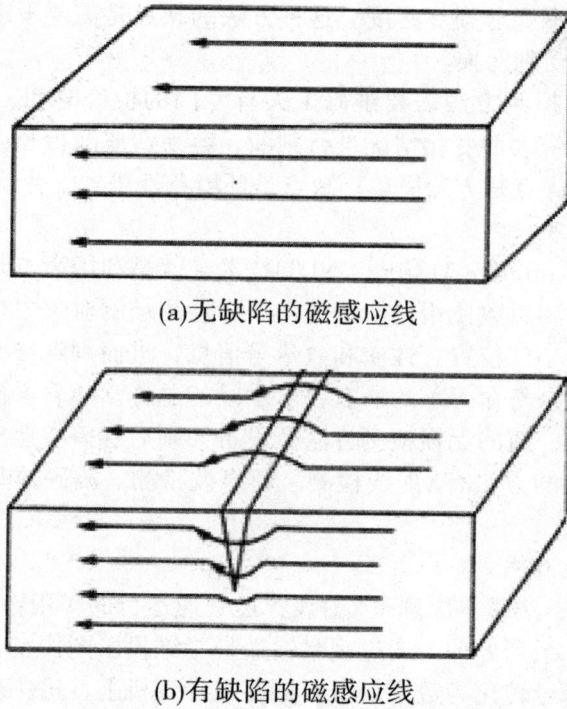

图10-2 金属构件的磁感应线

4. 金属磁记忆检测法

金属磁记忆检测法是近些年发展起来的一种新型无损检测技术，铁磁性金属部件在加工或运行时，其内部各种微观缺陷和局部应力集中在地磁场作用下有特殊反应机制，根据这个特点可以对金属构件进行早期诊断，是金属材料早期损伤无损检测中的一个有效方法。这种方法的优点是不需专门的磁化装置，探头提离效应小，不需要添加耦合剂，可以快速准确检测应力集中区，灵敏度高，在无损检测领域中具有广阔的应用前景。

第二节 矿用输送带漏磁检测

一、矿用输送带漏磁检测探头的设计

漏磁探头是漏磁检测的核心部分，决定着漏磁检测装置的性能。一个好的漏磁探头，能大幅提高漏磁检测的精度，提高漏磁检测的灵敏度。

（一）漏磁测量的基本要求

在漏磁检测中，被测磁场通常是空间三维矢量，单个磁敏元件或检测探头往往测量的是某一点、线或面上的磁场分量或均值。从实际应用的角度来看，磁敏元件和磁场测量原理的选择，应综合考虑下述几方面的要求。

1. 灵敏度

根据不同检测目的和检测方法选择最佳的敏感元件。一般而言，随着磁场测量灵敏度的提高，元件和测量装置的成本增高。为了获得最优的性能价格比，灵敏度的选择应根据被测磁场的强弱选用适当的元件，并满足信号传输的不失真或干扰影响最小的要求。

2. 信噪比

在磁场检测中，信噪比可定义为电信号中有用信号与无用信号幅度之比。在这里，幅度为一个广义量值，既即可以指信号幅度，也可以指测量信号中经信号处理后的相关特征的量值。一般而言，测量过程中的上述信噪比必须大于1，否则被测对象将无法识别。

3. 覆盖范围

磁场在空间上是广泛分布的，因而每一测量元件或单元均只能在有限的范围或区间上对磁信号敏感。随着测量元件或方法的不同，在与扫描方向垂直的平面上有效敏感区间也将不同。利用测量元件或单元有效检测被测对象，即在垂直于扫描方向上信噪比大于1时，被测对象相对于测量单元中心可以变动的最大空间范围，称为测量单元的覆盖范围。在检测中，如果要求一次测量较大的空间区域或防止检测时的漏检，则需要适当安置和选择多组测量单元。很明显，在某一方向上覆盖范围越大，在该方向上的空间分辨率将越差，因而，必须根据测量目的和要求，最优设计和选择测量单元。

4. 空间分辨率

磁场信号是一空间域信号，测量元件的敏感区域是局部的，一般由元件的尺寸和性能决定。为了能测量出空间域变化频率较高的磁场信号，必须要求测量元件或单元具有相应的空间分辨率。对应于空间域中的磁场信号，这一分辨率可在一维、二维或三维空间中来描述。空间分辨率是反映测量元件或单元敏感区大小的指标，具有方向性，沿不同方向的空间分辨率会有所不同。

5. 稳定性

测量单元应具备对检测环境和状态的适应性，测量信号特征应不受环境条件影响。因此，应对测量单元结构进行考虑，减小检测过程中随机因素的影响。

6. 可靠性

可靠性表现为多次检测时信号的重复性。由于测量信号大小与测量点以及被测磁场信号源之间位置远近关系密切，重复检测时上述位置关系会有所改变。测量方法选择不当时，会增大测量信号的差异。

7. 有效信息比

当采用多测量单元进行测量时，一次检测的信号量由多单元提供，同时检测中的有用信息量也将由它们均分。对于单个单元而言，其测量的有效信息比为有用信息与总信息之比。因此，为了提高每个单元的有效信息比，对同一测量对象则应减少测量单元，这就要在不降低信噪比的前提下，提高每个单元的覆盖范围或对多单元信号进行适当组合处理。

8．性能价格比

选择检测元件和测量方法时，可根据测量目的和要求设计最优性能价格比的检测探头。

（二）漏磁检测元件

漏磁检测可采用不同的磁测量原理或元件。通常先将磁场转换成电信号，再进行自动化处理。实际检测中，除了感应线圈和霍耳元件，还有下述几种检测构件。

1．磁敏电阻

磁敏电阻的灵敏度是霍耳元件裸件的20倍左右，一般为0.1V/T，工作温度在-40℃～150℃，具有较宽的温度使用范围。空间分辨率等与元件感应面积有关，但温度性很差，且有局部非线性。

2．磁敏二极管和三极管

磁敏二极管是继磁敏电阻和霍耳元件之后发展起来的新型磁电转换器件。与后两者相比，磁敏二极管具有体积小和灵敏度高等特点，磁敏二极管加一正向电压后，其内阻随周围磁场大小和方向的变化而变化。通过磁敏二极管的电流越大，则在同样磁场下输出电压越大；而所加的电压一定时，在正向磁场的作用下电流减小，反向磁场时电流加大。磁敏二极管工作电压和灵敏度随温度升高而下降，通常需要补偿。磁敏三极管是对磁场敏感的半导体三极管，与磁敏二极管一样，是一种新型的磁敏传感器件。磁敏三极管可分NPN型和PNP型两大类。

除了上述介绍的几种方法，还有磁通门、磁共振法、磁光克尔效应、磁膜测磁法、磁致伸缩法、磁量子隧道效应法及超导效应法等。为了满足检测要求和达到较优的性能价格比，应该选择合适的磁敏感元件。例如，在剩余磁场检测中采用的元件的灵敏度一般需高于有源磁场检测；在主磁通检测法和磁阻检测法中敏感元件则应能准确测量磁场的绝对量，感应线圈是不合适的；在漏磁检测法中，随着被测裂纹等缺陷几何尺寸的减小，漏磁场强度急剧减小，采用的元件灵敏度也就要相应提高。从应用来看，霍耳元件，特别是集成霍耳元件，用于测量10^{-5}～10^{-1}范围内的磁感应强度是合适的，它可用于精确测量0.1mm×0.1mm×0.1mm微裂纹产生的漏磁场和0.05%的金属横截面变化产生的主磁通量变化大小等。

（三）漏磁检测方法

在检测元件选定后，磁场的测量应根据被测对象特点和检测目的选择最佳测量方法，包括元件的布置、安装、相对运动关系及信号处理方式等。根据检测目的和要求，磁场信号测量可采用下述几种方法或其组合形式。

1．单元件单点测量

单元件测量的是敏感面内的平均磁感应强度。当元件的敏感面积很小时，可认为测得的是点磁场。单元件一般用在主磁通法、磁阻法和磁导法中。例如，在管棒类铁磁性构件表面裂纹的漏磁检测中，通过绕制管状感应线圈并让这类细长构件从中穿过，则可探测到构件整个外表面缺陷产生的漏磁场，而单个半导体元件将很难实现这类构件整体漏磁场的测量。单件测量时后续的信号处理电路和设备相对较简单，花费成本较低，检测时有效信息较大。

2．多元件阵列多点测量

当需要提高测量的空间分辨率、扩大覆盖范围和防止漏检时，可采用多元件阵列组合起来进行测量。在测量信号的处理上，当需要提高空间分辨率时，采用相互独立的通道处理每个元件输出，但增大了信息量输出，降低了有效信息比。为了得到灵敏度一致的输出，对每个元件和对应通道应进行严格的标定；当只需要增大检测覆盖范围时，可将多元件测量信号叠加，以单通道或小于元件数目的通道输出。通过电路上的组合，设计最佳分辨率、覆盖范围和灵敏度的检测探头结构。多元件测量时，电路设计要选择灵敏度、温度特性较一致的元件。均匀布置元件的数量，应使多元件覆盖范围总和大于被测区域。

3．差动测量技术

为了排除测量过程中振动、晃动以及被测构件中非被测特征的影响，提高测量的稳定性、信噪比和抗干扰能力，检测中应适当布置一对冗余测量单元，并将两单元测量信号进行差分处理，形成差动测量。当在平行于待测磁场方向的测量面上布置对该方向敏感的测量元件并差动输出时，形成差分测量，可消除测量间隙等变动带来的影响；当在测量的磁场方向上间隔布置对该方向敏感的两测量元件并差动输出时，对磁场的梯度进行测量，形成梯度测量，可在较强的背景磁场下测量微弱的磁场变化。

4．聚磁检测技术

聚磁检测采用磁导率高的材料，将被测量磁场主动引导至测量元件中。由高导磁材料做成的聚磁器在这里起着收集、引导及均化测量磁场的作用。根据被测构件表面形状和测量要求设计聚磁器的形状尺寸，最大限度地收集有用磁场，并可通过设计磁场通路将磁场较好地集中并引导至测量元件中。对空间上高频变化的磁场而言，聚磁器相当于一个空间上的低通滤波器，因而这一测量技术的空间分辨率将差一些。

5．磁屏蔽技术

磁场测量最易受到外界磁场的干扰，采用磁屏蔽技术后可减弱杂散磁场的影响。测量中，通常采用高导磁材料做成箱体，使箱体内的测量单元免受体外磁场的影响，一般可将外界磁场干扰减小至1/8~1/5，好的屏蔽体效果更好。磁屏蔽是保证测量稳定可靠的必不可少的措施，对弱磁场测量尤为重要。

（四）漏磁检测探头设计

1．磁敏元件的选择

漏磁检测的原理是通过磁化设备将被测矿用输送带内的钢绳芯磁化，钢绳芯作为导磁体在断口处与空气介质形成磁回路，将钢丝绳磁化到接近磁饱和状态，再检测钢丝绳的漏磁通。由于实际现场，运输机架设间距较远，输送带在运行过程中，必然会上下波动，如果用滚轮压住，又会增加输送带运行阻力，同时增加许多设备。为了尽量减少输送带上下波动，又不增加额外的设备，采取增大漏磁检测的提离值，就可以减小因输送带抖动造成的信号波动。因此，磁敏元件的选择是漏磁测量精确与否的关键。基于前面介绍的磁信号检测元件特性分析，在此选用霍耳元件作为漏磁信号检测头的敏感元件。

霍耳元件是根据霍尔效应制成的，将一通电导体或半导体薄片置于磁场中，则产生一个和电流及磁场方向垂直的电场，即产生一电动势，这种现象称为霍耳效应。

当施加恒定电流且霍耳元件已经确定时，磁感应强度和霍尔电动势呈线性关系。由以上介绍可以看出，霍尔元件具有良好的线性度。同时，它也具有温度特性好和高灵敏度的特点，在研究中采用砷化钾霍尔元件作为磁敏元件。

2. 电路设计

漏磁检测传感器电路由霍尔元件、恒流源差动放大和稳压电路组成，其中恒流源为霍尔元件提供控制电流，差动电路用于将霍尔电动势放大，系统电源部分采用将220V的交流经降压整流稳压成18V的直流，再用78L09和79L09稳成±9V的电压，供探头内元件使用。漏磁传感器的电路图如图10-3所示。

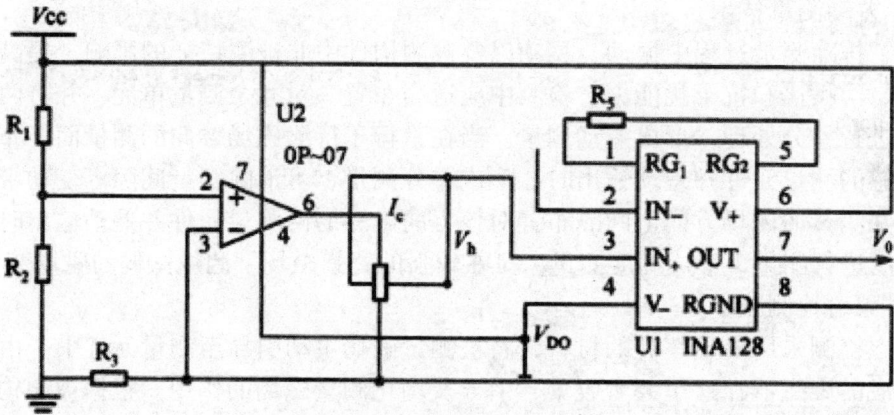

图10-3 漏磁传感器电路图

设计采用美国史普拉格电子有限公司生产的线性单端输入集成霍尔元件 UGN-3501T作为磁敏检测元件。该元件将线性集成电路技术与霍尔效应相结合，并将它们制作在一块芯片上，其典型线性灵敏度通常>7V/T（裸件霍尔元件的灵敏度最高只能达200mV/T），感应面积为0.254mm×0.254mm。该元件不仅可简化后续处理电路，而且可增强检测信号的可靠性和稳定性，并提高检测的信噪比。该元件的另一显著特点是其输出电势与检测元件相对于磁场的运动速度无关。为提高测量精确度，消除温度对系统测量带来的误差，装置中可以加入温度检测电路，随时测量温度值并记录存储，作为对霍尔温度误差的补偿。输出信号经数字电路，设定两个阈值，使其触发反转具有施密特触发器的电压回差特性，即处理成数字信号，送入信号采集卡。

本节主要讲述一种成熟的矿用输送带故障检测方法——漏磁检测。提出一种适用于矿用输送带钢绳芯缺陷检测的漏磁探头设计方案。虽然漏磁检测可以检测出矿用输送带钢绳芯的损伤情况，但是仍存在很大的缺陷：只能检测到已存在的缺陷，需要对钢绳芯进行励磁。

第三节　矿用输送带的金属磁记忆检测

一、矿用输送带的金属磁记忆检测

本节在试验室环境下，使用金属磁记忆检测装置，对矿用输送带进行了磁记忆检测的信号采集试验。

（一）矿用输送带磁记忆检测的信号采集试验

1．试验原理

在磁记忆信号采集装置的准备上，选择了磁记忆三轴检测装置。以磁记忆三轴磁阻传感器为采集芯片，测量时可通过总线接口将所测得的数据传回单片机并进行保存，测量结束后将数据上传至上位机中进行数据结果的处理与分析。检测装置可测量矿用输送带的切向分量与法向分量，应用李萨如图形检测判据与杜波夫检测判据相结合的输送带钢绳芯检测方法，对输送带钢绳芯进行金属磁记忆定量检测。

2．试验平台与检测装置

在试验室环境下搭建矿用输送带故障检测平台上进行金属磁记忆检测试验。

检测输送带选用某煤矿已报废的矿用输送带，输送带具体参数如表10-1所列。

表10-1　输送带参数

输送带宽度 /mm	输送带长度 /m	钢绳芯最大直径/mm	钢绳芯间距 /mm	钢绳芯根数	接头类型
1400	1060	6	20	66	3级接头

在磁记忆信号采集装置的准备上，选择磁记忆三轴检测装置。以磁记忆三轴磁阻传感器为采集芯片，测量时可通过总线接口将所测得的数据传回单片机并进行保存，测量结束后将数据上传至上位机中进行数据结果的处理与分析。应用李萨如图形检测判据与杜波夫检测判据相结合的检测方法，对输送带钢绳芯进行金属磁记忆定量检测。

试验选择厦门爱德森公司研发的EMS-2003型磁记忆检测仪对输送带钢绳芯进行冗余测量。该仪器只使用磁记忆的法向分量与梯度值作为检测判据，故其只能对矿用输送带缺陷损伤位置做出判断。该检测仪配备有单通道传感器、双通道传感器与四通道传感器并配有测距小轮，可迅速对输送带进行大范围的检测，可与磁记忆三轴检测装置共同确定输送带损伤位置。

3．试验方法与检测步骤

由于磁记忆检测试验在试验室条件下进行，环境磁场是相对恒定的大地磁场。试验开始之前，应先使用磁阻传感器检测装置对大地磁场进行测量，并将数据保存。试验中所测得的磁记忆数据应减去大地磁场，以减小地磁场对磁记忆信号检测时的干扰。由于试验是在试验室环境下进行，因此没有考虑环境噪声的干扰，采集信号具有一定的局限性。若在煤矿现场使用，则需要对测量信号进行消噪处理。

磁记忆检测试验为离线试验，使用两种检测仪器对输送带表面进行扫描式测量。提离高度选择为3mm，沿钢绳芯方向移动测量探头，以相对恒定的速度进行检测。由于在检测过程中检测装置很难做到以恒定速度运动，故检测时采用空间域等距采样法，以避免因传感器运动速度不均匀造成的采样点分布不均匀现象。

使用EMS-2003型磁记忆检测仪对矿用输送带进行快速检测，传感器探头使用单通道式，使用空间域采样法，时钟设置为外时钟，可通过传感器配备的测距小轮提供测量脉冲与检测长度的数据。将选择好的带小轮的单通道传感器在已经搭建好的矿用输送带上行走，即可采集磁记忆信号。若在行走过程中经过输送带故障缺陷部位，仪器会发出警报，由此可大致确定故障位置。对采集好的信号进行保存，之后将数据传回电脑进行处理与分析。针对所确定的故障位置，使用三轴磁阻传感器检测仪对该位置附近区域进行二次测量，传感器测量移动方向依然选择沿钢绳芯方向，传感器输出速率选择为75Hz，同样使用空间域采样法，采样间隔为0.5mm，测量脉冲由测距传感器提供。将所测得的三轴磁场信号进行保存，测量结束后将数据上传回电脑进行处理与分析。

（二）矿用输送带磁记忆测量信号的分析处理

试验结束后，对采集回的数据进行处理与分析，共发现两处疑似损伤缺陷位置，现对该位置的磁记忆检测信号进行进一步处理与分析。

在疑似缺陷位置处确实出现了应力集中缺陷，在之后的使用过程中此处较其余位置更容易出现断裂现象，应引起检测人员的注意。

对于疑似故障位置采取相同的磁记忆信号分析过程。在距检测起点位置出现了明显的反相且过零点现象，并且梯度值出现了明显的极大值。根据传统的杜波夫检测判据与梯度检测判据，即可判断在此位置输送带出现了损伤缺陷。

在李萨如检测判据中，其磁记忆损伤系数表征了被测构件的损伤程度。对于定量检测，其标定一般采用已知缺陷的标准构件进行，但由于条件限制，本节没有对矿用输送带进行疲劳拉伸试验，无法对损伤系数与损伤程度之间的定量关系进行很好的标定，之后还需要通过疲劳拉伸试验进一步研究与改进，以期实现对输送带寿命的预测。

本节主要讲述了一种新兴的电磁无损检测——金属磁记忆检测。首先，概述金属磁记忆的发展，讨论其技术原理，论述金属磁记忆信号的检测判据，包括杜波夫传统检测判据、梯度检测判据、多尺度小波变换检测判据、低周疲劳损伤检测判据和李萨如图形检测判据。然后，对矿用输送带金属磁记忆检测进行试验，证明了磁记忆信号处理和各判据综合使用的必要性。最后，具体阐述磁记忆信号处理的方法，并设计出磁记忆传感器和检测装置，利用设计出的磁记忆检测装置进行矿用输送带检测试验。

第四节　矿用输送带X射线检测

一、矿用输送带X射线检测系统

基于X射线的矿用输送带无损检测系统的组成主要有X射线发生器（射线源）、X射线探测卡、图像采集板、图像处理传输板、以太网通信系统和上位机部分，其工作原理图如图10-4所示。

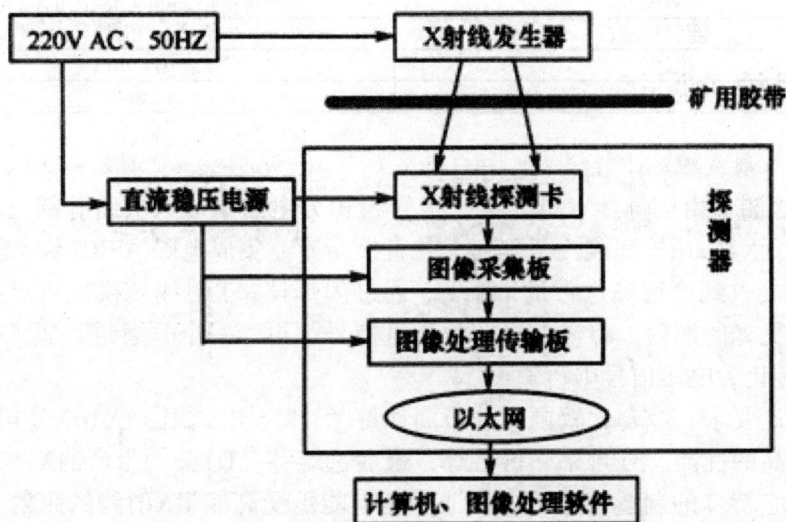

图10-4　X射线无损检测系统工作原理图

系统的工作原理为：从X射线发生器发出的X射线透射过矿用输送带后照射到布满了硅光电二极管阵列的X射线探测卡上，此二极管阵列可以将不可见光转换为包含有输送带内部钢绳芯图像信息的可见光，并通过X射线探测卡光电转换为模拟电压信号；然后，通过图像采集板对此电压信号进行信号调理和A/D转换为数字信号，再经过图像处理传输板进行非均匀性校准处理，并通过以太网将处理后的数字图像信息传输到上位机上；最后，上位机通过图像处理软件来处理接收到的图像信息，并进行动态的实时显示。计算机的图像处理软件不仅可以对图像进行分析和处理，还可以运用模式识别算法提取判断矿用输送带钢绳芯接头锈蚀、伸长以及断裂等情况，并在超标时发出报警信号。利用以太网传输技术，可以通过局域网共享数据信息，实现远程的传输控制。

（一）X射线发生器

X射线发生器是系统中无损检测所需的X射线发生装置，主要包括控制箱和射线源，它们分别完成高压控制和X射线产生的功能。下面以北京机电股份生产的T-140X射线发生器为例。该产品是北京机电股份引进德国技术开发研制的高科技产品，其出射射线剂量均匀、性能稳定、安全系数高。T-140X射线发生器具体参数如表10-2所列。

表10-2 T-140X射线发生器

系统组成	控制箱+射线源
出射射线	扇面(60°)
焦点尺寸	0.8mm×0.8mm
管端高压	140kV(最高160kV)
阳极电流	0.5~lmA
输出功率	100W（连续工作）
工作电源	AC220V/50Hz
外形尺寸	控制箱132mm×482mm×250mm
接口形式	25针
温度	0~40℃
相对湿度	80%

（二）X射线探测卡

X射线探测卡由闪烁体、硅光电二极管、积分电路和放大电路等部分组成，它将射线探测单元X-Card排列成一个阵列，并直接与专业集成电路(ASIC)连接在一起。

探测卡接收到穿透输送带的X射线，通过闪烁体将X射线转换成可见光。光电二极管受到可见光的照射，将光信号转化为电信号，再经一个64通道、放大倍数可变的COMS芯片转化为电压信号串行输出。

根据设计要求，综合比较国内外厂商如芬兰DT公司、德国YX10N公司、英国ETL公司同类产品的性能、分辨率、价格等，最后选定芬兰DT公司生产的X-Scan作为X射线探测卡，它特殊的制造工艺可以保证探测卡能承受高能量X射线的照射。X-Scan探测卡中每个硅光电二极管的受光面积为1.5mm×1.5mm，像素数目为800，它的具体参数如表10-3所列。结合计算机图像采集和处理中的一般规律，为了一次性检测输送带全部截面，本书采用32块X-Card并列形成长度大约为1.6m的一维阵列。

表10-3 探测卡工作参数

X射线管电压范围	30-160kV
晶体材料	GOS转换屏
像素中心间距	1.5mm
像素宽度	1.5mm
像素数目	800
感光区总长	12mm
传送速度范围	0.1~2.0m/s
A/D转换分辨率	14bit
敏感单元校准功能	线阵探测器单元像素补偿
工作电压	AC220V/15V,50Hz/60Hz
功耗	不超过50VA
工作温度	0~40℃
存储温度	-10~50℃
存储和工作的相对湿度	30%~80%

（三）图像采集板

图像采集板主要由模数转换器(ADC)、数据通道、连接器、模拟开关和时序控制器组成，它通过4个数据通道采集模拟电压信号，并对其进行A/D转换。它的结构如图10-5所示。

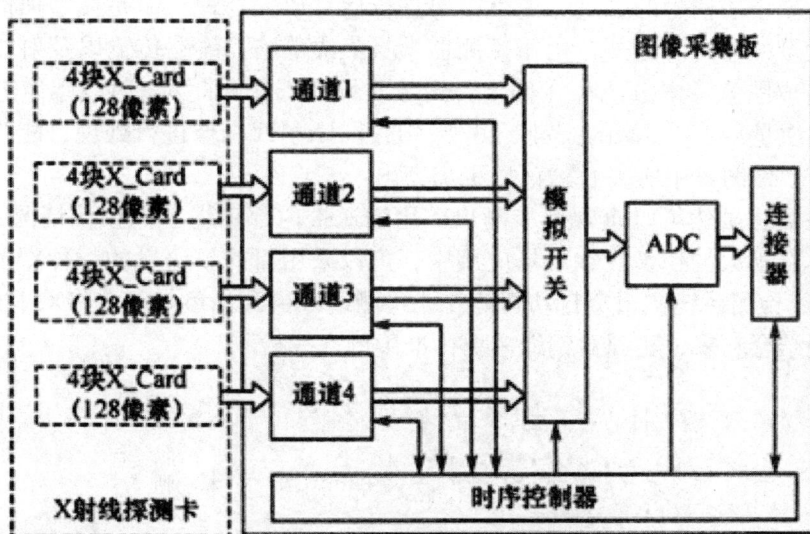

图10-5　图像采集板结构框图

为了达到实时检测的目的和足够的检测宽度，本系统采用两块图像采集板同时采集X射线图像，且每个图像采集板连接16块X-Card。X射线探测卡输出的模拟电压信号首先从4个数据通道进入图像采集板，再通过模拟开关进入ADC转换成16bit的数字信号。模数转换器采用德州仪器(TI)生产的ADS8422，它是一种16bit逐次逼近寄存器(SAR)模数转换器，速率可达到4Mb/s。ADS8422具有卓越的AC和DC规格，其他性能还包括内部4.096V参考电压、参考缓冲器和单电源运作等。它在-40℃～85℃的工业温度范围内可正常工作，可以理想地应用于各种高要求的应用中。时序控制器采用Xilinx生产的XC95144XL，它可以产生精确的时序信号，来控制模拟开关和ADC的转换工作。

（四）图像处理传输板

图像处理传输板主要由图像处理与传输控制器、数据存储器、连接器和PHY芯片组成，它对接收到的X射线图像数字信号进行偏移校准和平均化处理等，然后通过以太网接口将处理后的图像信号传输到上位机。

一个图像处理传输板最多可以连接8块图像采集板。按照设计要求，本系统中图像处理传输板通过连接器同时与两块图像采集板并行连接。图像处理与传输用FPGA实现，控制器采用Xillnx生产的系列中的Virtex-4FX，它将高级硅片组合模块架构与种类繁多的灵活功能相结合，大大提高了可编程逻辑设计能力，从而成为替代专用集成电路(ASIC)技术的强有力产品。它包含了PowerPC405处理器、三态以太网媒体访问控制(MAC)、622Mb/s～6.5Gb/s串行收发器、专用DSP Slice、高速时钟管理电路和源同步接口块等庞大阵列的硬lP核，保证了X射线图像处理与传输的实时性和可靠性。

（五）X射线图像的处理算法

对于X射线图像而言，由于考虑到工作人员的安全问题，应尽量降低X射线的能量，同时也减小了信号的强度，这就需要进行信号放大处理，但是在增强信号的同时也引入了大量的噪声。此外，由于探测器本身集成电路、线路传输以及射线散射等多方面原因造成图像像素数值存在偏差，图像质量降低，因此对X射线图像进行实时处理是得到高质量X射线图像的关键。另外，通过对X射线图像进行处理，能改变原图像的灰度分布，使图像中所关心的信息更加突出。

射线检测法虽然可以直观地检测出矿用输送带内部钢绳芯的损伤情况，但是X射线对人体具有极大的伤害。在现场应用中，可以采用目前新研发的一种X射线 CCD相机，使X射线检测系统实现全自动智能在线检测，减少人为参与；或将X射线检测与电磁无损检测结合起来，实现对钢绳芯更为准确的在线检测。

第五节 矿用输送带的视觉检测

一、矿用输送带视觉检测系统的设计

前面详细叙述了机器视觉检测方法的关键步骤——图像处理。在此基础上，采用机器视觉技术研制一种输送带纵向撕裂在线检测系统，开发其系统硬件，设计其系统软件及以太网通信软件，实现对输送带的跑偏、表面损伤和纵向撕裂等故障的在线检测，并能够在检测到输送带纵向撕裂时输出控制停机信号。

所选运输系统输送带的主要参数如下：

（1）运输机型号：DTL120/120/2*1120。

（2）输送带带宽：1.2m。

（3）输送带长度：1000m。

（4）带速：4m/s。

针对运输系统输送带的具体参数和型号，研究输送带运行图像的高速采集技术，提出基于机器视觉的输送带纵向撕裂检测方法，实现对输送带运行图像的高速检测，提高输送带跑偏、表面损伤和纵向撕裂等故障检测的准确性、可靠性和实时性。研究输送带运行图像传输技术，利用以太网通信技术实现工业级CCD输送带运行图像的高速传输，提高其传输效率、检测精度。研究机器视觉的输送带运行图像的处理识别算法，提出运行图像的处理算法、故障识别算法、定位算法，提高输送带故障检测的准确性和实时性；进行防爆设计，制作样机。

1. 输送带运行图像的高速检测技术

研究输送带运行图像的高速检测技术，提出基于机器视觉的输送带纵向撕裂检测方法，采用工业级CCD摄像机采集输送带运行图像，利用机器视觉技术实现对输送带

运行图像的高速检测，提高跑偏、表面损伤和纵向撕裂等故障检测的准确性、可靠性和实时性。基于机器视觉的输送带纵向撕裂在线检测系统的工作过程是当高亮度的线形光源发射的光线照射在输送带表面时产生漫反射光，漫反射光的光强与输送带表面特性有关，线阵CCD摄像机通过线扫描感应漫反射光，每次扫描摄取与运行方向垂直的输送带的一行图像，并通过以太网传输给计算机。计算机利用输送带表面图像的快速处理算法、纵向撕裂故障图像的特征提取和识别与定位算法对机器视觉的输送带表面图像进行处理，分析和识别输送带跑偏、表面损伤和纵向撕裂等故障，发现故障时给出故障报警和控制停机信号。

2．输送带运行图像传输技术

研究输送带运行图像传输技术，利用以太网通信技术和ARM技术研制通信终端硬件和以太网通信软件，实现工业级线阵CCD摄像机的输送带运行图像的高速传输，提高其传输效率、检测精度。

3．机器视觉输送带运行图像的处理识别算法

采用图像处理技术和模式识别技术，研究机器视觉的输送带运行图像的处理识别算法，提出运行图像的处理算法、故障识别算法、定位算法，提高输送带故障检测的准确性和实时性。纵向撕裂故障图像的特征提取和识别与定位算法流程图如图10-6所示。

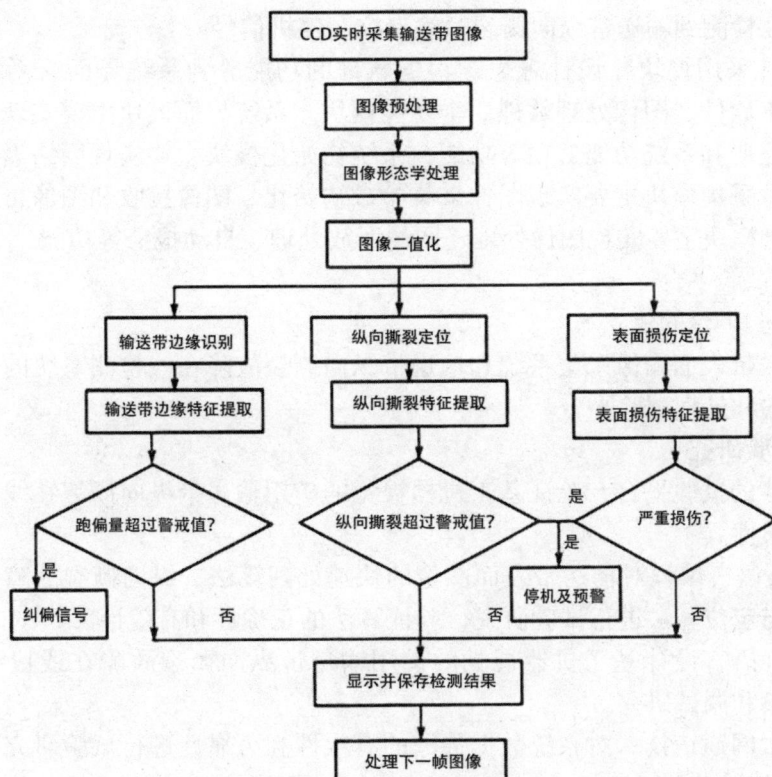

图10-6 纵向撕裂故障图像的特征提取和识别与定位算法流程图

1)基于机器视觉的输送带纵向撕裂故障图像的特征提取算法

特征提取方法分为线性与非线性特征提取算法，其中：线性特征提取算法有边缘检测法、PCA法、Fisher鉴别分析法等；非线性特征提取算法有核方法、Kohonen匹配、流形学习等。在此基础上提出适用于输送带表面图像特征提取的新算法。

2)基于机器视觉的输送带纵向撕裂故障图像的识别与定位算法

基于机器视觉的矿用输送带纵向撕裂故障图像的识别与定位算法分为故障识别和故障定位两类算法。对输送带的跑偏故障的检测主要通过在表面图像上设置跑偏警戒线的方法；表面损伤和纵向撕裂故障的检测主要通过输送带表面裂纹的特征进行判断，主要包括裂纹的粗细、方向、横向长度、纵向长度、面积、矩形度等。

通过在输送带表面图像上设置的数字标尺，结合故障检测结果，实现故障定位。

4. 输送带纵向撕裂在线检测系统

研制基于机器视觉的输送带纵向撕裂在线检测系统，可采用电子技术、通信技术和ARM技术研制并开发系统硬件，在Windows XP平台上采用C#.NET集成开发环境设计输送带纵向撕裂在线检测系统软件，采用TCP/IP协议设计以太网通信软件，实现对输送带的跑偏、表面损伤和纵向撕裂等故障的在线检测。该系统具有实时存储、显示输送带运行图像和建立图像档案的功能，定期形成检测报告；具有故障报警和定位功能，在检测出输送带纵向撕裂、跑偏、表面损伤等故障时自动报警，并且能够对故障进行定位，在检测到输送带纵向撕裂时输出控制停机信号。

系统软件采用模块化设计思想，根据软件的功能分为系统界面、系统初始化软件、图像采集软件、图像处理软件四个功能模块。系统界面模块主要实现上位机网络设置、软件注册和系统功能选项等功能；系统初始化模块主要实现网络设置、初始化等功能；图像采集模块主要实现图像采集参数初始化、图像接收和图像自动存储等功能；图像处理模块主要实现图像处理、图像回放处理、自动报警等功能。

5. 搭建试验平台

（1）试验平台的建立

搭建输送带表面图像采集系统和输送带纵向撕裂故障在线检测系统的表面图像实时采集、传输和处理试验平台。

（2）试验研究

利用搭建的试验平台，验证基于机器视觉的矿用输送带纵向撕裂在线检测方法的有效性和实时性。

采用C++语言编程对输送带表面图像的快速处理算法、纵向撕裂故障图像的特征提取和识别与定位算法进行试验研究，验证算法的正确性和有效性。

采用C++语言设计基于机器视觉的矿用输送带纵向撕裂故障在线检测系统的软件，进行试验和调试研究。

采用以太网通信技术对系统数据传输的有效性和可靠性进行试验研究，实现对输送带表面图像的实时传输。

（3）现场试验研究

进行现场试验研究，验证系统性能。

　　（一）矿用输送带运行图像的高速检测技术

　　研究输送带运行图像的高速检测技术，提出基于机器视觉的输送带纵向撕裂检测方法，实现对输送带运行图像的高速检测，提高跑偏、表面损伤和纵向撕裂等故障检测的准确性、可靠性和实时性。

　　1．系统的基本原理

　　基于机器视觉的矿用输送带检测系统的理论根据是光漫反射原理，这个过程类似于人眼利用漫反射光对物体在眼内的成像。光源输出的光照射到输送带表面产生漫反射，漫反射光的光强与输送带表面特性有关，通过摄像机来摄取输送带表面反射的光强信号，形成图像信息。将摄像机摄取的输送带表面图像传输到计算机，利用图像处理技术实时处理输送带的运行图像，通过模式识别和人工智能技术来识别输送带的运行状态，进而实现对输送带纵向撕裂故障的实时检测。

　　2．系统的总体结构

　　机器视觉通过机器感知和理解图像以达到人类视觉的效果，具有自动化、智能化和准确性等特点。在现代化大生产中，视觉检测往往是不可缺少的环节。视觉检测系统通常包括图像获取、图像处理、目标识别等模块。

　　针对于矿用输送带而言，机器视觉检测系统主要包括图像获取与传输、图像处理、故障识别等模块。

　　图像获取与传输模块负责输送带运行图像的实时采集与远距离传输；图像处理模块实现输送带图像的快速处理；故障识别模块用于诊断输送带运行过程出现的表面故障并及时报警。

　　高品质的图像信息不仅可以提高故障识别的准确度，还有利于减轻后序图像处理的负担，提高系统的实时性。图像获取设备主要有面阵CCD相机和线阵CCD相机两种。面阵CCD的优点是能够直接获取二维图像信息，缺点是像元总数多，由于每一行的像元数不能太多，帧幅率因此受到限制。线阵CCD的传感器只有一行感光元件，其优点是一维像元数可以很多，在工业、医疗、科研与安全领域应用很广。与面阵CCD相比，线阵CCD具有分辨率高、动态范围大、灵敏度高等特点，更适合于一维运动物体的检测。对于一维运动的输送带，线阵CCD相机就受到了青睐。考虑到输送带检测的实际工况，为了获取高质量的输送带图像信息，可以采用工业级线阵CCD相机并配备高亮度线形光源来采集输送带图像信息。

　　该系统的工作过程是：当高亮度的线形光源发射的光线照射在输送带表面时产生漫反射光，漫反射光的光强与输送带表面特性有关，线阵CCD相机通过线扫描感应漫反射光，每次扫描摄取与运行方向垂直的输送带的一行图像，并通过以太网传输给计算机。计算机利用输送带表面图像的快速处理算法、纵向撕裂故障图像的特征提取和识别与定位算法对机器视觉的输送带表面图像进行处理，分析和识别输送带跑偏、表面损伤和纵向撕裂等故障，并在发现故障时给出故障报警和控制停机信号。为了提高宽度方向的分辨率，可以采用多台CCD相机沿输送带宽度方向并排放置。

　　3．输送带图像采集技术

　　（1）相机的选择

①面阵CCD相机。

面阵CCD相机可以直接生成二维图像，但对于快速运动的物体，会产生像移，使图像变得模糊。根据像移距离的大小，可以计算出可以接受的物体移动的速度。

②线阵CCD相机。

与面阵CCD相机相比，线阵CCD相机具有更高的分辨率，更适用于一维运动目标的检测，只需要将行曝光时间与工作行频之间协调好即可。对于线阵CCD相机，需要根据输送带检测系统的实际情况来选择相机的参数。

（2）镜头和光源的选择

镜头直接决定了成像的效果，并且需要与相机相匹配。由于需要及时检测到输送带的故障，尤其是纵向撕裂故障，而纵向撕裂故障多发生在运载物落下的区域，该区域的安装空间相对较小，通常可供利用的上下输送带之间的空间只有400mm左右，因此需要焦距小、大广角的镜头。对于所选择的相机，我们选择了两款镜头，分别是10mm镜头和20mm镜头。在实际应用中，可将相机倾斜一定的角度以增加物距。

由于线阵CCD相机每次只采集输送带的一条图像信息，光源只需要将输送带上相应的线形区域照亮即可。另外，线阵CCD相机要求拍摄过程中光源的强度不能发生太大的变化。因此，本系统选择了线形光源，宽度为1m的线形光源实物。对于很宽的输送带，需要的线形光源就很长；为了降低成本，可以采用多个线形光源拼接起来使用。

（3）光源的设计

运输物料过程中，运输系统输送带的上输送带是承载段，通常呈槽形且向上弯曲，下输送带为返回段，是不承载的空带且呈平形。为了利用机器视觉技术来检测输送带的运行状态，需要从运输系统输送带的背面对其进行成像，也就是要求图像采集装置安装在运输系统上、下输送带之间。工程实际中，运输系统上、下输送带之间的空间很小，而且输送带的宽度通常要大于上、下输送带之间的距离。煤矿行业使用的运输系统输送带，其运输机上、下输送带间的距离通常小于1m，宽度通常大于800mm，而且输送带运行速度快，最快可达6m/s。这就需要对输送带表面图像的采集系统进行独特的设计。

本系统是利用线阵CCD相机配备高亮度线形光源采集输送带的表面图像信息。针对所选择的运输系统输送带，利用单个相机采集输送带的表面图像。单个线形光源自下向上发射光，线形光源可水平放置，也可与水平面成一定角度（多个线形光源的安装方式：在运输机上输送带和线形光源构成的平面内，两个或两个以上的线形光源排列呈槽型或梯形，与运输机上输送带外形大体相似）。

单个线阵CCD相机配备3个线形光源来采集输送带表面图像。在运输机上输送带和线形光源构成的平面内，线形光源2水平放置，其他线形光源与水平面倾斜成一定角度。从总体上看，这3个线形光源排列成梯型。线阵相机放置在输送带的正下方，配备视场角足够大的镜头，通过调整线形光源1~3与输送带的相对位置，使线阵CCD相机能够对整个输送带的一个截面进行成像。

（4）软件构成

　　故障检测首先需要将待识别目标从输送带背景图像中分离出来，然后用一些特征量来描述待识别目标，再通过特征量来判断输送带是否出现故障。由于纵向撕裂和表面裂纹都只发生在有输送带部分的图像上，即对于输送带纵向撕裂和表面裂纹故障的检测，只需要输送带的信息即可，并不需要背景信息。因此，可以根据输送带边界来裁剪图像，只保留输送带部分的图像信息，既不影响纵向撕裂和表面裂纹故障的检测，又缩小输送带图像的尺寸，从而有助于减少纵向撕裂和表面裂纹故障检测过程的计算量，提高故障检测算法的实时性。此外，检测输送带的边缘有助于识别其跑偏故障。在进行故障检测前，首先检测输送带的边缘。观察输送带图像的特点可以发现，通常情况下输送带与背景的灰度差别较大，能比较容易地将输送带与背景分割开，进而找出输送带的边缘。利用检测到的输送带边缘来进行跑偏故障检测和裁剪图像，对裁剪后的图像再进行纵向撕裂和表面裂纹故障检测。

　　输送带视觉检测系统软件主要完成系统参数设置、图像处理以及在线识别输送带出现的纵向撕裂、跑偏和表面裂纹等故障，这里采用Visual C++进行软件开发。

　　图像处理模块包括图像预处理、输送带边缘检测和图像分割等子模块。图像预处理实现输送带图像的增强、降噪等功能，输送带边缘检测用于检测输送带的左右边缘，图像分割用于从输送带背景图像中分离出待识别目标。本系统选择的图像分割方法主要是图像二值化处理方法。输送带图像经二值化处理后，得到只有"0"和"1"表示的二值图像，其中"0"和"1"分别表示背景和目标。根据二值图像中"1"的分布，可用简单的向量来表示输送带的故障特征。

　　故障检测模块包括特征提取和故障识别两个子模块。特征提取是将图像用一些简单的信息来表示，进而用一些特征量来描述待识别目标。故障识别是利用提取的故障特征信息来判断输送带是否出现故障。

　　（二）矿用输送带运行图像传输技术

　　研究输送带运行图像传输技术，利用以太网通信技术实现工业级线阵CCD摄像机的输送带运行图像的高速传输，提高其传输效率、检测精度。

　　1. UDP/IP协议

　　TCP（传输控制协议）、UDP/IP（数据报协议／网际协议）是互联网的通信协议，通过它可以实现各种异构网络或异种机之间的互联通信。

　　TCP、UDP/IP已成为当今计算机网络最成熟、应用最广的互联协议。互联网采用的就是TCP、UDP/IP协议，网络上各种各样的计算机上只要安装了TCP、 UDP/IP协议，它们之间就能相互通信。运行TCP、UDP/IP协议的网络是一种采用包（分组）交换网络。TCP、UDP/IP协议是由100多个协议组成的协议集，TCP、 UDP和IP是其中最重要的协议。TCP、UDP和IP协议分别属于传输层和网络层，在互联网中起着不同的作用。

　　从TCP、UDP/IP的体系结构可以看出，TCP、UDP/IP不是一个单独的协议，而是由多个协议组成的协议族，这些协议从高到低分四层，分别规定了满足网络用户需求的应用层协议、信息传输层协议、网络互联层协议以及面向物理链路的网络接口层协议。

当应用程序用UDP传送数据时，数据被送入协议栈中，然后逐个通过每一层直到被当作一串比特流送入网络。其中，每一层对收到的数据都要增加一些首部信息（在数据链路层还要增加尾部信息），UDP传给IP的数据单元称为UDP消息段或简称为UDP报文。IP传给网络接口层的数据单元称为IP数据报(IP Datagram)。通过以太网传输的比特流称为帧（Frame）。

UDP只在IP的数据报服务之上增加了很少的一点功能，即端口的功能和差错检测的功能。虽然UDP用户数据报只能提供不可靠的交付，但UDP在某些方面有其特殊的优点。首先，发送数据之前不需要建立连接；然后，UDP的主机不需要维持复杂的连接状态表；接着，UDP用户数据报只有8Byte的首字母；最后，网络出现的拥塞不会使源主机的发送速率降低。因此，在采集和传输输送带图像数据时，采用了UDP协议作为传输层的协议。

IP协议是网络层的主要协议，该协议实现了主机与主机之间的通信。通信的过程是通过交换lP数据报实现的。IP数据报的格式分为首部区和数据区两大部分，其中：数据区包括高层协议需要传输的数据，这些数据对口协议而言是看不到的；首部区是为了正确传输高层数据而添加的各种控制信息。在传输过程中，lP协议对上层协议传送过来的数据报加上相应的IP首部进行封装后传递到数据链路层，而对于从数据链路层接收到的数据报，IP协议则把附加的IP首部剥除并依据其中的控制信息进行处理，然后把数据传输到上一层。

对于输送带运行状态的实时监测，需要采集大量的图像信息。以宽度1.2m、运行速度6m/s输送带的监测为例，若要求在输送带宽度方向和运动方向上图像分辨率不低于1.0mm×1.0mm，可采用像素为2048、工作行频为19kHz的工业级线阵 CCD相机，当线阵CCD工作在最高行频时，每秒钟就会产生约39MB位图格式的图像信息；以宽度1.2m，运行速度4m/s输送带的监测为例，若要求图像分辨率不低于2.5mm×2.5mm，可采用像素为1024、工作行频为19kHz的工业级线阵CCD相机，经计算可知，相机的工作行频需要大于1.6kHz，为获取较高分辨率的图像，可将行频设为2kHz，那么一台相机每秒钟就会产生约32MB位图格式的图像信息。对于输送带的多点检测，例如使用了4台相机，那么每秒钟就会产生128Mb位图格式的图像信息。为了利用计算机来识别输送带的状态，需要将图像信息及时传送到计算机，这就需要高速的网络传输技术。

近年来，计算机网络技术突飞猛进，技术已很成熟，应用十分广泛。为了保证图像信息的实时传输，本系统利用了千兆网络技术搭建了千兆局域网，可以满足128Mb/s数据量的实时通信需求。利用千兆局域网通信技术和ARM技术研制了局域网传输控制器和局域网通信软件，实现了工业级线阵CCD相机的输送带运行图像的高速传输和对整个系统设备的控制功能。

局域网是一种具有高传输速率、低误码率的网络。为了保证图像传输的实时性，本系统采用UDP/IP协议设计了局域网通信软件。该软件采用了C/S结构，局域网通信软件作为服务器端，而CCD相机和局域网传输控制器作为客户端。

2. 上位机和CCD相机的通信软件设计

上位机和CCD相机之间的通信内容主要有两类：一类是对CCD相机的控制信息；另一类是CCD相机实时采集到的图像信息。对CCD相机的控制信息包括CCD相机的查找、打开、关闭和参数设置等。对于CCD相机实时采集的图像信息，由于图像信息数据量比较大，因此在通信时需采用多缓存的机制（需要足够大的内存）。本系统采用了双缓存的设计，既保证图像数据的实时采集，又不会占用过大的内存。

3．上位机和传输控制器的通信软件设计

上位机通信软件通过对传输控制器传输控制信息，实现控制输送带的急停、启动和关闭，声光报警器的开启和关闭，相机除尘装置的开启和关闭等功能。这一部分的通信要求具有很高的可靠性，因此在UDP协议的基础上，本系统设计了新的传输控制协议，增强了传输信息的可靠性。上位机和传输控制器的通信功能设计流程图如图10-7所示。

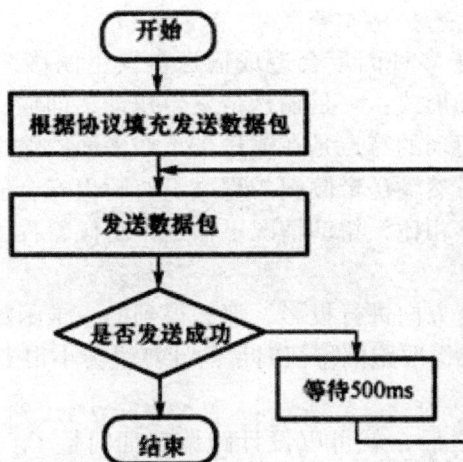

图10-7　上位机和传输控制器的通信功能设计流程图

4．试验与测试

为验证图像采集和传输效果，在试验室搭建输送带视觉检测系统试验平台。输送带的宽度为1m，厚度为12mm，总长为10m，规格为ST1000，最大运行速度为5m/s，运行速度可无级调速。

利用搭建的试验平台，对输送带运行图像采集模块进行了测试。调节镜头焦距到合适的位置，直到输送带的图像清晰，进行连续采集，图5-48所示为采集到的一帧输送带图像。输送带图像十分清晰，很容易观察到输送带上的数字。让输送带连续运行，经测试可知，线阵CCD相机可以实现对输送带图像的实时采集。测试结果表明，该模块可实现128Mb/s图像信息的可靠采集，若图像大小设置为1024×1024，则每秒钟可得到20帧图像。

利用搭建的试验平台，对输送带运行图像传输模块进行了测试。设置像素为1024的线阵CCD相机工作在最高行频19kHz，此时每秒钟就会产生38MB的图像信息。在此情况下，经测试发现计算机CPU的占用率低于10%。由此可知，千兆以太网络可以实现输送带图像信息的实时传输。

由上述的测试结果可知，利用线阵CCD相机和千兆以太网络可以实现输送带图像信息的可靠采集和传输。

（三）机器视觉的输送带运行图像的处理算法识别

研究机器视觉的输送带运行图像的处理识别算法，提出运行图像的处理算法和故障识别算法，提高输送带故障检测的准确性和实时性。

二、矿用输送带纵向撕裂在线检测系统的设计

研制输送带纵向撕裂在线检测系统，研制并开发系统硬件，设计系统软件及以太网通信软件，实现对输送带的跑偏、纵向撕裂和表面损伤等故障的在线检测，并能够在检测到输送带纵向撕裂时输出控制停机信号。

1. 跑偏故障检测

（1）跑偏特征分析

在运行过程中，由于多种因素会造成输送带发生偏移，即跑偏。实际应用中，跑偏故障通常表现为两种形式：一是输送带发生扭动，即输送带的边缘发生了偏斜；二是输送带整体偏移。扭动的特点是在输送带工作平面内输送带发生了较大程度的倾斜。整体偏移的特点是虽然输送带倾斜的程度没有超出安全值，但输送带的中心发生了较大位移。与整体偏移相比，扭动情况下输送带的倾斜程度较大。整体偏移多发生在长距离运输的场合。

如果将输送带沿高度方向进行投影，那么得到的一维函数可以反映输送带与背景的分界。而从一维函数来提取跑偏特征向量的计算量会小很多。

（2）跑偏特征向量

得到跑偏特征函数之后，就可以设计跑偏特征向量了。如果发生跑偏，假设输送带和背景完全分割，那么在特征函数中输送带和背景之间的分界线就表示为一条斜线；否则，这个分界线就是垂直线。可以对特征函数中输送带与背景的分界线用线性函数进行拟合。

从特征函数中计算拟合线的斜率适合于扭动形式的输送带跑偏；而对于输送带的整体偏移，输送带边缘与图像边缘的距离可作为跑偏故障的特征信息。

（3）跑偏识别准则

当特征向量R中某一元素的值超出一定范围时，就可以判定发生了跑偏故障。在不能确定相机相对于输送带具体安装位置的情况下，可根据连续多帧图像检测矾和仍的变化来判断跑偏故障。

（4）跑偏检测算法与试验分析

跑偏故障检测过程框图，包括提取输送带边界、图像分割、计算跑偏特征函数、提取跑偏特征向量和跑偏故障识别等步骤。首先，用Matlab软件编程实现跑偏故障的检测，并进行测试，根据测试结果来完善设计；然后，再用VC++进行编程来实现跑偏故障的检测。

利用在试验室搭建的输送带视觉检测系统试验平台测试跑偏故障检测模块的有效性。

2．纵向撕裂故障检测

纵向撕裂是输送带运行过程容易发生的表面故障之一，对输送带具有很强的破坏性，需要及时发现处理。一旦出现纵向撕裂故障，不仅会导致停产、运输物料的损耗，还可能会引发断带等设备事故，造成经济损失甚至人员伤亡，严重影响安全生产。由于纵向撕裂的危害非常大，检测这类故障成为输送带视觉检测系统的首要任务。纵向撕裂故障检测前，需要先将输送带图像进行裁剪，只保留输送带图像部分，去掉背景图像。

对于纵向撕裂故障的检测，在输送带图像中纵向的裂纹是目标，而输送带则是背景。如果能够将纵向裂纹与输送带完全分割，那么就可以利用二值图像来检测纵向撕裂故障。本系统提出了一种针对二值图像的输送带纵向撕裂故障检测方法。

（1）纵向撕裂特征分析

如果输送带发生了纵向撕裂，反映在输送带图像上就是撕裂区域像素的灰度值要明显暗于周围像素的灰度值，且撕裂区域沿输送带的运行方向分布。也就是说，纵向撕裂反映在输送带图像中就是有一个像素暗的区域沿输送带高度方向上分布。这个特点很容易解释，由于输送带发生纵向撕裂后，光线透过纵向的裂纹，照到其他物体上，这样反射到相机的光线相对来说就很弱，表示在图像上就是像素的灰度值较小。

纵向撕裂故障检测的指导思想是：根据输送带发生纵向撕裂后图像的特点，设计合适的特征函数来表示纵向撕裂特征信息，利用简单的识别方法实现对纵向撕裂故障的检测。在此基础上，提出输送带纵向撕裂故障检测算法，开发基于机器视觉的输送带纵向撕裂故障在线检测模块。

（2）纵向撕裂故障检测算法

对裁剪后的输送带图像进行图像分割，得到二值图像。对于分割后的二值图像，首先对二值图像进行变换，得到特征函数，然后利用特征函数来提取纵向撕裂特征信息，再进行故障识别。

图像经分割后，纵向裂纹用"1"表示、背景用"0"表示。在二值图像中纵向裂纹的特点是：如果分辨率足够高，值为"1"的区域分布在连续多个行和连续多个列上。于是，搜寻值为"1"的区域就可提取到纵向撕裂故障特征信息。

根据提取的纵向撕裂特征信息，利用一定的规则就可以识别纵向撕裂故障。例如，纵向长度、横向宽度超过一定的阈值就可判定发生了纵向撕裂故障。包括图像分割、计算纵向撕裂特征函数、提取纵向撕裂特征向量和纵向撕裂故障识别四个步骤。

为进一步验证纵向撕裂故障检测算法的可靠性，利用在试验室搭建的输送带视觉检测系统试验平台对该算法进行测试。由于试验室难以获得真正的纵向撕裂图像，我们只是对纵向撕裂故障进行了模拟。

纵向撕裂故障检测算法可以检测到输送带的纵向撕裂故障。不过纵向撕裂阈值需要进行适当的设置，尤其是现场使用时，输送带的工作状态会有较大的差异。设置纵向撕裂阈值时，可以通过人工观察输送带的图像，结合特征函数来进行参数调试。实际上，纵向撕裂阈值设置大一些，可以避免一些虚假报警。

3．表面损伤故障检测

　　众所周知，在图像上，裂纹只会出现在输送带图像区域，因此进行裂纹检测前，可以对输送带图像进行裁剪，只保留输送带部分以提高检测效率。输送带图像的裁剪在输送带纵向撕裂故障检测前已经实施过，这里就使用裁剪后的图像即可。首先分析输送带裂纹图像的特点，然后研究输送带裂纹检测算法，在此基础上开发输送带表面裂纹视觉在线检测模块。

　　（1）裂纹特征

　　在现实世界中，裂纹会出现于许多物体中，如钢板、航空发动机、路面，甚至还会出现在人体器官上。裂纹的形状不规则，相互之间差异较大。但裂纹形状的共同特点是：宽度很小，长度远远大于宽度。

　　输送带表面裂纹从萌生到扩展再成为破坏性的撕裂具有一定的规律性：微观裂纹生长，引起宏观裂纹扩展，最后发生破坏性撕裂。输送带表面裂纹的特点是：裂纹区域的像素灰度值要明显暗于周围像素的灰度值，且裂纹的走向不能确定。第一个特点与纵向撕裂的特点相同，但是由于不能确定裂纹的方向，纵向撕裂故障检测方法不能简单地应用于裂纹检测，需要寻找新的裂纹检测方法。

　　由于裂纹的方向性不能确定，跑偏和纵向撕裂故障检测过程的特征函数不再适用。无论向哪个方向进行投影，都不能很好地反映裂纹信号，因此很难用一维函数来表示输送带中的裂纹二值图像信息。鉴于此，这里直接从二值图像中提取裂纹特征信号。

　　根据上述分析并结合输送带图像的特征，本系统表面裂纹检测的指导思想是：对裁剪后的输送带图像进行分割以得到二值图像，从二值图像中提取裂纹特征信息，再利用提取的裂纹特征信息进行裂纹识别，进而实现裂纹的检测。

　　（2）裂纹识别算法

　　在裂纹检测前可以对输送带图像进行增强处理，以加强裂纹图像信息，抑制背景噪声。处理的方法可以采用形态学腐蚀处理等算法。

　　图像分割的目的就是将目标信号与背景信号分割开，也就是将裂纹与输送带用不同的值来表示，其中：裂纹用"1"表示；而背景用"0"表示。图像分割的方法可以是第四章设计的列局部阈值法或灰度平均法。在将裂纹从背景中完全分割出来之后，就可以在二值图像中搜寻值为"1"的区域来提取裂纹特征信息。

　　用于描述裂纹的特征信息有横向长度、纵向宽度、面积、细长度、矩形度等。横向长度的表示方式为裂纹区域外接矩形横向方向的像素数；纵向宽度则为裂纹区域外接矩形纵向方向的像素数；面积用整个裂纹区域像素的和来表示；细长度用裂纹纵向宽度与横向长度或者是横向长度与纵向宽度的之比来表示，细长度的取值范围为（0，1]；矩形度用面积与裂纹区域外接矩形的面积之比来表示，矩形度的取值范围为(0，1]。

　　根据提取的裂纹特征信息，利用一定的规则就可以识别裂纹故障。例如，横向长度、纵向宽度、面积、细长度、矩形度中的一个或某些值超过了一定的阈值就可判定发生了撕裂故障。在检测过程中，为了降低噪声的影响，对于值为"1"的较小区域可以作为噪声处理，如对于只有几个像素的值为"1"的区域就将其作为噪声。裂纹阈值需要根据具体应用情况而定。

综合上述分析，该算法包括裂纹增强处理、图像分割、裂纹特征提取和裂纹识别等步骤。图像分割在裂纹故障检测过程中起着关键的作用。只有正确地将裂纹图像分割出来，才能有效识别出裂纹，否则就会漏检或误检。而图像分割的方法有很多，选择一个简单有效的分割方法并非易事，故重点是测试图像分割方法的效果。

（3）试验分析

为了进一步验证输送带表面裂纹检测算法的可靠性，利用一些裂纹图像对该算法进行测试。列局部阈值法的分割效果最好；直方图阈值法对某些图像的分割效果好，而对某些图像的效果不太好；灰度平均法的分割效果最差。

再考虑到计算复杂度可以得出结论：列局部阈值法比较适合于在线检测系统，不过这也显示了图像分割方法对故障识别的重要性。因此，根据测试结果，本系统选择列局部阈值法作为表面裂纹检测的图像分割方法。

在图像分割的基础上，根据提取的特征信息，通过设置合适的阈值就可以判断输送带是否出现裂纹。将裂纹的检测阈值设置为：长度不小于图像长度的10%或宽度不小于图像长度的10%、面积不小于图像长度和宽度之和的5%，细长度小于等于0.5、矩形度小于等于0.5。

对于有裂纹的测试图像，从列局部阈值法分割后的图像中都检测到了一些裂纹，而对于没有裂纹的测试图像，虽然分割结果中有少许的噪声，但这些噪声并没有被误判为裂纹。

始图像进行对比可知，虽然在测试图像的分割结果中存在一些噪声，但可以通过阈值设置来进一步降低噪声对诊断结果的影响。进一步结合列出的裂纹特征信息可以发现，图像中的裂纹基本上被检测了出来，只是有很小的裂纹没有被检测出来，这与阈值设置有关。这样，根据裂纹检测结果就可以判断输送带是否发生了表面裂纹故障。

本节在研究机器视觉的输送带纵向撕裂在线检测关键技术的基础上，研制一种基于机器视觉的输送带纵向撕裂在线检测系统。该系统能够实时在线检测输送带的运行状况，发现输送带纵向撕裂、跑偏、表面损伤等故障，及时报警，特别是能够在检测到输送带纵向撕裂时输出控制停机信号，避免重大断带安全事故的发生、设备的损坏、停产和人员伤亡，减少运输物料的损耗和经济损失，保证输送带运行的安全。

设计出的系统具有如下功能：

①该系统能够利用计算机通过以太网远程在线实时检测输送带的运行状况，具有实时存储、显示输送带运行图像，建立图像档案的功能，定期形成检测项目。

②该系统能够实时处理、识别输送带纵向撕裂、跑偏、表面损伤等故障，具有故障分析和故障分类等功能，能够自动检测出输送带纵向撕裂、跑偏、表面损伤等故障。

③该系统具有故障报警和定位功能，在检测出输送带纵向撕裂、跑偏、表面损伤等故障时自动报警，并且能够对故障进行定位，以及在检测到输送带纵向撕裂时输出控制停机信号。

　　本节讲述了机器视觉检测的机理和应用。在分析视觉检测基本原理、流程和图像处理的基础上，针对特定的运输系统输送带设计了一套机器视觉检测系统。但是在煤矿井下恶劣的环境中，机器视觉检测系统中对光源、摄像头等都必须有严格的控制，且容易受烟雾和灰尘的影响，甚至导致误判，因而矿用输送带机器视觉检测需要迫切解决的问题即为如何减小煤矿井下恶劣环境对视觉检测的影响。

（夏来源）

参考文献

1.张琳娜，赵凤霞. 机械精度设计与检测及标准应用手册[M]. 北京：化学工业出版社，2015.

2.易宏彬. 机械产品检测与质量控制（第2版）[M].北京：化学工业出版社，2016.

3.罗晓晔，等.机械检测技术（第2版）[M].杭州：浙江大学出版社，2015.

4.赵常复，韩进. 工程机械检测与故障诊断[M]. 北京：机械工业出版社，2020.

5.罗晓晔，王慧珍，陈发波. 机械检测技术（第3版）[M].北京：科学出版社，2019.

6.胡献伍. 矿井通风与安全检测仪器仪表[M]. 北京：煤炭工业出版社，2014.

7.闵凡飞，陆芳琴. 煤炭性能检测[M]. 北京：中国矿业大学出版社，2013.

8.毛清华. 矿用带式输送机智能监测及防护技术[M]. 武汉：华中科技大学出版社，2020.

9.谢添. 矿用真空开关操作与维修[M]. 北京：应急管理出版社，2016.

10.范波. 矿用大功率变频调速关键技术研究与应用[M]. 北京：科学出版社，2016.

11.李学来，等.矿用产品与煤炭质量测试技术与装备[M]. 北京：科学出版社，2018.

12.马有营. 矿用泡沫除尘剂研究[M]. 北京：冶金工业出版社，2018.

13.高梦熊，赵金元，万信群. 地下矿用汽车[M]. 北京：冶金工业出版社，2016.

14.赵兴东，徐帅.矿用三维激光数字测量及其工程应用[M]. 北京：冶金工业出版社，2016.

15.迟宝锁，李智. 矿用减速原理与检修[M]. 北京：应急管理出版社，2020.

16.吕志华. 红外技术在机械零件内部检测中的应用[J]. 南方农机，2020，51（14）：132–133.

17.朱继明，朱绍文. 煤矿机械设备无损检测技术探讨[J].中国设备工程，2020（14）：147–148.

18. 励杰. 检测技术在机械自动化制造系统中的应用研究[J].现代制造技术装备，2020，（05）：198–199.

19. 王广宇. 特种设备中起重机械检测技术分析与探讨[J]. 内燃机与配件，2019（19）：116–117.

20. 李江澜. 机械零件表面缺陷的激光超声检测技术[J]. 激光杂志，2019，40（07）：24–27.

21. 刘建亮. 煤矿机电设备机械故障检测诊断技术[J].西部探矿工程，2019，31

（05）：111–112.

22.肖龙.超声波在煤矿机械设备检测中的应用[J].能源技术与管理，2019，44（01）：174–175.

23.傅双玲.无损检测技术在煤矿机械设备维修中的应用[J].工程技术研究，2018（14）：190–191.

24.王文波.机械产品CAD数据质量检测软件的技术研究[J].南方农机，2018，49（17）：190–191.

25.邱娟.物联网技术背景下起重机械检验检测研究[J].科技风，2018（23）：172.

26.王仕木，马英杰，毛伟.Y射线在不同物质中衰减规律的蒙特卡罗模拟[J].中国科技信息，2014，05：51–53.

27.杨文波，朱明，刘志明，等.基于3线阵探测器的亚像元成像超分辨率重构[J].光学精密工程，2014，08:2247–2258.

28.杨洋，张雪英，乔铁柱，等.基于形态学的输送带纵向撕裂边缘检测算法[J].煤炭技术，2014，07: 193–196.